"十二五"国家重点图书出版规划项目

中国社会科学院创新工程学术出版资助项目

总主编：金 碚

U0666974

经济管理学科前沿研究报告系列丛书

REPORT ON RESEARCH
FRONTIERS IN
ENTERPRISE
INFORMATION MANAGEMENT

王伟光 康 鹏 主编

企业信息管理学 学科前沿研究报告

经济管理出版社

ECONOMY & MANAGEMENT PUBLISHING HOUSE

图书在版编目（CIP）数据

企业信息管理学学科前沿研究报告. 2011/王伟光，康鹏主编. —北京：经济管理出版社，2015.8
ISBN 978-7-5096-3644-2

Ⅰ. ①企⋯　Ⅱ. ①王⋯　②康⋯　Ⅲ. ①企业管理—信息管理—研究报告—2011
Ⅳ. ①F270.7

中国版本图书馆 CIP 数据核字（2015）第 039453 号

组稿编辑：张　艳
责任编辑：张　艳　郭慧莉　丁慧敏
责任印制：黄章平
责任校对：雨　千

出版发行：经济管理出版社
　　　　　（北京市海淀区北蜂窝 8 号中雅大厦 A 座 11 层　100038）
网　　址：www. E-mp. com. cn
电　　话：（010）51915602
印　　刷：三河市延风印装有限公司
经　　销：新华书店
开　　本：787mm×1092mm/16
印　　张：19.5
字　　数：438 千字
版　　次：2015 年 8 月第 1 版　　2015 年 8 月第 1 次印刷
书　　号：ISBN 978-7-5096-3644-2
定　　价：69.00 元

《经济管理学科前沿研究报告》
专家委员会

主 任：李京文

副主任：金 碚 黄群慧 黄速建 吕本富

专家委员会委员（按姓氏笔划排序）：

方开泰	毛程连	王方华	王立彦	王重鸣	王 健	王浦劬	包 政
史 丹	左美云	石 勘	刘 怡	刘 勇	刘伟强	刘秉链	刘金全
刘曼红	刘湘丽	吕 政	吕 铁	吕本富	孙玉栋	孙建敏	朱 玲
朱立言	何 瑛	宋 常	张 晓	张文杰	张世贤	张占斌	张玉利
张屹山	张晓山	张康之	李 平	李 周	李 晓	李子奈	李小北
李仁君	李兆前	李京文	李国平	李春瑜	李海峥	李海舰	李维安
李 群	杜莹芬	杨 杜	杨开忠	杨世伟	杨冠琼	杨春河	杨瑞龙
汪 平	汪同三	沈志渔	沈满洪	肖慈方	芮明杰	辛 暖	陈 耀
陈传明	陈国权	陈国清	陈 宪	周小虎	周文斌	周治忍	周晓明
林国强	罗仲伟	郑海航	金 碚	洪银兴	胡乃武	荆林波	贺 强
赵顺龙	赵景华	赵曙明	项保华	夏杰长	席酉民	徐二明	徐向艺
徐宏玲	徐晋涛	涂 平	秦荣生	袁 卫	郭国庆	高 闯	符国群
黄泰岩	黄速建	黄群慧	曾湘泉	程 伟	董纪昌	董克用	韩文科
赖德胜	雷 达	廖元和	蔡 昉	潘家华	薛 澜	魏一明	魏后凯

《经济管理学科前沿研究报告》
编辑委员会

总主编： 金　碚

副总主编： 徐二明　高　闯　赵景华

编辑委员会委员（按姓氏笔划排序）：

万相昱	于亢亢	王　钦	王伟光	王京安	王国成	王默凡	史　丹
史小红	叶明确	刘　飞	刘文革	刘兴国	刘建丽	刘　颖	孙久文
孙若梅	朱　彤	朱　晶	许月明	何　瑛	吴东梅	宋　华	张世贤
张永军	张延群	李　枫	李小北	李俊峰	李禹桥	杨世伟	杨志勇
杨明辉	杨冠琼	杨春河	杨德林	沈志渔	肖　霞	陈宋生	陈　宪
周小虎	周应恒	周晓明	罗少东	金　准	贺　俊	赵占波	赵顺龙
赵景华	钟甫宁	唐　镶	徐二明	殷　凤	高　闯	康　鹏	操建华

序　言

为了落实中国社会科学院哲学社会科学创新工程的实施，加快建设哲学社会科学创新体系，实现中国社会科学院成为马克思主义的坚强阵地、党中央国务院的思想库和智囊团、哲学社会科学的最高殿堂的定位要求，提升中国社会科学院在国际、国内哲学社会科学领域的话语权和影响力，加快中国社会科学院哲学社会科学学科建设，推进哲学社会科学的繁荣发展具有重大意义。

旨在准确把握经济和管理学科前沿发展状况，评估各学科发展近况，及时跟踪国内外学科发展的最新动态，准确把握学科前沿，引领学科发展方向，积极推进学科建设，特组织中国社会科学院和全国重点大学的专家学者研究撰写《经济管理学科前沿研究报告》。本系列报告的研究和出版得到了国家新闻出版广电总局的支持和肯定，特将本系列报告丛书列为"十二五"国家重点图书出版项目。

《经济管理学科前沿研究报告》包括经济学和管理学两大学科。经济学包括能源经济学、旅游经济学、服务经济学、农业经济学、国际经济合作、世界经济、资源与环境经济学、区域经济学、财政学、金融学、产业经济学、国际贸易学、劳动经济学、数量经济学、统计学。管理学包括工商管理学科、公共管理学科、管理科学与工程三个学科。工商管理学科包括管理学、创新管理、战略管理、技术管理与技术创新、公司治理、会计与审计、财务管理、市场营销、人力资源管理、组织行为学、企业信息管理、物流供应链管理、创业与中小企业管理等学科及研究方向；公共管理学科包括公共行政学、公共政策学、政府绩效管理学、公共部门战略管理学、城市管理学、危机管理学、公共部门经济学、电子政务学、社会保障学、政治学、公共政策与政府管理等学科及研究方向；管理科学与工程包括工程管理、电子商务、管理心理与行为、管理系统工程、信息系统与管理、数据科学、智能制造与运营等学科及研究方向。

《经济管理学科前沿研究报告》依托中国社会科学院独特的学术地位和超前的研究优势，撰写出具有一流水准的哲学社会科学前沿报告，致力于体现以下特点：

（1）前沿性。本系列报告能体现国内外学科发展的最新前沿动态，包括各学术领域内的最新理论观点和方法、热点问题及重大理论创新。

（2）系统性。本系列报告囊括学科发展的所有范畴和领域。一方面，学科覆盖具有全面性，包括本年度不同学科的科研成果、理论发展、科研队伍的建设，以及某学科发展过程中具有的优势和存在的问题；另一方面，就各学科而言，还将涉及该学科下的各个二级学科，既包括学科的传统范畴，也包括新兴领域。

（3）权威性。本系列报告由各个学科内长期从事理论研究的专家、学者主编和组织本领域内一流的专家、学者进行撰写，无疑将是各学科内的权威学术研究。

（4）文献性。本系列报告不仅系统总结和评价了每年各个学科的发展历程，还提炼了各学科学术发展进程中的重大问题、重大事件及重要学术成果，因此具有工具书式的资料性，为哲学社会科学研究的进一步发展奠定了新的基础。

《经济管理学科前沿研究报告》全面体现了经济、管理学科及研究方向本年度国内外的发展状况、最新动态、重要理论观点、前沿问题、热点问题等。该系列报告包括经济学、管理学一级学科和二级学科以及一些重要的研究方向，其中经济学科及研究方向15个，管理学科及研究方向45个。该系列丛书按年度撰写出版60部学科前沿报告，成为系统研究的年度连续出版物。这项工作虽然是学术研究的一项基础工作，但意义十分重大。要想做好这项工作，需要大量的组织、协调、研究工作，更需要专家学者付出大量的时间和艰苦的努力，在此，特向参与本研究的院内外专家、学者和参与出版工作的同仁表示由衷的敬意和感谢。相信在大家的齐心努力下，会进一步推动中国对经济学和管理学学科建设的研究，同时，也希望本系列报告的连续出版能提升我国经济和管理学科的研究水平。

金碚

2014 年 5 月

目　录

第一章　信息管理学科 2011 年研究综述

2011 年，信息管理学科的专家和学者们在前人研究的基础上，围绕信息管理研究的各个方面开展了一系列的学术研究，发表了很多研究成果，如学术期刊、专著等。对 2011 年国内外信息管理相关研究活动和成果进行回顾，总结其研究结论，分析研究热点与前沿问题，对于提高我国信息管理学科的水平，加快国内信息管理研究的发展具有重要意义。

第一节　数据获取

本书所使用的中文文章来源于中国知网（CNKI）。CNKI 是由清华同方光盘股份有限公司、中国学术期刊（光盘版）、光盘国家工程研究中心等单位，于 1999 年 6 月在《中国学术期刊（光盘版）》和中国期刊网（CJN）全文数据库建设的基础上，研制开发的一项规模更大、内容更广、结构更系统的知识信息化建设项目。其主要产品有中国期刊全文数据库、中国重要报纸全文数据库、中国博硕士论文全文数据库、中国重要会议全文数据库、中国图书全文数据库、中国年鉴全文数据库、中国引文数据库等。

中国期刊全文数据库是 CNKI 知识创新网中最具特色的一个文献数据库，是目前世界上最大的连续动态更新的中国期刊全文数据库，收录国内 7000 多种重要期刊，以学术、技术、政策指导、高等科普及教育类为主，内容涵盖自然科学、工程技术、农业、哲学、医学、人文社会科学等各个领域，全文文献总量 3252 多万篇。产品分为十大专辑：理工 A、理工 B、理工 C、农业、医药卫生、文史哲、政治军事与法律、教育与社会科学综合、电子技术与信息科学、经济与管理。

在中国期刊全文数据库中进行信息管理方向文献检索，数据的检索策略是"篇名=信息管理或关键词=信息管理，入库时间=2011"。由此获得文献 2133 篇（检索日期为 2014 年 8 月 20 日）。

以上这些中文期刊文章的关键词统计如表 1 所示。

表 1 2011 年中文期刊文章关键词前十位

关键词（文献数）
信息管理（447）
信息管理系统（126）
数据库（112）
信息系统（68）
管理（62）
信息化（53）
管理系统（48）
应用（40）
信息（33）
GIS（32）

表 2 2011 年与 2010 年中文期刊文章关键词对比

2011 年	2010 年
信息管理	信息化
信息管理系统	数据库
数据库	高校
信息系统	信息管理
管理	对策
信息化	中小企业
管理系统	管理系统
应用	项目管理
信息	信息化建设
GIS	管理模式

将 2011 年中文期刊文章的关键词与 2010 年中文期刊文章的关键词进行对比（详见表 2）。结果显示信息系统、数据库、管理系统、信息化仍然是国内信息管理的研究热点。同时，2011 年，从企业等各类型组织到区域的信息应用，如 GIS，以及信息辅助管理决策成为研究热点。很多信息管理领域的专家和学者从如何应用商务智能方法与手段服务于企业和社会管理及提高组织决策效率角度开展研究。结合这些情况，根据以上中文文献数据源，本书共选出中文学术型文章 308 篇。

本书所收录的中文图书主要包括如下来源：

亚马逊中文网站（http://www.amazon.cn）。亚马逊中国是全球最大的电子商务公司。亚马逊中国经营图书、音像、软件、影视等，已经成为中国网上零售的领先者。在亚马逊中文网站，按"图书名=信息管理或关键词=信息管理，时间=2011"进行检索，共检索出图书 274 本（检索日期为 2014 年 8 月 20 日）。

当当网（http://book.dangdang.com/）。当当网是北京当当网信息技术有限公司营运的一家中文购物网站，以销售图书、音像制品为主，兼具发展小家电、玩具、网络游戏点卡等其他多种商品的销售。当当网目前是全球最大的中文网上图书音像商城，面向全世界中文读者提供 30 多万种中文图书和音像商品。

京东商城网（http：//book.360buy.com/）。京东商城是中国最大的综合网络零售商，是中国电子商务领域最受消费者欢迎和最具有影响力的电子商务网站之一，在线销售家电、数码通信、电脑、家居百货、服装服饰、母婴、图书、食品、在线旅游等 12 大类数万个品牌百万种优质商品。

本书所收录的英文期刊文章来源有如下几个：

Elsevier SD（ScienceDirect）。荷兰爱思唯尔（Elsevier）出版集团是全球最大的科技与医学文献出版发行商之一，已有 180 多年的历史。ScienceDirect 系统是 Elsevier 公司的核心产品，自 1999 年开始向读者提供电子出版物全文的在线服务，包括 Elsevier 出版集团所属的 2200 多种同行评议期刊和 2000 多种系列丛书、手册及参考书等，涉及四大学科领域：物理学与工程、生命科学、健康科学、社会科学与人文科学，数据库收录全文文章总数已超过 856 万篇。

在 ScienceDirect 数据库中进行英文期刊文章检索，数据的检索策略是"TITLE-AB-STR-KEY=Information Management，入库时间= 2011"。由此共获得英文期刊文章 2332 篇（检索日期为 2014 年 8 月 20 日）。

以上这些英文期刊文章的主题统计如表 3 所示。

表 3　2011 年英文期刊文章主题前十位

主题词（文献数）
Supply Chain　(35)
Management System　(24)
Risk Management　(23)
Information System　(20)
Computer Science　(16)
Knowledge Management　(16)
Information Security　(14)
China　(13)
Risk Assessment　(23)
Information Management　(12)

表 4　2011 年与 2010 年英文期刊文章主题对比

2011 年	2010 年
Supply Chain	Supply Chain
Management System	Climate Change
Risk Management	Information System
Information System	Information Management
Computer Science	Patient

续表

2011 年	2010 年
Knowledge Management	Risk Management
Information Security	Bladder Cancer
China	France
Risk Assessment	Grand Round
Information Management	Internet

将 2011 年这些英文期刊文章的主题词与 2010 年的主题词进行对比（详见表 4），结果显示，供应链、信息系统、管理系统、风险管理仍然是国外信息管理的研究热点。此外，2011 年，基于海量信息决策分析的计算机技术研究持续升温，以数据挖掘技术、云计算技术为主要代表，企业信息管理从信息整合向知识管理方向发展，成为国外研究热点。

SpringerLink（现刊+回溯）数据库。德国施普林格（Springer-Verlag）是世界上著名的科技出版集团，Springer 出版社于 1842 年在德国柏林创立，已有 160 多年的历史，2004年 Springer 与 Kluwer 合并。SpringerLink 于 1996 年正式推出，是全球首个电子期刊全文数据库，2006 年 6 月 SpringerLink 升级进入第三代界面，成为全球第一个提供多语种、跨产品的出版服务平台，涵盖 Springer 出版的所有在线资源，包括电子图书、电子期刊、电子丛书、大型电子工具书和实验室指南等，其中全文电子期刊 1300 多种，现刊数据库可以访问 1997 年至今的期刊文章。

根据以上英文文献数据源，本书共选出英文学术型文章 124 篇。

所使用的英文图书来源有如下几个：

亚马逊网站（www.amazon.com）。根据百度百科的介绍，美国亚马逊公司旗下的亚马逊书店，是世界上销售量最大的书店，它可以提供三百多万册图书目录。它可以提供的图书目录比全球任何一家书店的存书要多 15 倍以上。在亚马逊英文网站（www. amazon.com）中进行信息管理方向的图书检索策略是"Title+Keywords=information management，出版时间= 2011"。由此共获得图书数为 662 个（检索日期为 2014 年 8 月 20 日）。

所检索出的图书的分类情况如表 5 所示。

表 5　亚马逊检索图书分类前十位

图书分类（数量）
Business & Money（448）
Information Management（341）
Computers & Technology（91）
History（54）
Reference（51）
Science & Math（40）
Politics & Social Sciences（24）

图书分类（数量）
Information Systems（18）
Engineering & Transportation（18）
Manager´s Guides to Computing（18）

SpringerLink（现刊+回溯）数据库。SpringerLink 涵盖 Springer 出版的所有在线资源，包括电子图书、电子期刊、电子丛书、大型电子工具书和实验室指南等。在该数据库中，采取图书检索策略"Title & Abstract=information and management，出版时间= 2011"，共获得图书数为 500 个（检索日期为 2014 年 8 月 20 日）。所检索出的图书章节按学科分类的情况如表 6 所示。

表 6　SpringerLink 检索图书学科分类前十位

图书学科分类（数量）
Computer Science（465）
Business & Management（129）
Engineering（34）
Economics（17）
Mathematics（9）
Earth Sciences & Geography（8）
Education & Language（7）
Medicine（7）
Public Health（7）
Life Science（6）

Elsevier SD（ScienceDirect）数据库包括 2000 多种系列丛书、手册及参考书等，涉及四大学科领域：物理学与工程、生命科学、健康科学、社会科学与人文科学。图书的检索策略是"TITLE–ABSTR–KEY=information management，出版时间= 2011"。由此共获得英文图书章节数为 154 个（检索日期为 2014 年 8 月 20 日）。

第二节　发展状况和最新动态

通过对以上期刊文章和图书内容的分析，信息管理文献主要分布在经济与管理和信息科技学科领域。信息管理作为一门综合性学科，研究方向包括计算机、网络等信息技术的探索，数学、统计、决策等信息分析方法的研究；也涵盖信息技术在经济、管理及其他社会活动中的广泛应用，为这些方面的数据处理、决策分析提供有力的支持。信息管理学科目前不仅是国内学者研究的重点，也是国外关注的热点，其研究具有国际性。

2011 年 5 月，第三届 IEEE 信息管理与工程国际会议（ICIME 2011）在中国郑州举行。ICIME 2011 会议由 IEEE 北京分会合办，新加坡计算机科学与信息技术协会（IAC-SIT）、郑州航空工业管理学院、河南工业大学联合举办，郑州航空工业管理学院承办。会议为全世界各个行业的科学家、学者、工程师和学生展示他们正在进行的研究活动提供展示平台，同时加强高校和产业的结合。

2011 年 5 月，第二届 IEEE 电子商务与电子政务国际会议（ICEE 2011）在上海举行。会议主题是网络与服务管理，面向服务的结构，协作商务系统，B2B、B2C 和 C2C 结构，供应链管理，电子政务及其经济的衡量，人力资源管理，环境和能源管理，决策支持系统，项目和质量管理，语意网络与数据挖掘等方面。

2011 年 6 月，第十三届企业信息系统国际会议（ICEIS 2011）在中国北京举行。企业信息系统国际学术年会（International Conference on Enterprise Information Systems，ICEIS）是国际范围内企业信息系统领域中重要的学术会议之一。自 1999 年以来，该会议已经连续召开了 12 届，吸引了众多国际著名学者参会。ICEIS 十分关注理论及其在现实生活中的应用，主要关心的领域有数据库、信息系统、人工智能、决策支持系统、互联网、电子商务、人机交互等。ICEIS 2011 会议由北京交通大学主办，这也是该会议首次在亚洲举办。会议的主题是"以人为本的信息技术与智能系统"，涵盖企业信息系统应用的七个领域。

2011 年 7 月，中国上海召开商务计算和全球信息化国际会议，探讨全球信息化和商务计算，会议的目标是提高和促进全球信息化时代的新商务计算技术、方法和实践。

2011 年 7 月，2011 年管理创新、信息技术与经济增长国际学术会议在中国武汉举行。会议围绕管理科学、信息技术、经济增长、信息管理的理论和技术方法的研究以及在经济、社会、资源、环境、生态等领域的最新动态和前沿热点进行深入探讨，交流最新的研究成果及应用进展。会议加强交流、促进合作，为本领域内专家和学者提供一个学术交流与建立友谊的平台，以便开展广泛密切的国际学术交流与合作，更好地激发创新思维与系统思考，不断开创学科交叉、多点支撑、多赢互助的学术局面。本次会议内容主要包含管理创新、经济学、商业管理、电子教育、电子商务、电子政务、计算机工程、信息管理与信息技术等。

2011 年 8 月，中国上海召开第四届智能信息管理系统与技术国际研讨会，会议主题包括智能电网、智能发电、智能信息管理、智能决策、智能控制、计算智能。主办单位为美国 International Society for Scientific Inventions（ISSI），协办单位为华北电力大学、上海电力学院和同济大学，承办单位是上海电力学院。

由美国 International Society for Scientific Inventions（ISSI）主办的 The 4th International Workshop on Intelligent Information Management Systems and Technology（第四届智能信息管理系统与技术国际研讨会）于 2011 年 8 月 24~26 日在上海召开，该会议每两年召开一次，已于 2005 年、2007 年、2009 年分别在上海、烟台和北京召开。2011 年会议由华北电力

大学、上海电力学院和同济大学共同协办，会议具体事务由上海电力学院承办。会议征文范围包括智能电网、智能发电、智能信息管理、智能决策、智能控制、计算智能等，所有录用论文将在"Intelligent Information Management Systems and Technologies"（ISSN 1551–2606（Print）、ISSN 1551–2614（Online））国际期刊上发表。会议届时还邀请国内外本领域著名专家、学者做大会和专题报告。

2011年10月，2011年全国电子信息产业统计工作会在中国福州召开。会议总结了2011年电子信息产业统计监测工作，分析了当前统计工作面临的形势和压力，并结合部分重点工作提出了下一步统计监测工作的任务和要求。会议对电子信息制造业、软件业的2011年统计年报和2012年定期统计报表进行了布置，对计算机统计程序进行了讲解，并就做好下一步电子信息产业统计监测工作进行了深入的讨论。

2011年10月，中国技术创新江西信息网全省第四次网络信息技术培训交流研讨会在中国成都举办。会议的主要目的是为了进一步提高各单位的网络信息技术应用能力和水平，加强信息发布交流的渠道和质量，针对网站系统功能升级内容及技术的应用进行培训与指导。

第三十二届国际信息系统大会（ICIS）于2011年12月5日在上海召开。会议帮助参会者深刻思考信息系统和信息技术对全球化的积极影响，探讨信息化对构建和谐社会、智慧地球的积极作用，研究信息技术在东西方社会的最佳管理实践。

第三节　重要理论观点和研究热点

2011年，信息管理学科的研究热点包括信息技术、信息系统、信息安全、信息管理与组织发展，还包括知识管理，信息决策和商务智能，信息技术在企业、行业、区域等的应用研究等。2011年，国内外的学者在发表的期刊文章和出版的图书中围绕以下几个方面，进行了深入的研究。

一、信息系统研究

Kalle Lyytinen、Jan Damsgaard（2011）探讨了跨组织的信息系统应用所使用的配置分析方法。他们认为，应用跨组织信息系统的理论不够充分是由于使用了有缺陷的模型与框架。对于跨组织信息系统的评估，不应以单一组织角度来分析。同时，他们还描述了跨组织信息系统所采用的拓扑配置情况。

Robert D. Galliers、Wendy Currie（2011）认为管理信息系统对于组织的运营、会计、决策、项目管理和竞争优势管理至关重要。他们对组织管理信息系统日益增加的复杂性进行了全面介绍，分析有关如何有效使用这些技术的战略、管理与伦理问题，汇集了世界范围内管理信息系统专家的理论与实践研究成果。

李晴、杨春、谢忠（2011）分析了云计算概念及其具有的虚拟化、服务化、智慧化内涵。在此基础上，结合企业 MIS 建设及其对企业信息化进程支撑作用的分析，他们分别从基础技术、开发模式及功能应用三方面探讨了云计算环境下 MIS 的发展趋势，即：随着云计算的渗透，MIS 将沿着技术趋势虚拟化、开发模式智慧化、功能应用服务化的趋势发展，这种发展趋势将最终提升企业核心竞争力。

齐晓云、毕新华、于宝君、李川（2011）总结出了 10 种企业信息系统成功的影响因素。根据这 10 种因素对信息系统项目成功的影响作用分析，他们提出 10 个假设，并利用调研数据对 10 种影响因素在企业信息系统各微观成长阶段的作用进行实证检验。结果表明：在信息系统成长的不同阶段，10 种影响因素的作用有明显差异，各阶段的成功影响因素的数量和作用力有很大区别。

二、信息技术研究

Christian Baun、Marcel Kunze、Jens Nimis Stefan Tai 等（2011）介绍了云计算架构、服务和相关应用程序。首先介绍云计算的基本技术，如虚拟化和网络服务等。之后，他们讨论了云体系结构及其服务模块。接下来分析商业云服务（包括亚马逊网络服务，谷歌应用引擎）和管理工具，以及当前一些开放源代码的开发项目（包括 Hadoop Eucalypt 和Open Cirrus™）。最后他们对经济因素（成本和商业模式）进行讨论，对云市场情况进行评价。

Manuel Lima（2011）认为，人类获取信息的能力远远超过对于信息的理解能力。在复杂的数据网络内发现信息模式，并建立有意义的联系已成为 21 世纪的最大挑战。近年来，设计师、研究人员、科学家开始创新性地利用综合运用颜色、符号、图形、算法和互动来澄清并美化杂乱无章的数据，包括展示 Facebook 上的朋友网络，以及描绘人类细胞中蛋白质之间的相互作用。他分析了一百个信息可视化的最有趣的例子。

李琦、朱庆华（2011）针对企业信息化技术的发展趋势，提出了一种 SOA 与云计算融合的企业信息化战略方案。他们采用云计算和 SOA 等信息化热点技术手段，对企业信息化战略的制定进行了详细分解，在企业信息化战略过程中广泛运用，帮助解决企业信息化战略制定过程中遇到的相关问题。

陈燕（2011）详细分析了数据挖掘产生的背景、技术、多种相关方法及具体应用，主要内容包括数据挖掘概述，数据采集、集成与预处理技术，多维数据分析与组织，预测模型研究与应用，关联规则模型及应用，聚类分析方法与应用，粗糙集方法与应用，遗传算法与应用，基于模糊理论的模型与应用，灰色系统理论与方法，基于数据挖掘的知识推理等。

三、信息管理与组织发展研究

Manlio Del Giudice、Detmar Straub（2011）论述了创业和信息技术（IT）之间的关系，致力于分析二者交融发展的各种原因。探讨的主体包括：新技术的发展、IT对经济发展的贡献以及市场竞争力对创造新商业投机的作用。他们确定了单位劳动的资本份额及溢出效应的增加，如网络外部性沿着IT资本设备与劳动生产率这两个链接增长。

Tongxiao Zhang、Ritu Agarwal、Lucas Jr.、Henry C.（2011）证实了在帮助构建更强大和更持久的客户关系方面，信息技术所起到的关键作用。驱动IT产业发展的战略之一是建立适应于个别客户的喜好和品位的个性化产品推荐模式。该战略通过与大量在线零售商合作，以提高顾客的购物体验。

王念新、仲伟俊、梅姝娥（2011）构建了信息技术资源、信息技术应用能力、战略层面的信息系统能力、环境动态性和企业绩效之间关系的研究模型，应用结构方程模型对233家中国企业的调查问卷进行数据分析和模型拟合。研究结果表明，信息技术资源和信息技术应用能力都无法直接影响企业绩效，其战略价值必须通过信息系统支持竞争战略和信息系统支持核心能力等中介变量实现。不同的环境动态性下，信息技术战略价值的实现机制是不同的。在稳定环境下，资源获取机制是实现信息技术战略价值的有效途径。在动态环境下，能力构建机制是实现信息技术战略价值的有效策略。无论环境动态性的高低，信息技术应用能力都依赖于企业的信息技术资源基础。

彭泽余、糜仲春、孙永强（2011）从吸收能力和资源理论角度解释了信息技术资源和组织竞争优势之间关系的内在作用机制，并提出了相应的假说。研究结果表明，组织通过将信息技术资源转化为信息技术能力，从而影响组织的吸收能力，并进而帮助组织获得竞争优势。此外，他们还探讨了潜在吸收能力和实现吸收能力对竞争优势的不同作用机制，并基于环境权变理论讨论两种吸收能力和竞争优势之间的关系受环境变化的影响。最后，他们根据研究结果，就企业如何利用信息技术资源增强企业吸收能力和竞争优势提出建议。

四、信息安全研究

Berghmans、Peter、Van Roy、Karel（2011）研究了当地政府部门的合作行为所产生的信息系统安全风险。他们着重考察政府间合作项目。他们认为，信息的机密性、完整性以及可用性是关键问题，在风险识别过程中，需要用系统思考的方法来考虑和感知风险。他们确定了在三种风险领域中的13种情况，并对其进行了系统分析。

Evan Wheeler（2011）介绍了日常实用信息技术，并解释这些实际应用背后的基础理念。他详细说明了商业中存在的风险，说明如何对新的信息技术项目进行风险评估，如何有效管理日常的风险行为以及如何使企业的安全水平符合企业高层管理要求，从而为企业的安全风险管理提供全面指导。

Xin Luo、Brody、Richard、Seazzu、Alessandro、Burd、Stephen（2011）认为，有效的信息系统安全管理需要融合技术和管理措施。人们一直采用各种技术手段来应对安全威胁，然而人为因素却被忽视。他们研究了人为因素导致的社会工程攻击。社会工程恶意攻击者利用人类逻辑认知缺陷来获得所需的信息。社会工程是信息安全的潜在威胁，应该与技术同行同样重要。同时，他们揭示了各种社会工程攻击和其中主要的人为因素，并讨论出了几种方法来抵御社会工程：教育、培训、程序和政策。最后，他们进一步分析社会工程攻击可能的对策，并对未来的发展情况进行分析。

Todd Fitzgerald（2011）认为，信息安全人员必须能够在构建成本有效的安全项目的同时，满足政府相关规章制度的要求。他解释了如何使用控制框架建立严密的信息安全项目和监管结构。他介绍了信息安全部门的职能：分析不同的控制领域，包括物理、网络、应用、商业连续性/灾难恢复和身份管理等，帮助创建有效的信息安全章程和政策。

五、知识管理研究

Carla O'Dell、Cindy Hubert（2011）研究最实用和最新颖的实践方法，确保组织拥有他们在未来所需要的知识，更重要的是，使组织具备将零散的知识整合在一起并成功使用这些知识的能力。具体包括：利用知识管理，构建新的或改造组织原有的工作和协作方式；适应当今最流行的协作方式，如社交网络；打破组织分割，克服知识囤积和对"不是这里的发明"的抵制；利用新兴技术与移动设备建立网络，共享知识；确定可以从 Facebook、Twitter、Google 和 Amazon 那里得到哪些知识，从而使企业和员工更聪明、更强壮，反应更快。

Eva Semertzaki（2011）介绍了知识管理中心在组织中的作用。这些特殊图书馆主要的任务是将对组织有价值的知识进行收集和管理。通过知识获取与分享，可以提升组织的智力资本。他认为，传统意义上，图书馆是对信息进行整理和分类的信息中心。而今，特殊图书馆帮助组织创建人力资源网络，将隐藏在员工头脑中的隐性知识收集管理起来。同时，他提出各种方法，证明了特殊图书馆作为企业信息中心对于母公司是具有价值的。

Durcikova、Alexandra、Fadel、Kelly J.、Butler、Brian S.、Galletta、Dennis F.（2011）认为，企业需要研究利用现有知识资产提升其运行效率并通过探索新知识资源以获得长期竞争力的可行性。由于知识管理系统使用范围的不断扩大，理解这些系统如何在个体层面影响知识开发以及开发实践，对推进知识管理理论和实践都是非常重要的。他们进行跨行业调查，研究心理氛围与知识管理系统是如何在设计配合背景下对解决方案的重复使用及创新产生的影响。研究结果显示，信息管理系统并不直接决定解决方案的重用或创新。信息管理系统加强创新氛围与方案创新之间的正相关关系，但削弱自主氛围与方案创新之间的正相关关系。他们还对知识管理研究实践的相关影响进行了探讨。

六、信息决策与商务智能研究

Robert Laberge（2011）研究了如何规划、设计、实施和管理一个集成的、端到端的数据仓库/商务智能解决方案。他分析了如何选择合适的组件，建立一个企业数据模型，配置数据集市和数据仓库，建立数据流并降低风险。具体内容包括：了解商务智能和数据仓库系统的组件；建立项目目标和实施一个有效的部署计划；建立精确的逻辑和物理的企业数据模型；使用数据挖掘掌握贵公司的交易活动；通过 ETL（提取、转换和加载）技术输入、整理和规范数据；使用结构化的输入文件来定义数据要求；采用自顶向下、自底向上以及混合的设计方法；处理数据安全问题和使用数据治理工具进行性能优化。

James Taylor（2011）提出，构建主动工作的系统，有助于企业实现成长和利润最大化。他研究了如何使用决策管理系统创造前所未有的商业价值，分析了如何整合和运营信息技术，从而创建更加敏捷、分析能力和适应性更强的系统。他通过真实的案例，讨论了如何整合预测分析技术、优化技术和商业规则，帮助企业提高客户服务质量、减少欺诈、降低管理风险、增加敏捷性，进而促进企业成长。

Lawrence Corr、Jim Stagnitto（2011）研究了获取数据仓库/商务智能需求并将这些需求以最直接的方式转化为高绩效的维度模型：与商务智能利益相关者开展模型风暴（数据风暴+头脑风暴）。他们描述了 BEAM（业务活动分析与建模），一种维度建模的敏捷方法，该方法可提高数据仓库设计者、商务智能利益相关者和整个数据仓库/商务智能开发团队之间的沟通效率。BEAM 提供工具与技术，鼓励数据仓库和商务智能设计者及开发者离开他们的键盘和实体关联工具，与同事之间进行交互建模。开发者们明白如何有效地实施维度建模解决方案。商业利益相关者对于他们创造的数据仓库具有归属感，可以预见他们未来将如何使用它来回答他们在商务活动中遇到的问题。

七、区域信息化建设研究

Kunsoo Han、Young Bong Chang、Jungpil Hahn（2011）研究了 IT 产业间的信息技术溢出，该溢出可使得供应商信息投资提高下游产业的生产率。对美国制造行业数据的分析结果显示，各行业通过与供应商进行经济交易而吸收其 IT 技术，这种技术溢出有益于全要素生产率的提升。他们认为，IT 强度以及下游产业的竞争力将削弱 IT 技术向其他各行业的溢出效果，即越密集、越具竞争力就越会从溢出中获益。这种溢出的长期效果会好于短期效果。

贺洪明、肖友国（2011）认为，在当今世界，各国都是从国家经济发展与国家安全的战略高度，重视加强农村信息化建设。他们对中国和美国农村信息化建设的特点进行比较分析，说明可以借鉴美国成功的经验来加快我国农村信息化建设，以市场信息体系建设带动整个信息服务体系建设，以农业信息化带动农业现代化。

俞立平（2011）将中国信息化发展分为传统信息化与现代信息化两个阶段，然后用格兰杰因果检验研究这两个阶段工业化与信息化的因果关系，并用 LOGISTIC 成长曲线模拟二者发展规律的特点。结果发现，信息化与工业化之间的互动关系较弱，信息化仅在滞后一年的情况下对工业化有促进作用，而工业化对信息化的促进作用则大大滞后了，信息化的发展滞后于工业化的发展，信息化进入成长期的时间要晚于工业化，但进入成熟期的时间又早于工业化，成长曲线属于典型的"晚熟早衰"型，原因可能是信息产业缺乏核心技术、信息化的发展到了相对平稳阶段、信息化投入不足、信息资源的利用效率有待提高等。

杨周、刘梅玲（2011）探讨了我国会计信息化标准体系构建的理论和方法学基础，提出会计信息化标准体系的概念框架，并以此为指导，从会计信息系统的生命更迭和会计信息在信息化环境下的运动两个主视角出发，结合会计信息化综合支持与控制、会计信息化评价等视角，构建我国会计信息化标准体系的框架结构模型，并对该体系中的对象和对象间关系进行分析。

李辉、李海丽（2011）从全球政府信息化发展形势入手，针对北京市实际情况，重点分析国内外政府信息化建设方向性的先进理念、主要做法与特点，提出合理推进北京市政府信息化工作的启示和相关对策建议。

第二章　信息管理学科 2011 年期刊论文精选

第一节

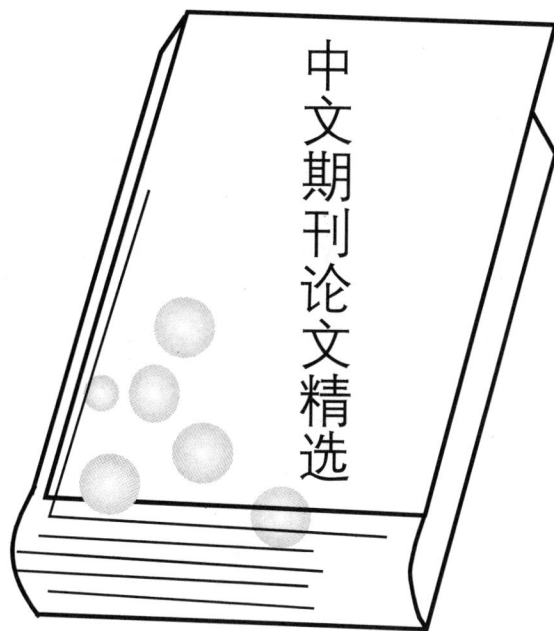

中文期刊论文精选

中观信息系统审计风险管理的理论探索与体系构架 *

刘国城　　王会金

（南京审计学院，南京 210029）

【摘　要】近年来，中观信息系统在我国得到广泛应用，中观经济主体对信息系统审计（IS 审计）的需求日益广泛。因中观 IS 审计的研究具有专业性、抽象性等特点，当前我国该方面的研究成果相对较少。基于多种因素考虑，本文认为，我国亟须构建一套成熟的中观 IS 审计及其风险管理理论体系，旨在对中观信息系统进行科学管理与有效控制。鉴于此，本文在研究中观审计、IS 审计、审计风险、风险管理四要素的基础上，对中观 IS 审计风险管理理论加以梳理，并以信息安全管理为视角，借鉴国外 BS7799 标准、COBIT 模型、通用准则 CC、ITIL 标准，初步构建了中观 IS 审计风险管理的框架，该框架以重大错报风险为切入点，深入探索了中观 IS 审计风险管理的施行思路。

【关键词】中观审计；信息系统审计（IS 审计）；风险管理；框架构建

近年来，中观信息系统在我国应用广泛。与微观信息系统相比，中观信息系统面临着更为复杂的风险，如系统应用风险、系统黏合风险等。中观信息系统审计（中观 IS 审计），可以实现对中观信息系统安全性、有效性、保密性、效率性的管理。所谓中观 IS 审计，是指 IS 审计师依据特定的规范，运用科学系统的程序方法，对中观经济主体信息系统网络的运行规程与应用政策所实施的一种监督活动，以此保障中观经济主体信息系统的高效运行。任何审计行为都存在着风险，中观 IS 审计也不例外，IS 审计师也需要对中观 IS 审计风险进行控制，以使自身承担法律责任的可能性尽量降低。本文以中观 IS 审计为研究基础，选取风险管理为研究视角，借鉴国外与信息系统相关的网络与信息安全管理理

---

* 本文选自《审计研究》2011 年第 2 期。教育部 2010 年度人文社会科学研究规划项目"中观 IS 审计风险的 CO-BIT 式控制模式研究"课题和南京审计学院校级课题（NSK2009/B22）。

作者简介：刘国城、王会金，南京审计学院。

论对我国中观 IS 审计风险的管理框架作初步论述，旨在为中观审计理论以及 IS 审计理论的发展提供研究支撑。

一、中观信息系统审计风险管理的理论梳理

（一）中观信息系统审计

按照层次的不同，审计可以划分为微观审计、中观审计和宏观审计。中观审计内涵丰富，它是指在我国特有的经济活动条件下，由独立的审计机构以法律规范为依据，运用科学系统的程序方法，对中观经济行为、运行机制以及在此基础上为达到一定经济目标所采取的经济政策、决策的结果所实施的一种监督活动（易仁萍、王会金，2003）。中观审计是对中观经济计划、中观经济政策、中观经济决策和中观经济活动所实施的审计，那么，行业、部门、经济区与企业集团等特定联合体的发展战略目标、计划、经济政策、决策以及中观经济管理即为中观审计的对象范围。IS 审计是一门边缘性学科，跨越多学科领域，目前尚无公认的通用定义。1985 年日本通产省情报处理开发协会信息系统审计委员会认为，信息系统审计是由独立于审计对象的 IS 审计师站在客观的立场上，对以计算机为核心的信息系统进行综合的检查、评价，向有关人员提出问题与劝告，追求系统的有效利用与故障排除，使系统更加健全。Ron Weber 在 1999 年将其定义为"收集并评估证据，以判断一个计算机系统（信息系统）是否有效做到保护资产、维护数据完整、完成组织目标，同时最经济地使用资源"。

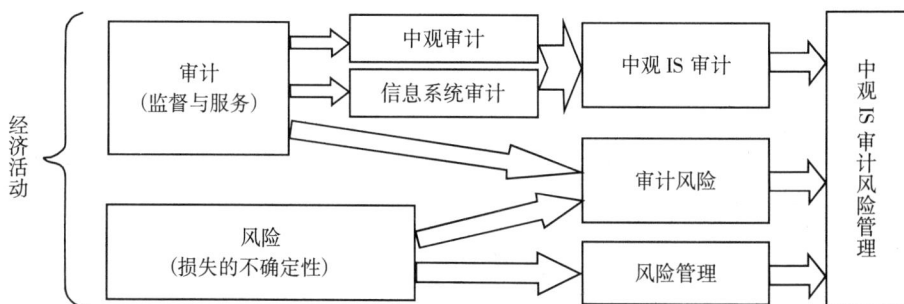

图 1 中观 IS 审计风险管理理论的推理

中观 IS 审计从属于中观审计与 IS 审计的交叉研究范域。从表象看，中观审计与 IS 审计差别甚大。但基于实质分析，二者均适用于审计的一般技术与方法。且中观审计是对中观经济主体的全方位审计，内容包括经济责任、经济效益、信息系统等方面；IS 审计是对信息系统安全性、效率性、完整性、一致性的审计，其审计范围可处于微观，抑或中观。

以信息系统为审计对象的中观审计与居于中观层面的信息系统审计是同一审计范畴，即中观 IS 审计。中观 IS 审计的研究对象是那些发生特定经济行为的行业、部门、系统、经济区以及特殊的经济联合体等中观经济主体的网络信息系统。例如，公安综合网络信息系统、金融行业的金融业务信息系统、区域物流信息系统以及大型集团公司的集团财务信息系统等。与微观信息系统相比，中观经济主体网络信息系统所涉及的范围广、对象繁多，且区域内纷乱的组成个体之间盘节着错综的钩稽关系与系统契约关系，如果出现问题，其危害程度远远高于微观信息系统。如 2010 年 1 月 13 日上午 9 时，福州火车站客票售票系统陆续出现故障，15 时至 17 时，福州火车站与分布于市内外的 39 家代售点所构成的网状售票系统因服务器故障大面积瘫痪，导致全站 34 趟列车车票无法售出，车站人满为患，无奈之下，福州火车站部分当天开行车次乘客先上车后买票。中观 IS 审计是以传统审计理论为基础的，并在继承中观审计的基本理论与基本方法的同时，结合信息系统审计的特点在审计程序上加以创新。

（二）中观信息系统审计风险管理

审计风险是指审计主体在对审计的特定范围进行审计的过程中，由于受到某些不确定性因素的影响，使审计结论与经济客观事实发生背离，从而受相关关系人指控或媒体公开披露并遭受经济损失以及声誉损失的可能性。风险产生的本身并不是一件坏事，风险是发展所不可或缺的因素。为此，应该学会在风险潜在的负面影响与其相关机遇所带来的潜在效益之间把握好平衡，做好对风险的管理。风险管理是指如何在一个肯定有风险的环境里把风险减至最低的管理过程。风险管理过程中包含了对风险的量度、评估和应变策略。理想的风险管理是一连串排好优先次序的过程，使当中的可以引致最大损失及最可能发生的事情得以优先处理，而相对风险较低的事情则押后处理。

中观 IS 审计风险管理理论融合了中观审计理论、IS 审计理论、审计风险理论以及风险管理理论。任何审计行为都存在着风险，因中观 IS 审计、中观审计、IS 审计同属于审计学学科，它们也有各自的风险，也都具有相应的风险管理理论，都遵循风险管理的一般规律（见图 1）。中观 IS 审计风险管理理论是中观 IS 审计与审计风险管理的研究理论衔接，研究对象衔接，是中观 IS 审计主体为防止被审计委托人提起诉讼，而对中观审计风险实施的控制，也是风险管理主体选取中观信息系统审计为切入点，而对其审计风险的识别与评估。中观 IS 审计风险管理是以中观 IS 审计风险为风险管理对象，以风险管理作为中观 IS 审计的质量目标。所谓中观 IS 审计风险管理是指独立审计机构或 IS 审计人员在中观 IS 审计中，由于受到中观经济环境以及网状信息系统复杂性等多种不确定性因素的影响，为避免审计结论与经济客观事实发生严重背离，以使承担法律责任的可能性降至最低，进而识别、评价中观 IS 审计过程所面临的威胁与其脆弱性，决定采取何种措施将风险降低至可接受水平的管理活动。中观 IS 审计风险管理包括对中观 IS 审计风险的识别、估测、评价与处理，期望以最小的风险管理成本实现最大限度的安全保障，达到最为理想的中观审计效果而采取的全面、系统、综合的管理方法。中观 IS 审计风险管理是一个系统的动态管理过程，IS 审计师需要处于中观经济的层面，综合考虑与风险有关的因素，并对各个因素加以控制与管理。

二、中观信息系统审计风险管理的理论借鉴

中观 IS 审计的特定对象主要包括信息安全、数据中心运营、技术支持服务、灾难恢复与业务持续、绩效与容量、基础设施、硬件管理、软件管理、数据库管理、系统开发、变革管理、问题管理、网络管理以及通信协议。中观 IS 审计环境的特殊性、审计对象的抽象性、审计要求的专业性都将会给独立审计机构带来前所未有的不确定性，这无形中大大增加了审计的未知风险。目前，我国关于控制 IS 审计风险的标准与规范尚缺，我国的审计人员在 IS 审计中还极度缺乏有效的指导。研究发现，国外某些安全管理理论能够为我国中观 IS 审计风险管理理论的建设提供指导，它们能够从信息系统管理与计算机科学两个层面上加强网状信息系统安全管理向中观 IS 审计风险管理的理论转化。笔者认为，可供借鉴的国外理论有：

（一）信息安全管理体系标准 BS7799

1995 年，英国贸工部制定了世界上首部信息安全管理体系标准 BS7799-1：1995《信息安全管理实施规则》；1998 年又制定了 BS7799-2：1998《信息安全管理体系规范》；1999 被 ISO/IEC 正式采纳成为国际标准——ISO/IEC17799：2000《信息技术：信息安全管理实施规则》。此外，BS7799-2：1999 也于 2002 年底成为可用于认证的 ISO/IEC《信息安全管理体系规范》。BS7799-1 作为一个通用的信息安全管理指南，其目的不是说明有关"怎么做"的细节，它所阐述的主题是安全策略和优秀的、具有普遍意义的安全操作。BS7799-1 有助于相关人员在管理与审计过程中理解每一类信息安全主题的基础性问题，涵盖了几乎所有的安全议题，主要告诉管理者与 IS 审计师关于安全管理的注意事项与安全制度。BS7799-2 规定了建立和实施信息安全管理体系（ISMS）的要求，详细说明了建立、实施和维护信息安全管理的要求，指出组织在实施中需要遵循的风险评估等级，以识别最应该控制的对象，并对自身的需求采取适当的控制（见图 2）。

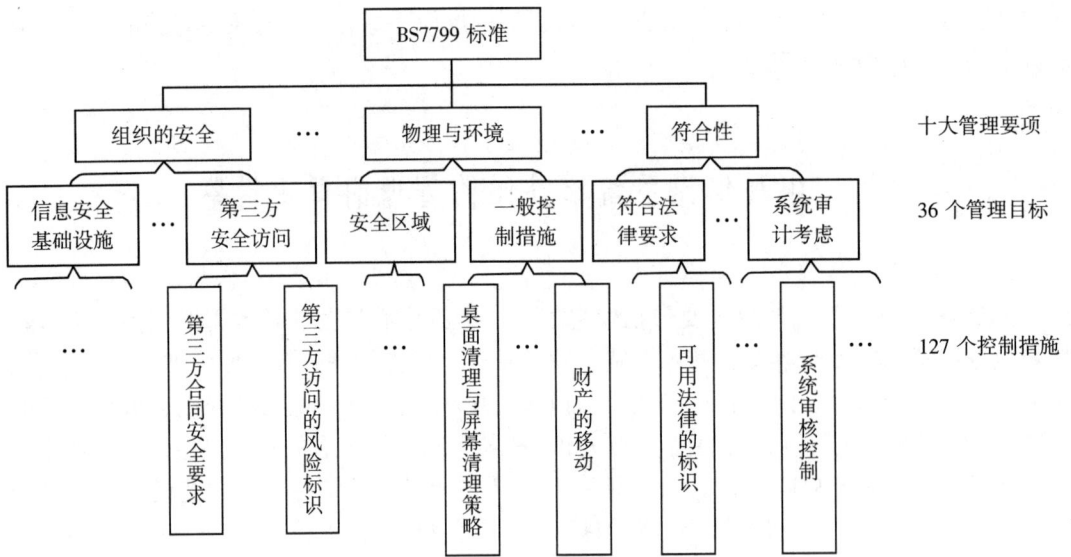

图 2　BS7799 标准的基本框架

（二）信息及相关技术的控制目标 COBIT

信息及相关技术的控制目标（COBIT）是美国信息系统审计与控制协会（ISACA）在 1996 年颁布的关于信息技术管理的规范体系，目前已更新至 4.0 版本。COBIT 模型将 IT 过程、IT 资源及信息与企业的策略与目标联系于一体。其中，IT 准则维主要从质量、系统效率等方面来保证信息的安全性、可靠性、有效性；IT 资源维主要包括以人、应用系统、技术、设施及数据在内的信息相关的资源；IT 过程维则是在 IT 准则的指导下，从信息技术的规划与组织、采集与实施、交付与支持、监控等四个方面确定了 34 个信息技术处理过程，每个处理过程还包括更加详细的审计方针对 IT 处理过程进行评估。COBIT 框架为管理层提供了信息技术的应用构架，并由四个部分组成。执行工具集主要包括管理理念、IT 控制工具、执行指南等用于处理的可供选择的辅助工具和软件；管理指南给出了度量信息系统的指标体系，并由成熟度模型、关键成功因素、关键目标指标、关键绩效指标四部分组成；控制目标是 COBIT 模型的关键组成部分，是一个多层的架构，通过域、过程、任务活动三层体系实现总体目标的分解，通过特定的活动来实施控制以达到预定的系统目标（见图 3）。

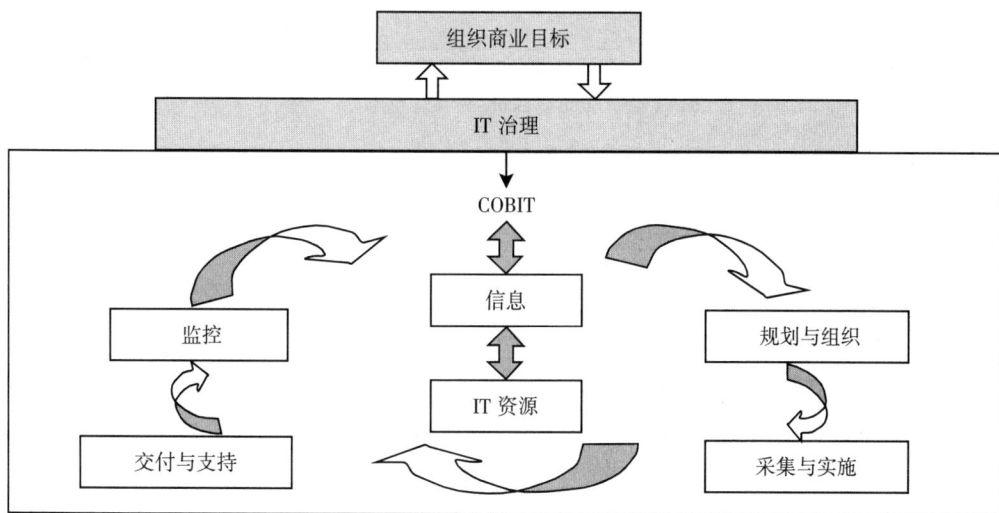

图3 COBIT 模型的基本框架

（三）信息安全通用准则 CC

1993 年开始，美国、加拿大与欧洲四国合作起草单一的信息安全通用准则，1999 年正式成为国际标准 15408-1999，简称通用准则（CC）。CC 准则由简介和一般模型、安全功能需求以及安全保证需求三部分组成。CC 准则的基础是欧洲的 ITSEC、美国的包括 TCSEC 在内的新的联邦评估标准、加拿大的 CTCPEC 以及国际标准化 ISO 中 SC27WG3 的安全评估标准。CC 准则定义了作为评估信息技术产品和系统安全性的基础准则，全面考虑了与信息技术安全性有关的所有因素。同时，CC 准则强调把安全需求划分为安全功能需求和安全保证需求两个独立的部分，根据安全保证需求定义安全产品的安全等级，如此，安全产品的安全功能将不再受安全等级的限制。CC 准则为了解决数据交换的安全，明确要求输入、输出划分同时考虑安全属性和不带安全属性两种，强调了网络安全中抗抵赖的安全要求，区分用户数据和系统资源的防护，突出了必要的检测和监控安全要求，强调了安全管理的重要作用（见表 1）。

表1 CC 准则的基本框架

组成内容	具体分类	补充说明
简介与一般模型	Correlation Term，有关术语	保护轮廓与安全目标的概念与原理
	Basic Concept，基本概念	
	Evaluation Frame，评估框架	
安全功能需求（11 类）	Cryptographic Support，加密支持	保护轮廓与安全目标的选取与保证
	Security Management，安全管理	
	……	
	Resource Utilization，资源使用	

续表

组成内容	具体分类	补充说明
安全保证需求（7类）	Configuration Management，配置管理	保护轮廓与安全目标的选取与保证
	Life Cycle Support，生命周期支持	
	……	
	Vulnerability Assessment，脆弱性评估	

（四）信息技术基础设施库 ITIL

信息技术基础设施库（ITIL）由英国政府于 20 世纪 80 年代末制订，2001 年英国国家标准协会（BSI）正式发布了基于 ITIL 的标准 BS15000，2002 年此标准为国际标准化组织（ISO）所接受。ITIL 目前有 3 个版本，V1 版主要是 IT 管理者的经验积累，包含 40 多个流程。V2 版在 V1 版基础上对管理流程进行了分类与整理，形成了业务管理、服务管理、IT 基础架构管理、应用管理、安全管理、IT 服务规划管理与实施等 6 个模块。V3 版强调进行生命周期循环的 IT 管理，分为服务战略、服务设计、服务事务、服务操作管理、服务提高 5 个部分。ITIL 的施用主体是 IT 人员和服务管理人员，其阐述了信息系统服务各个环节的行为方法与实施过程，以及 IT 部门应该包含的各个工作流程以及各个工作流程之间的相互关系。ITIL 提供了以服务支持和服务提供为核心，包括规划实施、服务管理、业务视野、ICT 基础设施管理、安全管理和应用管理 7 个模块在内的规范化信息技术服务。ITIL 与传统质量管理的思想一脉相承，是将传统质量管理方法运用于 IT 运营维护实践，核心思想是以客户满意度作为衡量 IT 服务质量的标尺（见图 4）。

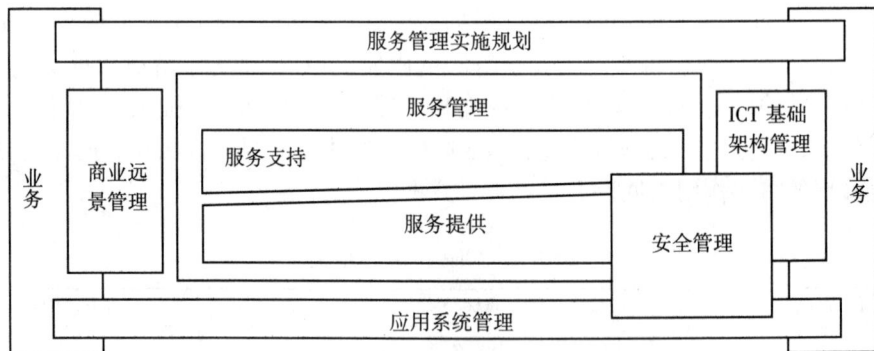

图 4　ITIL 标准的基本框架

三、中观信息系统审计风险管理的框架构想

2006 年 3 月，审计署对《审计准则》进行了重新修订，确定了新的审计风险模型，即审计风险 = 重大错报风险 × 检查风险。对于管理中观 IS 审计风险来说，同样需要从控制重大错报风险与检查风险着手（参见图 5）。笔者认为，BS7799 标准、COBIT 理论、CC 准则与 ITIL 标准将会对中观 IS 审计人员评价信息系统的固有风险，以及确认控制风险提供强有力的支持，能够承担起构建审计风险管理框架的任务。而且，四种标准之间是相互交叉与补充的，都应用于组织是否采取有效的机制，使得 IT 的应用能否正常完成自身的使命，同时规避信息化过程中的风险，确保实现组织的战略目标。

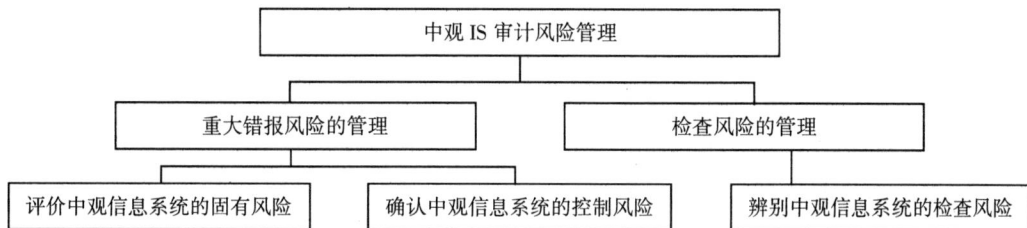

图 5　中观 IS 审计风险管理架构

（一）信息安全管理理论对评价中观信息系统固有风险的贡献

对于中观信息系统而言，固有风险是指在不存在内部控制的前提下，中观信息系统在运行中存在的严重错误或不法行为的概率。评价固有风险离不开信息系统的具体构成，如人员、数据、设备、通信协议等。基于信息安全管理视角，前述四种理论从特定程度上对信息系统的构成都有相关的规范，借此规范，审计人员将会有更多的信息管理标准可供参照，进而会更加深入地分析与评价信息系统的运营行为与效果。审计人员对理论的借鉴参见表 2，分析如下。

表 2　BS7799 标准、COBIT 理论、CC 准则与 ITIL 标准在重大错报风险评价中的应用

评价中观信息系统的固有风险		确认中观信息系统的控制风险	
人员	BS7799 标准	内部控制的规划	BS7799 标准、COBIT 理论
技术	CC 准则、ITIL 标准		
数据	COBIT 理论、ITIL 标准	内部控制的执行	BS7799 标准、COBIT 理论
设备	ITIL 标准、BS7799 标准		
量度	COBIT 理论	安全的需求与保证	CC 准则
……	……		

第一，人员因素导致的固有风险，应借鉴 BS7799 标准。人员因素对信息系统的威胁，主要体现在个人计算机滥用、程序违背、密码窃取等多个方面。审计人员通过借鉴 BS7799 标准，能够对被审中观信息系统的所可能受到的威胁有很好的把握。这是因为 BS7799 标准包含了 100 多个安全控制措施帮助组织识别在运作过程中对信息安全有影响的因素，如人员安全措施，为审计人员提供了人为错误操作，窃取、欺骗与滥用相关设施的判定思路，而且，BS7799 标准还从对系统信息访问的人员维护管理以及公司内部信息安全防范的人员管理等方面加以阐述，这些都将会便于从人员操控角度考察信息系统某一环节的失效模式，进而分析因人员因素而造成的系统风险。

第二，技术因素导致的固有风险，应综合借鉴 CC 准则与 ITIL 标准。CC 准则主要是从技术层面指导产品或系统的开发、集成、运行与维护。CC 准则独立于具体的产品技术领域，是高度抽象的技术概括，当前，CC 技术指导准则已经在实践中应用于多种安全产品，例如防火墙、路由器、入侵检测系统以及嵌入式智能卡。审计人员吸收 CC 准则的指导思想可以检测被审系统中防火墙、路由器等硬件的技术开发与维护缺陷，更好地界定被审中观 IS 系统的固有风险。此外，ITIL 标准对于检测信息系统技术因素也值得借鉴。与 CC 准则相比较，ITIL 理论对信息技术的关注面更为广泛，ITIL 标准更加侧重于技术层面上的实施流程，更加强调概念/流程、活动、成本/收益、实施计划等方面的技术实践。

第三，数据因素导致的固有风险，应综合应用 COBIT 理论与 ITIL 标准。数据是信息系统构成的最基本元素，COBIT 理论融合了 34 个控制流程，这些控制环节包括了信息系统数据整体中整个生命周期的每一阶段及其特定特征。COBIT 理论对数据进行管理的主要内容涵盖了源文档的控制，数据备份和恢复的管理，数据模型和数据标准的一致性管理，数据开发与数据应用平台的协调性管理，数据的输入、处理和输出的控制等方方面面，审计人员参照 COBIT 理论对数据的控制标准，可以深层次地挖掘信息系统应用与管理的内在风险。ITIL 的服务管理分为服务提供与服务支持两个部分，通过 ITIL 的支持模块与配置管理数据库，被审计人员可以从总体上把握 IT 服务台独立处理问题的比例，远程解决问题的数量及比例，解决每一事件的平均成本以及数据的异常输出范围，这些也将会对审计人员判定系统事件的问题严重程度与解决程度提供理论指导。

第四，设备因素导致的固有风险，应综合应用 ITIL 标准与 BS7799 标准。ITIL 标准包括服务台、事件管理、配置管理、流程管理等模块。审计人员可依据 ITIL 标准下配置管理的要求对被审信息系统的设备问题进行分析与界定。这是因为配置管理涵盖了"维护系统可识别的可管控的配置项资料"，"支持硬件设备和软件系统，支持为多个不同服务单位的资产建立台账"，"确定可维护资产之间的关系"，"通过资产的查询，可以随时掌握资产的变动情况，包括已经发生的故障和变更"等设备属性的多个方面；从信息安全的作用层面而言，公众最为关注的是计算机与网络的硬件自身的安全，又称为"物理安全"。除 ITIL 标准外，BS7799 标准对于信息系统的设备问题也依据"物理与环境安全"与"计算机网络管理"两个层面作出阐述，BS7799 标准提出如下安全指导措施，"确保安全信息处理设备的正常运转"，"防止资产的丢失、损坏或泄漏"，"防止信息处理设施损害或失窃"。

BS7799 标准基于设备管理的指导思想将会为审计人员探索被审系统设备的内在问题提供有力的理论帮助，便于拓展审计人员确认系统内在风险的思路。

第五，量度因素导致的固有风险，应参考 COBIT 理论。COBIT 理论涉列了"关键目标指标"与"关键绩效指标"两个方面。COBIT 的两种指标体系一方面能为企业管理层衡量 IT 流程绩效提供参照标准，另一方面也为审计人员评价被审信息系统的营运效率与盈利绩效提供评价依据。关键目标指标与关键绩效指标均采用定量方法加以表述。关键目标指标是审计人员用来识别和衡量被审信息系统流程的输出，描述被审系统控制活动"所需实现任务的内容"；而关键绩效指标是审计人员用来识别和衡量被审信息系统流程的绩效，描述被审系统控制活动"所需实现任务的程度"。被审人员依据 COBIT 理论的定量指标，系统地评价被审系统流程的产出与绩效，也将会对被审系统固有风险的进一步诊断提供审计依据。

（二）信息安全管理理论对确认中观信息系统控制风险的贡献

对于中观信息系统而言，控制风险是指信息系统的内部控制制度系统未能及时预防或发现系统运行中的某些错误或不法行为，而导致信息系统运行效益弱化的概率。中观信息系统的控制风险主要反映在信息系统内控的规划、内控的执行以及信息系统安全的需求与保证三个方面。笔者认为，前述四种理论对确认中观信息系统控制风险的贡献具体表现如下，并参见表 2。

首先，被审信息系统内部控制的规划与执行，需要借鉴 BS7799 标准及 COBIT 理论。由于中观信息系统的构架与维护是一项复杂的多元工程，系统组成个体之间盘结着纷繁错落的逻辑关系，因而传统的内控评价方法无法满足中观 IS 审计的要求，笔者认为审计人员应该关注 BS7799 标准及 COBIT 理论对于评价内控的贡献。BS7799 标准涵盖了 100 多个信息系统的安全控制措施，是各类信息系统的安全问题与系统控制问题的高级别概述。参照图 2，BS7799 标准共计包含了 127 个控制措施，这些控制措施的运用将会全面涵盖被审信息系统的控制规划过程以及执行过程。例如"第三方访问的风险标识"，"外包合同的安全要求"，"信息与软件交换协定"，"电子商务的安全"，"系统审核工具的保护"，"可用法律的标识"等，上述的"要求"、"标识"、"协定"就是对被审系统具体运行行为的一种规范，或是一项标准，审计人员需要借用 BS7799 理论的 127 项控制指南预先评判被审单位对于被审系统内部控制设计的科学性，在此基础上，进一步沿用 127 项控制细则判断被审系统内控执行的有效性。此外，COBIT 理论也是评判被审系统内控风险的准绳。因为 COBIT 理论涵盖了 4 个控制域，34 个控制流程，318 个控制目标，控制思想贯穿于 COBIT 模型的始终。318 个控制目标融合于三维框架之中，三维分别指 IT 标准、IT 资源与 IT 过程。IT 资源包含人员、应用、技术、设备与数据，IT 标准包含被审系统的有效性、效率性、完整性等 7 个特性，COBIT 理论通过"直接且主要"、"间接且次要"、"关联微小"三个标准全面地表达了被审系统需要控制的各个环节。假定审计人员审计我国铁道部铁路客票系统的内部控制时，以抽选"处置问题与突发事件"为例，则应该检查被审单位在应对"突发事件"上，是否"直接且主要"地关注系统的"有效性"与"效率性"，"间接且次要"地关注系统的"可用性"，而且在处理问题上，是否对人员、应用、技术、设备与数据实施全面检测，还是只看其一。创造性地运用 COBIT 理论的控制哲学，将会丰富中观审计人员评价系统内部控制设计与执行的思路，从而降低审计风险。

其次，被审信息系统安全的需求与保证，需要科学运用通用准则 CC。与传统的审计对象比较，中观经济主体信息系统的运营异常复杂，因而，审计人员在运用传统评价内控方法的基础上，还应拓展思维，站在较高的层面即"被审系统安全的需求与保证"层面深度挖掘被审系统所面临的控制风险。CC 准则可以满足审计人员这一高层次需求，因为 CC 准则构建了一种基于保障范围的 CC 安全保障要求的层次体系结构，详见表 1。CC 准则对信息系统的安全作出两种分类，即安全功能要求类与安全保障要求类。安全功能要求类包括 11 类、66 族与 135 个组件，并力求为信息系统的安全需求开发、安全策略建立提供完整的支撑。例如，加密支持（FCS）类，CC 准则所期望实现的功能包括：标识与鉴别、可信路径、抗抵赖、可信信道以及数据分隔。FCS 类分为密钥管理与密码运算两个组，分别解决密码的管理与密码在运算中的运用问题。安全保障要求类由配置管理（ACM）、发布和使用（ADO）、开发（ADV）等七个类别组成，定义了国际上公认的信息系统常用的安全保障要求。例如，ADO 类定义了分发、安装、操作 TOE 的措施、程序与标准的要求，旨在保证 TOE 提供的安全保护在安装、操作时免遭破坏。CC 准则的理念为审计人员更深层次考评被审系统的内控效果拓宽了思维，提供了指南，审计人员需要从 FCS 类或 ADO 类着手，以"点"深入，扩及至"面"，高效实现被审中观信息系统的内控评价。

防范传统审计风险相对容易，然而，集中观领域与信息系统于一体的中观 IS 审计风险管理却异常复杂。本文以重大错报风险评估为着手点，沿用 BS7799 标准等四理论对中观 IS 审计风险管理进行研究，旨在为我国中观 IS 审计理论的完善抛砖引玉。四种理论之间相互交叉与补充，都是 IT 治理方法，均能够规避系统信息化风险。本文的研究仅提出了宏观思路，当然还存有不足，如各种理论之间的契合方式等，这还有待笔者的不懈努力。

参考文献

[1] 段云所. 信息技术安全评估准则 CC 与等级保护 [J]. 信息网络安全，2004（2）：13-16.

[2] 秦天保，方芳. 基于 BS7799 构建企业信息安全体系 [J]. 情报杂志，2004（2）：18-20.

[3] 孙强. 信息系统审计 [M]. 北京：机械工业出版社，2003.

[4] 王会金，刘国城. 中观经济主体信息系统审计的理论分析及实施路径探索 [J]. 审计与经济研究，2009（5）：27-31.

[5] 谢岳山. 联网环境下信息系统审计的体系构架 [J]. 审计研究，2009（1）：37-40.

[6] 阳杰，庄明来，陶梨娟. 基于 COBIT 的会计业务流程控制 [J]. 审计与经济研究，2009（2）：50-54.

[7] 易仁萍，王会金. 基于骨牌理论的中观审计风险预防机制研究 [J]. 审计研究，2006（2）：86-90.

[8] 张友朋，丁志刚. 基于 ITIL 配置管理的研究与应用 [J]. 计算机工程与设计，2010（9）：31-35.

[9] ISO/IEC 15408-2001：Information Technology-Security Techniques-Evaluation Criteria for IT Securi-

ty- Part （1-3）：Security Functional Requirements.

　　［10］ Van Ben J. et al. Foundations of IT Service Management：Based on ITIL ［M］. Van Haren Publishing，2004.

Theory Exploration and Frame Construction of Meso-information Systems Audit Risk Management

Liu Guocheng，Wang Huijin

（Nanjing Audit Uaiversity，Nanjing 210029）

Abstract：In recent years，the increasingly widespread application of meso-information system in China has triggered greater demands from meso-economic entities for this audit system. On the other hand，however，the complex and abstract nature of research in this field has curbed the satisfactory growth of studies both in number and quality. In view of this fact，this paper points out that there is an urgent need to establish a sound theory of meso-information systems audit risk management in order to ensure the scientific and efficient management of meso-information systems. Based on the four key elements of meso-information systems audit，IS audit，audit risk and risk management，this paper first examines the basic theory of meso-information systems audit risk management，and then tries to construct a theorectical framework for audit risk management of meso-information system referring to international norms like BS7799 criterion，COBIT model，CC norm and ITIL criterion. The proposed frame work is constructed from the perspective of material misstatement risk and aims to explore a set of practical measures for the risk management of meso-information systems.

Key Words：meso-audit；information system audit；risk management；frame construction

云计算环境下的管理信息系统发展趋势研究 *

李 晴[1] 杨 春[1,2] 谢 忠[1,3]

(1. 中国地质大学经济管理学院，湖北武汉 430074；2. 广西地质矿产勘查开发局企事业指导处，广西南宁 530023；3. 中国地质大学信息工程学院，湖北武汉 430074)

【摘 要】在分析云计算概念及其具有的虚拟化、服务化、智慧化内涵的基础上，结合企业 MIS 建设及其对企业信息化进程支撑作用的分析，分别从基础技术、开发模式及功能应用三方面探讨了云计算环境下 MIS 的发展趋势，即随着云计算的渗透，MIS 将沿着技术趋势虚拟化、开发模式智慧化、功能应用服务化的趋势发展，这种发展趋势将最终提升企业核心竞争力。

【关键词】云计算；管理信息系统；虚拟化；智慧化；服务化；企业信息化

一、引言

2010 年，云计算（Cloud Computing）在历经两年讨论热潮之后，从概念层面逐渐走向应用，成为大型企业、互联网的 IT 建设争先投入的重要领域。IT 技术已悄然置身于云计算的时代。管理信息系统（Management Information System，MIS）作为企业信息化的战略性 IT 支撑，正是构建在 IT 基础之上的信息系统，随着云计算时代的到来，将不可避免地对 MIS 产生新的趋势化影响。文章以云计算的内涵分析为基础，结合企业信息化中 MIS 建设的现状，进而分析了企业信息化进程中 MIS 建设因云计算的发展而带来的发展趋势。

* 本文选自《科技管理研究》2011 年第 18 期。

作者简介：李晴（1982—），女，河南潢川人，博士研究生，研究方向为管理信息系统、企业信息化；杨春（1968—），男，广西北流人，处长，博士研究生，研究方向为企业管理；谢忠（1968—）男，广东梅州人，教授，博士生导师，"楚天学者"，研究方向为管理信息系统、地理信息系统及空间决策支持。

二、云计算的概念及其内涵分析

（一）云计算的概念

到目前为止，对云计算的定义仍没有一个被广泛承认的概念，维基百科对云计算的最新定义是：云计算是一种动态的易扩展的且通常是通过互联网提供虚拟化的资源计算方式，用户不需要了解云内部的细节，也不必具有云内部的专业知识或直接控制基础设施[1]，图1为云层次结构图。Wang Lizhe 等指出计算云系统不仅能够向用户提供硬件服务 HaaS（Hardware as a Service）、软件服务 SaaS（Software as a Service）、数据资源服务 DaaS（Data as a Service），还能够向用户提供能够配置的平台服务 PaaS（Platform as a Service）[2]。IBM 的定义为：云计算是一种计算模式。在这种模式中，应用、数据和 IT 资源以服务的方式通过网络提供给用户使用。大量的计算资源组成 IT 资源池，用于动态创建高度虚拟化的资源。云计算是系统虚拟化的最高境界[3]。赵文银等认为云计算是以应用为目的，通过互联网将必要的大量硬件和软件按照一定的结构体系连接起来，并随应用需求的变化不断调整结构体系建立的一个内耗最小、功效最大的虚拟资源服务中心。这个定义所体现出的"随需动态调整"显示出云计算的"智慧"。

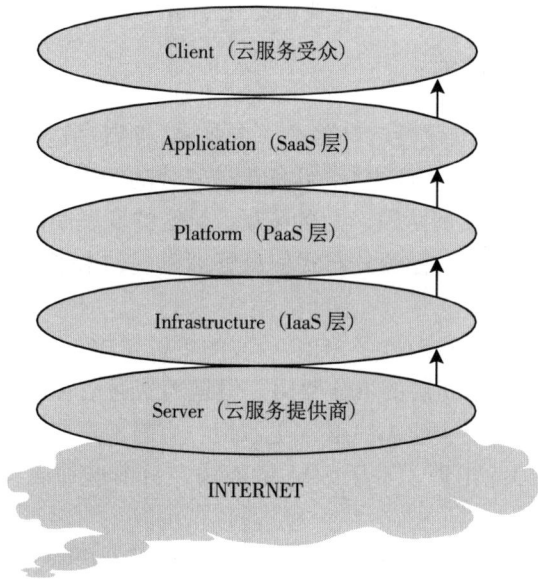

图1　云层次结构图

（二）云计算内涵分析

通过分析可知，超大规模、虚拟化技术、动态可扩展、按需部署、高灵活性、高可靠性与高性价比是云计算具有的一般属性特征。正是这些属性特征使其对未来的 IT 及其相关领域的发展产生了趋势化影响。

作为一种提供虚拟化的资源计算方式，节省成本、服务器整合、最大限度利用资源，是未来 MIS 技术发展趋势的体现。

作为一种资源交付和使用模式，通过网络获得所需的各种服务资源（硬件、平台、软件），提供各种定制服务，无须大规模购置硬件，"云"中的资源不为我所有，但能为我所用，可以无限扩展、随需随用随取，甚至可以说，云计算是大型 IT 企业借助网格计算技术向现代服务业的转型，这些无疑不体现未来 MIS 功能应用服务化的发展趋势。

随着云计算的成熟应用，虚拟化数据中心、搭建式和智能工作流敏捷开发、中间件综合集成平台技术等智慧化开发模式与开发方法，将使 MIS 更具柔性，更细颗粒地满足企业发展的需求。

三、企业信息化中 MIS 应用现状分析

MIS 发展历经半个世纪，从最初的面向单项业务的信息管理逐渐发展为面向管理层和决策层的大型综合的信息管理。MIS 在企业信息化中越来越显示出其强大的支撑作用。

（一）MIS 自身建设状况

目前，我国企业的基础 IT 建设已经普及，企业 PC 拥有率达到 98.7% 以上，约 95% 的企业已经接入 Internet[4]。大型企业 100% 具备比较完善的 MIS，中小企业信息化也已经走过起步阶段而步入 MIS 建设发展阶段。总的来说，MIS 的发展经历了单机版集中式信息管理模式、目前正处于面向企业过程的分布式信息管理模式、未来将向开放式集成化的信息管理模式发展。

MIS 的基础架构，已经基本走过了 MRP 阶段的单机架构，目前主要是 ERP 阶段的 C/S 架构和 ERP Ⅱ 阶段基于多中间层的 B/S 架构，但是随着通信和信息技术的飞速发展，多样化、个性化的顾客需求迫使企业 MIS 必须更敏捷、有效地适应企业内外环境的变化，为决策层提供信息支持。因此出现了基于 SOA 的架构，目前这种面向服务的架构在 MIS 上的应用探讨较为热点。

MIS 的开发方法主要有生命周期法、原型法、面向对象法和 CASE 方法，在实际的应用中，这些开发方法主要存在以下缺点：①开发周期长、效率低下；②重复开发现象严重；③难以维护；④可复用性差；⑤可扩展性差；⑥难以集成等[5]。而企业管理向柔性

管理和敏捷性管理发展的同时，对 MIS 的开发提出了新的挑战，传统的 MIS 因无法胜任而缩短生命期。必须建立起一套适应企业柔性管理的 MIS 来最大限度地实现技术上的功能集成和管理上的职能集成，因此出现了开放式集成化的、基于工作流的 MIS 开发模式。

随着企业的发展，越来越多的需求需要 MIS 来实现，但现有 MIS 的灵活性、扩展性差，进行二次开发的能力差，导致了当前需求与潜在的未来需求无法兼顾，难以满足企业发展越来越精细、敏捷的需求。云计算具有的超大规模、虚拟化、动态可扩展、按需部署、高灵活性、高可靠性与高性价比等特点，从系统自身建设的角度将使 MIS 的发展发生变革。

（二）MIS 对企业信息化的支撑作用

信息化时代的信息系统已经不再仅仅是企业的一种运作工具，它被称为是企业的一种 IT 能力，更强调企业 IT 资源与其他资源的优化配置，强调通过 IT 资源来整合其他资源，从而形成一种动态能力的过程[6]。资源的异质性如同企业的核心竞争力，具有很强的进入壁垒，企业之所以有区别，就在于它们具有互异的资源，这些互异的资源不仅仅指人、财、物的资源，也包含了 IT 资源在内，相同的 IT 资源与不同企业的具体环境相结合就不再相同。同样的，相同的 MIS 与企业自身的业务流程相结合之后，融入企业的业务流程之中，就成为了企业独特的内部资源，如果这种结合与融入是有机的、高效的，那么它们所体现出的竞争力便是独一无二的，就是企业的 IT 资源的核心竞争力，具有高度的不可模仿性和不可超越性。

MIS 对企业信息化的支撑作用就体现在与企业自身的业务流程融洽共生的 MIS，作为企业的一种新型的技术资源，能够对企业的发展提供具有竞争优势的支撑作用。William 与 Mata 等研究者在其研究中认为，企业竞争优势的来源，部分地来自于管理信息技术的技能，而且对这种来源地的依赖程度会随着信息技术的发展而越来越高[7]。云计算作为信息技术发展的新热点，必然对企业 MIS 的建设与发展产生影响，而且对企业信息化进程中的 MIS 建设提供底层技术的支撑作用。

四、云计算对 MIS 发展的趋势化影响

面向企业，MIS 必须要向着服务化的方向转变，而 MIS 本身也面临着虚拟化、智能化的架构和开发方法的变革。因此，本文认为，置身云计算环境下的 MIS，将朝着技术虚拟化、开发模式智慧化、功能应用服务化的方向发展。

（一）技术虚拟化趋势

虚拟化最大优势就是节省资金、整合服务器、最大限度利用资源，它能够把有限、固

定的资源按需重新规划并实现资源利用率最大化。

Forrester 2009 年曾主要面向 2600 家美国及欧洲企业的技术决策者做过一项调查（见图 2、图 3），

调查显示，超过 50%的企业已经或将愿意部署虚拟化服务器，近半数的企业已经或将愿意使用虚拟化 OS。大多数企业能够接受服务器的虚拟化技术，越来越多的企业关注云计算。无论大中小型企业都在集中思考如何彻底改变 IT 基础架构及系统，并使原有系统更加灵活、有效节能。

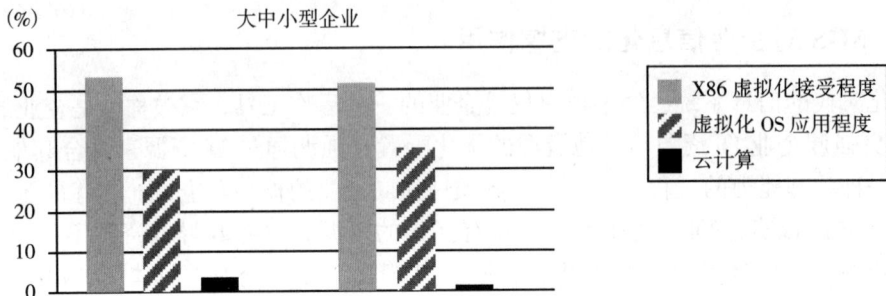

图 2　Forrester 调查报告（一）

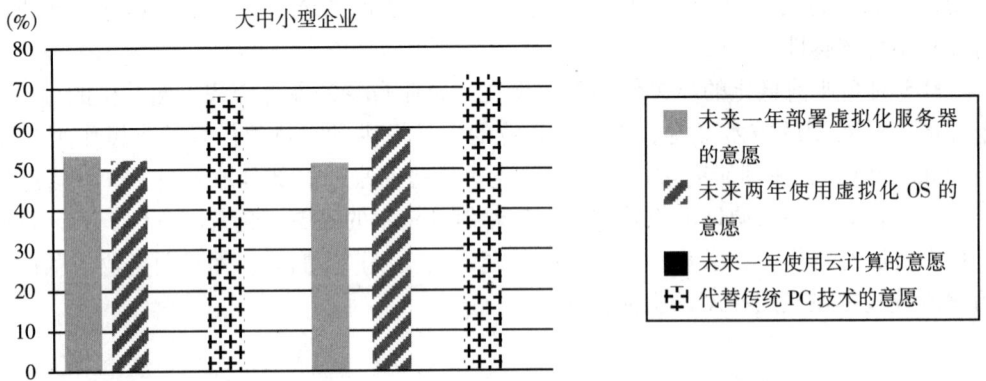

图 3　Forrester 调查报告（二）

《中国虚拟化技术及应用现状调查报告 2009》[8]，对涵盖企业 CIO、CTO、IT 总监等 IT 管理者及系统架构师、数据库工程师等 IT 技术人员进行了调查（见图 4、图 5）。

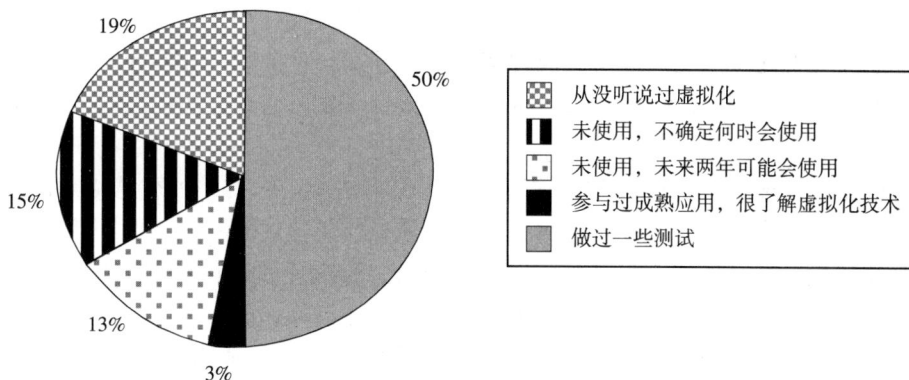

图4 用户对虚拟化技术的了解和使用情况

图例：
- 从没听说过虚拟化
- 未使用，不确定何时会使用
- 未使用，未来两年可能会使用
- 参与过成熟应用，很了解虚拟化技术
- 做过一些测试

（数据：50%、19%、15%、13%、3%）

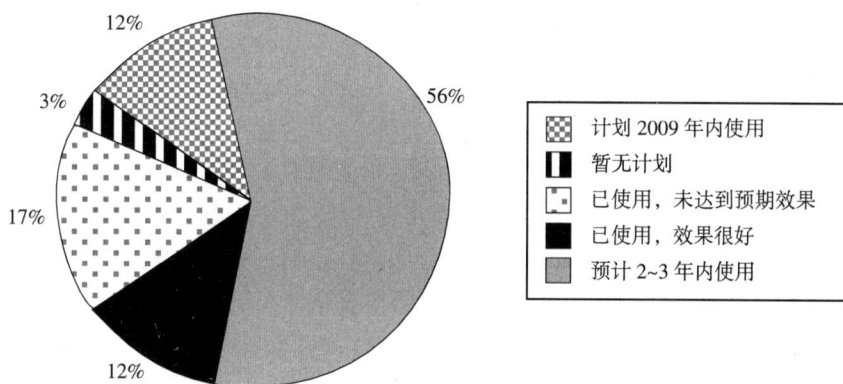

图5 用户企业应用虚拟化技术的情况

图例：
- 计划2009年内使用
- 暂无计划
- 已使用，未达到预期效果
- 已使用，效果很好
- 预计2~3年内使用

（数据：56%、12%、3%、17%、12%）

调查显示，绝大多数用户对虚拟化技术有不同程度的了解，做过相关虚拟化测试的用户高达50.5%；在虚拟化技术的使用方面，有15%的企业部署了虚拟化技术应用，且有11.5%反映效果很好；约七成用户企业表示将使用虚拟化技术。

由此可见，虚拟化技术的采用已经成为一种趋势，在企业信息化发展中越来越扮演不可或缺的角色。在云计算这个以虚拟化为核心技术的大环境下，未来的MIS建设，在部署服务器、开发数据中心等关键技术中将越来越多地趋向于虚拟化。

（二）开发模式智慧化趋势

现有的MIS开发方法普遍都能很好地满足单一用户处理单一任务的应用需求，随着企业规模的扩大，业务越发丰富，流程也越发复杂，传统MIS系统难以满足企业业务流程的需求。

随着IT技术的不断发展，面向构件、基于工作流的开发方法因其适应不断变化需求的高度敏捷性正成为下一代MIS开发的基石。它能将构件具体化为功能构件和流程构件，将流程设计和流程执行分离，将流程变化隔离在流程阶层中的不同层次，减少流程的互相依赖，使流程变化更敏捷、廉价。流程构件的可互操作性能使企业间流程易于再设计和执行，加速构建。云计算时代的到来，将使 MIS 柔性开发方法进一步向着智能工作流开发方法发展。

智能工作流开发方法是将智能代理与工作流方法相结合的一种智慧化 MIS 开发方法。智能代理指能够在异类的计算环境中运行，单独或与其他代理共同工作，获取用户委托目标的自动化信息系统实体。智能代理通常代表他们的所有者的利益，自动地行动，这明显区别于传统人工智能系统必须在用户的即时控制下才能操作的特点。智能代理技术具有快速创建信息系统构件的敏捷性、在系统中表现多样行为，与其他代理进行协商的协商性、比典型的工作流模型更具柔性的合作性[9]。智能工作流开发方法具备能够处理异常和处理变化的能力，能够通过取得更多的过程独立，使系统更人性化，伴随着云计算的落实，MIS 的开发模式与开发技术将更加智慧化。

（三）功能应用服务化趋势

云计算体现了 IT 技术的发展，但其本身不应被归在 IT 技术之列。因为技术还处在原来传统的硬件、软件里，它只是借助于"虚拟化"将原本具有商品属性的软件、硬件及其技术变成了服务[10]。最终，它通过互联网向用户提供 IT 服务。那么，当软、硬件及其技术等商品变成服务之后，当需求的核心转移到"服务"上时，构建在软、硬件基础之上的 MIS 将向着服务化系统的趋势发展。未来的 MIS 将主要从两个层面体现其服务化的趋势：

第一，随着云计算在 IT 领域应用的深入，在进行 MIS 软件开发时，将更加注重需求，以需求为导向进行功能库建设，并提供标准的 API 接口，用户可以直接通过 Web 调用功能仓库里的功能模块。提供的功能更具服务性，更能体现用户需求和系统自身建设的需求。因此，MIS 将从传统缺乏弹性与柔性的应用向新型的基于 Web Service 的应用转变，提供以更简单、更灵活、更实用的 SaaS 为主的各种 Web 应用成为趋势，体现云计算 SaaS 层理念。

第二，MIS 本身将从传统的软件服务向新型的"软件+服务"转变，以 SOA 为指导，建立面向服务的新型系统架构，为企业提供能够二次开发的 MIS 平台，随着企业需求的动态更新提供更加灵活的定制服务，体现云计算 PaaS 层理念。云计算下的 MIS 在企业中的应用从单纯的支持企业信息管理向为企业决策提供智力支持的协同系统发展，满足企业发展越来越精细的需求，为企业进化提供精细化服务。

五、结语

信息化已经成为企业发展的第一驱动力，知识经济和信息的膨胀加剧了 MIS 迅速成为企业发展的关键战略工具[11]，云计算则无疑成为 MIS 在新 IT 技术趋势下发展的关键要素。MIS 走向虚拟化、智慧化与服务化发展的道路，充分满足企业信息化、扁平化、移动化管理需求和一站式应用的需求，得益于云计算的发展与成熟。未来的 MIS 从本质上促使"信息"这个知识与信息社会的主导资源得到更充分的发挥，提升企业的整体竞争力，促进企业成长与发展。

参考文献

［1］Wikipedia.Cloud Computing ［EB/OL］. http：//en.wikipedia.org/wiki/Cloud_computing.

［2］Wang Li-Zhe，Tao Jie，Kunze M.Scientific cloud computing：early definition and experience ［C］.Proc of the 10th IEEE International Conference on High Performance Computing and Communications，2008：825－830.

［3］彭明盛等. 智慧的地球——IBM 动态基础架构白皮书 ［EB/OL］. http：//www.ibm.com/cn/express/migratetoibm/dynamicinfrastructure/download/dynamicinfrastructure_whitepaper_0903.

［4］佚名. 2009 年中小企业信息化年终回顾 ［EB/OL］. http：//news.51cto.com/art/200912/172197.htm，2009-12-23.

［5］黄梯云，李一军. 管理信息系统 ［M］. 北京：高等教育出版社，2009.

［6］陈建斌. IT 能力与企业信息化 ［M］. 北京：电子工业出版社，2010.

［7］Mata F. J.，Fuerst W. L.，Barney J. B. Information Technology and Sustained Competitive advantage：a resource-based analysis ［J］. MIS Quarterly，December，(1995)：487-505

［8］北京无忧创想信息技术有限公司.中国虚拟化技术及应用现状调查报告 ［EB/OL］. http：//wenku.baidu.com/view/a828b74e852458fb770b56f9.html，2009.

［9］杨斌. 管理信息系统柔性开发技术及其控制方法研究 ［D］. 华中科技大学博士学位论文，2008.

［10］周忠信.由云计算热潮反思后 ERP 时代的研发趋势 ［EB/OL］. http：//www.it168.com/a2010/0424/000000878983.shtml，2010-04-24.

［11］孙华梅，李一军，黄梯云. 管理信息系统的发展与展望 ［J］. 运筹与管理，2004(12)：1-5.

Study on the Development Trend of Management Information System Based on Cloud Computing Environment

Li Qing [1], Yang Chun[1, 2], Xie Zhong[1, 3]

(1. Ecnomic and Management School, China University of Geosciences, Wuhan 430074, China; 2. Guangxi Bureau of Geology & Mineral Prospecting & Exploitation, Nanning 530023, China; 3. Faculty of Information Engineering, China University of Geosciences, Wuhan 430074, China)

Abstract: Based on the analysis on the concept of cloud computing as well as its connotations of virtualization, servitization and intellectualization, and the construction of MIS in enterprise and its support for enterprise information, the paper discusses the future development trends of MIS in terms of technical basis, development mode and functional application.Namely, with the wide application of cloud computing, MIS will develop by following the trends towards virtualization in technical basis, intellectualization in development methods, and serve in functional application, and will finally promote the core competitiveness of enterprises.

Key Words: cloud computing; management information system; virtualization; serve; intellectualization; enterprise informationalization

企业信息系统生态环境成熟度研究 *

徐绪堪 [1]   卞艺杰 [2]

（1. 河海大学商学院常州校区，江苏常州 213022；

2. 河海大学商学院，江苏南京 210098）

【摘　要】从信息生态视角研究这个问题，分析企业信息系统建设和管理过程中存在的问题，重点分析企业信息系统环境现状，在软件能力成熟度模型基础上，提出企业信息系统生态环境成熟度萌芽级、温饱级、渗透级、健康级以及优化级五个级别，给出企业信息系统生态环境成熟度模型应用步骤，为企业信息系统环境各级别建设提供参考和依据。

【关键词】信息生态；生态环境；企业信息系统；企业信息化

信息技术是推动经济和社会发展的关键因素，能有效地转移、管理以及创新性地利用技术直接影响中国企业的竞争力和对国家经济发展所做的贡献。因此，中央"十一五"规划将利用信息技术提升企业创新能力列为一项重要政策目标，并期望借助世界领先的信息技术打造出一批具有全球竞争力的企业，对于国内大中型企业，利用信息化这个契机实现后发优势，提高自身的技术水平和管理水平，增强竞争力，避免被淘汰的命运。

本人已将生态理论引入到企业信息生态系统，特别是注重信息系统非技术因素研究，主要从人、信息和企业信息环境几方面入手，注重营造针对信息系统各个成长阶段所需要成长环境，促进企业信息生态均衡和谐发展。本文重点对分析我国企业信息系统环境现状，在已有软件能力成熟度模型基础上，寻求企业信息系统生态环境规律，为企业信息系统建设提供科学指导，为人与信息环境之间的协调和可持续发展打下坚实基础[1]。

---

* 本文选自《情报科学》2011 年 2 月第 29 卷第 2 期。

基金项目：江苏省高校哲学社会科学基金项目（09SJD870001）；河海大学中央高校基金项目（BZX/09B101-29）。

作者简介：徐绪堪（1976—）男，湖北武汉人，副教授，博士，主要从事企业信息化研究；卞艺杰（1964—），男，江苏海门人，教授，博士生导师，主要从事信息系统与电子商务研究。

企业信息系统生态环境主要包括信息系统建设和管理过程内外部环境，主要包括企业信息内外部信息政策、相关法律法规、信息人、信息资源、企业组织环境以及信息技术环境等，这些内外部环境是信息系统成长基础[2]。

一、企业信息系统生态环境现状

我国企业信息化建设已有了 20 多年的历史，虽然取得了一定成效，但在发展过程中，既有成功经验，也有失败教训，但总的来看，与西方主要发达国家相比，我国企业信息化规模、层次和总体水平都还存在很大差距，其中企业信息系统生态环境建设比较薄弱。我国企业的信息化建设受到内外双重因素驱动影响，即外部环境压力和内在变革动力。

我国企业信息化起步晚于西方国家，信息化基础建设步伐较快，应用水平和效果落后，特别是对信息系统认知度、信息化意识和参与程度等方面明显落后于发达国家。有人形象地形容我国国家企业信息化具有 21 世纪网络、90 年代软件、80 年代应用以及 70 年代管理，其中反映我国企业信息环境尤其薄弱，仅仅有先进的设备和软件是远远不足以使企业信息系统建设和管理成功的。因此改善和优化我国企业信息系统生态环境迫在眉睫[1-2]。

我国企业信息化建设和管理过程中，企业信息系统生态环境主要存在以下问题。

（1）单一重视企业信息化硬件基础设施建设，过高依赖硬件来推动企业信息化建设。

（2）基本认识普遍提高，重视程度相差较大。对企业信息和信息化的重要性的认识有一定提高，企业深切体会到了信息的重要性，对信息化可以促进企业发展也基本达成共识。虽认识在不断提高，但在实际操作上的重视程度各个企业却相差很大。除客观原因外，认识上的不足乃关键所在。

（3）信息化水平和普及程度因行业、地区经济发展水平而存在差异。总的来看，技术含量高的行业和经济发展水平及市场化程度高的地区，企业管理水平高的企业，信息化水平和普及程度相对较高；技术含量低的行业和经济发展水平及市场化程度低的地区，企业管理落后的企业，信息化水平和普及程度相对较低。

（4）信息化建设不符合企业信息系统成长规律，导致成效反差较大。由于存在认识水平、重视程度、管理基础、经济效益等方面的差别，各个企业信息化建设尤其是大型信息化工程建设的成效存在很大区别，既有成功经验，也有失败教训。

管理基础薄弱、相对滞后信息政策等因素影响了中小企业信息化的顺利进行。中小企业信息化涉及企业的业务与管理流程、组织结构、管理制度等一系列问题，需要企业建立一套与信息化相适应的经营管理体制。许多中小企业管理方法陈旧，管理思想落后，浑水摸鱼式的既得利益者和僵化守旧的心怀畏惧者构成了信息化建设中的最大阻力[3]。

二、软件能力成熟度模型介绍

软件能力成熟度模型（以下简称 CMM）是由美国卡内基—梅隆大学软件工程研究所推出的评估软件能力与成熟度的一套标准。它是对于软件组织在定义、实施、度量、控制和改善其软件过程的实践中各个发展阶段的描述。CMM 的核心是把软件开发视为一个过程，并根据这一原则对软件开发和维护进行过程监控和研究，以使其更加科学化，标准化，使企业能够更好地实现商业目标。该标准基于众多软件专家的实践经验，侧重于软件开发过程的管理及工程能力的提高与评估，是国际上流行的软件生产过程标准和软件企业成熟度等级认证标准[4]。

CMM 将机构的软件过程能力分为 5 个成熟度级别，分别是初始级、可重复级、已定义级、管理级和优化级。这 5 个级别是机构过程能力的 5 个不同层次的状态，从第一级到高一级的跃迁分别实现 4 个过程：有纪律的过程、标准一致的过程、可预测的过程、持续改进的过程。如图 1 软件能力成熟度级别所示，CMM 给每个关键过程制定了一些具体目标。按每个公共特性归类的关键惯例，是按该关键过程的具体目标选择和确定的。如果恰当地处理了某个关键过程涉及的全部关键惯例，这个关键过程的各项目标就达到了，也就表明该关键过程实现了。这种成熟度分级的优点在于这些级别明确而清楚地反映了过程改进活动的轻重缓急和先后顺序[5]。

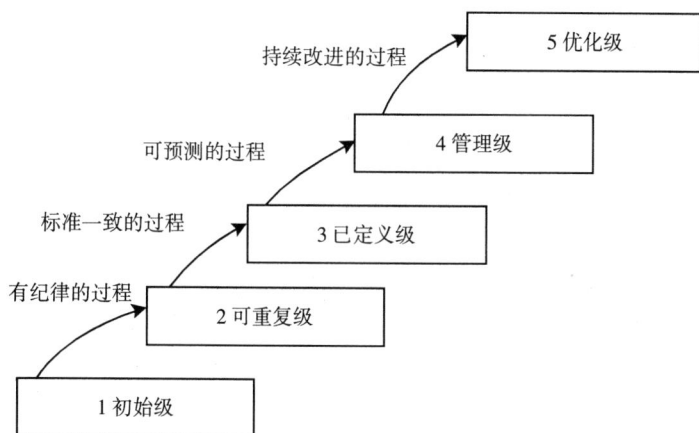

图 1　软件能力成熟度级别

CMM 把标准化大批量流水生产模式由服务业引入到了软件制造业，从而把手工作坊似的软件开发变成了标准化的生产。CMM 把软件的过程能力设置为软件开发和生产过程本身的透明化、规范化和运行的强制化，能力的成熟意味着结果可以重复，而这由于企业组织采用了成熟的软件过程、付出了可以验证的努力。企业信息系统生态环境建设是对企业信息系统建设和管理各个阶段提供必要条件，同样可以把企业信息系统生态环境建设模式通过生产过程的标准化和质量控制。通过建立企业信息系统生态环境是可以通过成熟的实施过程、可验证的努力而得到预期的实施效果[3]。

三、企业信息系统生态环境成熟度模型

成熟度模型为描述如何提高或获得某些期待物的定义了一种过程框架，是一整套的科学体系和方法。企业信息系统生态环境成熟度模型是表征信息生态环境从低级向高级发展，不断提高的动态过程。

表 1　企业信息系统生态环境成熟度模型

级别	特征
I 萌芽级	企业信息系统建设启动环节，企业信息化基础设施缺乏，没有形成规范企业信息系统建设和管理机构，没有人员规划和管理企业信息系统，企业人员对企业信息系统重要性不了解，企业业务流程不规范，从企业发展角度看，建立企业信息系统十分必要
II 温饱级	企业配备基础企业信息化基础设施和财务软件，没有单独企业信息系统规划和管理人员，基本能够使信息系统运行起来，企业员工了解企业信息系统重要性，对企业业务流程有一定了解
III 渗透级	企业业务流程管理比较规范，对企业信息系统建设有规划雏形，企业领导重视企业信息化建设，已经建立单个信息系统，配备专门企业信息化相关人才，在企业生产运行过程中采用标准规范流程运营
IV 健康级	企业有专门信息系统建设和管理部门，有规范信息系统项目立项、招标、过程管理以及运行维护等整套管理制度和规范，企业员工信息化意识较强，已经建立完善企业内部网络，已建立比较完善企业信息系统，具有信息系统维护和管理专业团队，各业务部门非常配合企业信息系统建设和运行维护
V 优化级	企业信息化氛围浓厚，各业务部门流程的管理经验逐步形成知识，注重企业知识的积累和管理，促进企业组织机构和战略不断优化，形成企业信息系统建设良性循环

借助软件能力成熟度模型，企业信息系统生态环境成熟度模型也分为 5 个级别，即萌芽级、温饱级、渗透级、健康级、优化级。通过分级的方式来界定企业信息系统生态环境成熟度，本质上表达企业信息系统生态环境不断进步的过程[6]，5 个级别能力状态如表 1 企业信息系统生态环境成熟度模型所示。

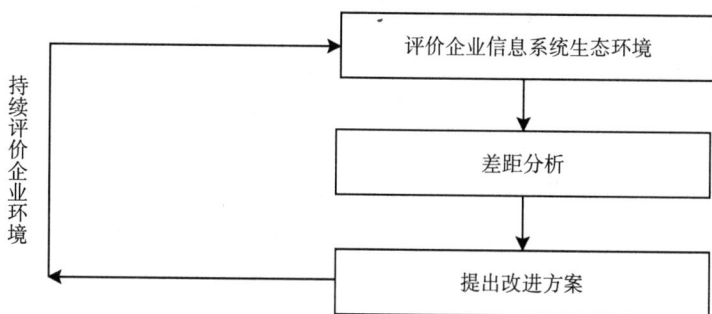

图2　企业信息系统生态环境循环过程

通过建立企业信息系统生态环境成熟度模型，企业在建立企业信息系统之前先确定本企业信息系统生态环境成熟度所在级别，然后确定企业信息系统生态环境改进方案和信息系统建设方案，定位级别后，每个级别需要按照如图2所示流程图不断改善企业信息系统生态环境[7]。

四、企业信息系统生态环境成熟度模型应用案例

从建立企业信息系统生态环境成熟度模型，最终目的利用企业信息系统生态环境能力成熟度模型辅助企业信息系统建设和管理，提高企业信息系统建设成功率和价值增值。

我国企业信息系统生态环境处于不同的等级层次上，这与企业的组织机构设置、领导重视程度、企业信息化投资多少、企业规模大小、企业的 ERP 应用基础等有关。目前我国企业进行企业信息系统建设时主要考虑信息系统本身，存在一定盲目性，特别是没有针对企业信息系统生态环境进行调查和分析。本文以 A 钢铁公司企业信息系统建设为例，A 钢铁公司在 2006 年时企业仅仅有部分控制系统，主要用于工艺流程过程中的控制，此部分信息系统基本不涉及业务流程，企业为了发展提出建设企业信息系统，对于这种类型企业现状在建设信息系统之前必须要分析企业自身现状。①除了控制系统之外几乎没有业务信息系统；②对于财务信息系统除了用来报账和检查的用友财务系统之外没有其他功能的系统；③企业内部没有完整计算机网络系统，虽然有信息部门，但该部门主要任务是维护计算机；④公司办公业务流程还没有规范和标准，有很多主观操作因素。

针对 A 钢铁公司现状，根据企业信息系统生态环境成熟度模型判断其处在萌芽级别，所以在企业信息系统建设过程中不能盲目追求快速高效，更不能直接利用 SAP 等大型公司的软件系统，否则最终的结果只有失败，而是首先要评估和改善公司企业信息系统生态环境，其次生态环境改善和评估是不断循环和渐进的过程，为企业信息系统建设做好充分准备，选择最合适企业信息系统和建设方式。A 钢铁公司曾邀请宝信软件为其建设企业信

系统，宝信软件首先要评估 A 钢铁公司现状，直到达到符合信息系统适合的环境后才能建设对应的信息系统。

本文注重企业信息系统环境建设，特别是要考虑企业组织环境、人员素质、人员信息系统交互效率等方面准备工作，为企业信息系统建设和管理营造健康成长环境。企业在信息化建设过程中应用企业信息系统生态环境成熟度模型步骤如下[7]：

（1）确定企业信息系统建设目的，明确达到目的需要营造企业信息系统生态环境，即建立企业信息系统需要达到企业信息系统生态环境成熟度级别。

（2）分析企业信息系统生态环境现状，进行差距分析，指出目前存在的主要问题，决定改进重点。

（3）针对企业信息系统生态环境现状，提出改善计划。

（4）实施改进计划，重新评定企业信息系统生态环境成熟度级别，如果不能达到企业信息系统建设需要级别，重复进行改进和改善企业信息系统生态环境，直到达到企业信息系统建设所需级别后才可以进行企业信息系统建设。

通过应用企业信息系统生态环境成熟度模型，避免过去企业为了建设信息系统而建设信息系统，建设目的明确，但是必须首先满足企业信息系统生态环境前提下方能进行企业信息系统建设，避免埋下信息系统建设和应用中种种潜在问题，通过营造良好企业信息系统生态环境，为企业信息系统建设和管理做好充足准备，促进人和企业信息系统健康快速成长。下一步将通过企业信息系统生态环境成熟度模型量化研究，为企业提供可供参考的企业信息系统生态环境方案[6-8]。

参考文献

[1] 李北伟，靖继鹏，王俊敏. 信息生态群落演化过程研究 [J]. 情报理论与实践，2010，33（4）：1-5.

[2] 徐绪堪，李晓东. 基于生态理论的企业信息系统生长模型构建 [J]. 情报杂志，2009，28（9）：17-20.

[3] 高庆萱，易树平，杨文彩. 企业信息化环境下人与信息系统交互效率关键影响因子 [J]. 上海交通大学学报，2009，43（6）：862 866.

[4] 周亚平. 应用能力成熟度模型提高软件管理水平 [J]. 水利水文自动化，2004，2（6）：48-49.

[5] 王海强，王要武. 基于成熟度模型的建筑供应链绩效评价 [J]. 沈阳建筑大学学报（自然科学版），2009，25（2）：404-407.

[6] 张节，曾伟. 基于战略对应的电子政务成熟度评价研究 [J]. 电子政务，2008（11）：55-61.

[7] 徐绪堪，李晓东. 基于生态理论的企业信息系统生长机理研究 [J]. 情报杂志，2009，28（1）：22-24，34.

[8] 李玉杰，刘志峰. 信息生态系统健康的内涵、本质及评价体系研究 [J]. 科技管理研究，2009（6）：264-266.

Research on Maturity for Enterprise Information System Ecology Environment

Xu Xu-kan[1], Bian Yi-jie[2]

(1. Business School, Changzhou Campus, Hohai University, Changzhou 213022, China;

2. Business School of Hohai University, Nanjing 210098, China)

Abstract: Studies enterprise information system from the information ecology perspective, focusing on analysis of enterprise information system environment, in virtue of the software capability maturity model, enterprise information environment maturity includes initial level, ba-sic level, penetration level, mature level and optimizing the level of five levels, for the enter-prise information environment provide the basis for all levels of the building, to the enterprise building for their own information systems.

Key Words: information ecology; ecology environment; enterprise information system; enterprise informatinization

信息系统成功影响因素的阶段差异研究 *

齐晓云[1]　毕新华[1]　于宝君[1]　李　川[2]

（1. 吉林大学管理学院，长春 130025；2. 长春供电公司科技信息部，长春 130021）

【摘　要】 在大量文献阅读基础上，总结出 10 种企业信息系统成功的影响因素，并根据这 10 种因素对信息系统项目成功的影响作用分析提出 10 个假设。利用调研数据对 10 种影响因素在企业信息系统各微观成长阶段的作用进行实证检验，结果表明在信息系统成长的不同阶段，10 种影响因素的作用有明显差异，各阶段的成功影响因素的数量和作用力有很大区别。

【关键词】 信息系统；成长阶段；影响因素

一、引言

企业信息系统（以下简称 IS）成功的影响因素一直是 IS 领域的热点话题，受到国内外众多学者的关注。2003 年，美国学者 Larsen 对 5 种国际顶级 IS 领域期刊上所有因素研究论文进行综述，总结出影响 IS 成功的 12 类因素[1]。同年 Santhanam 和 Harton 也采用文献综述的方法把 IS 成功影响因素归为组织因素、管理因素、技术因素和与工作任务有关的四类因素[2]。2009 年，Diez 和 Mclntosh 结合 IS 生命周期理论对前人研究进行综述，发现研究 IS 实施前、中、后不同阶段的学者得出的影响因素有明显差异[4]。国内不少学者也研究了我国企业 IS 成功的影响因素[5-12]。

---

* 本文选自《软科学》2011 年 2 月第 25 卷第 2 期。

基金项目：国家自然科学基金项目（70471014）；吉林大学 2008 年"985 工程"研究生创新基金资助项目（20081212）。

作者简介：齐晓云（1984—），女，河北衡水人，管理学博士，研究方向为管理信息系统；毕新华（1962—），男，黑龙江虎林人，教授、博士生导师，研究方向为管理信息系统；于宝君（1978—），男，吉林白山人，讲师，研究方向为企业信息系统成长；李川（1984—），女，吉林长春人，管理学硕士，主要从事 ERP 项目管理工作。

　　课题组在国家自然基金项目（70471014）的研究中，经过大量样本企业调研和数据分析，建立了企业 IS 成长过程模型，根据企业 IS 应用深度和广度把我国企业 IS 成长过程划分为五个阶段：个人事务处理阶段、部门事务应用阶段、企业系统集成阶段、外部电子连接阶段、供应链集成阶段，并发现在 IS 成长的不同阶段，IS 的相关特征有很大差异[13]。而前人在揭示 IS 成功影响因素的共性规律时，大多忽视了这种成长阶段性差异，其结果针对性不足。

　　本文是对前期工作的延续性研究，通过大量的文献阅读和数据调研，利用统计分析方法，客观总结出我国企业 IS 成长各阶段的成功影响因素，以 IS 成长阶段作为调节变量，基于生命周期视角研究不同成长阶段 IS 成功的影响因素差异，从而为处于 IS 不同阶段的企业提供针对性建议。

二、研究框架与假设

　　本文在前人工作的基础上，总结和归纳了 10 种影响 IS 成功的关键因素，包括高层领导的支持、中层领导的支持、普通员工的参与配合、资金投入的保证、实施策略与过程管理、软件公司的服务能力、专家咨询、企业信息化知识与经验、员工素质、相应的制度与机制保障。根据这 10 种因素对 IS 成功的作用机理分析，提出研究模型（见图 1）。

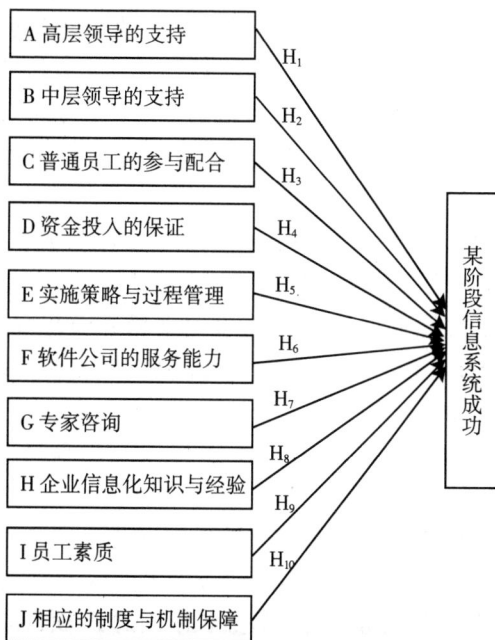

图 1　IS 成功影响因素模型

1. IS 成功

Markus 指出 IS 成功是一个多维的、相对的概念，单一指标的评价无法全面描述 IS 的实施结果，有必要全面考察 IS 在各个方面是否成功，同时评价结果也会因不同的评价人和评价方法而有差异[14]。本文以该领域的代表性研究 DeLone 和 McLean 的 IS 成功模型为标准，从系统质量、信息质量、系统使用、用户满意度、个人影响和组织影响六个方面来衡量 IS 系统成功[15]。

2. 因素 A：高层领导的支持

Slevin 曾指出，只有高层领导的支持，IS 项目才能得到必要的资源和权威的意愿[16]。高层领导的支持既有助于确定 IS 需求，使 IS 真正为实现企业战略服务，同时也能保证 IS 实施获得必要的资源。

假设 1：因素 A 高层领导的支持对各成长阶段的 IS 项目成功都有正向的影响作用。

3. 因素 B：中层领导的支持

Esteves 认为 IS 成长过程是企业的一种战略变革过程[17]。中层领导在此过程中起到高层领导和普通员工之间的桥梁作用，是向员工传递实施目的、过程、方案的群体。中层领导也是教促终端用户为采纳新技术付出相应努力的重要力量[18]。

假设 2：因素 B 中层领导的支持对各成长阶段的 IS 项目成功都有正向的影响作用。

4. 因素 C：普通员工的参与配合

随着信息化对企业的影响越来越深远，实施过程完全变成了一场组织变革过程，普通员工的参与配合是变革成功的关键因素[19]。同时，员工也迫切希望利用 IS 降低劳动强度、提高工作效率，因此他们也是 IS 实施与成长的有力推动者。

假设 3：因素 C 普通员工的参与配合对各成长阶段的 IS 项目成功都有正向的影响作用。

5. 因素 D：资金投入的保证

企业 IS 实施在软件和硬件方面都需要大量的资金，没有一定的资金投入量是无法满足 IS 项目要求的[20]。只有持续不断的资金投入，企业 IS 才能获得成功，得以持续健康地成长。

假设 4：因素 D 资金投入的保证对各成长阶段的 IS 项目成功都有正向的影响作用。

6. 因素 E：实施策略与过程管理

IS 实施是一个复杂性的系统工程[20]，需要企业抛弃旧有习惯，变革流程以适应新系统。变革带来的职权变动和工作方式的改变易引起用户的抵抗心理。正确的实施策略与过程管理对 IS 项目成功很重要。

假设 5：因素 E 实施策略与过程管理对各成长阶段的 IS 项目成功都有正向的影响作用。

7. 因素 F：软件公司的服务能力

软件供应商是企业 IS 建设过程中最重要的外部支持方式之一[12]，软件公司的技术水平及在 IS 实施过程中的合作与服务都影响企业 IS 实施效果。

假设 6：因素 F 软件公司的服务能力对各成长阶段的 IS 项目成功都有正向的影响作用。

8. 因素 G：专家咨询

企业购买软件实施 IS 所经历的软件选型、方案评价、技术把关、策略建议及业务流程变革等活动都需要专家的支持和帮助[21]。专家咨询可以帮助解决 IS 项目实施过程中存在的一系列问题。

假设 7：因素 G 专家咨询对各成长阶段的 IS 项目成功都有正向的影响作用。

9. 因素 H：企业信息化知识与经验

Nolan 曾指出，企业 IS 成长过程中每一个阶段都是不能跳跃的[3]，因为组织机构在准备进入下一阶段工作之前需要积累一定的知识和经验。IS 知识与经验可以帮助企业在以后的信息化成长中规避风险、少走弯路。

假设 8：因素 H 企业信息化知识与经验对各成长阶段的 IS 项目成功都有正向的影响作用。

10. 因素 I：员工素质

员工素质主要体现为员工的知识、技能、学习能力等，员工素质高低决定了员工对新事物的接受、适应能力。许多 IS 项目失败的一个重要原因就是管理者忽视了对"软因素"（员工素质等）的关注[19]。

假设 9：因素 I 员工素质对各成长阶段的 IS 项目成功都有正向的影响作用。

11. 因素 J：相应的制度与机制保障

企业 IS 失败与缺乏相应的制度与机制保障表现出强相关[13]。完善的制度与机制是企业信息化成长的重要条件。

假设 10：因素 J 相应的制度与机制保障对各成长阶段的 IS 项目成功都有正向的影响作用。

三、数据收集

本文以结构化的问卷作为测量工具收集数据，以前期研究过程中建立的调研渠道为主，从各个阶段的企业中分别抽取 120 家企业（5 个阶段共 600 家）为调研对象。调研主要采用问卷调研方式，实际回收 469 份，有效问卷 431 份（见表 1）。

表 1　各阶段样本统计

阶段名称	实际回收	有效率（%）	有效问卷
个人事务处理阶段（S1）	96	93.75	90
部门事务应用阶段（S2）	93	92.47	86
企业系统集成阶段（S3）	90	88.89	80
外部电子连接阶段（S4）	98	96.94	95
供应链集成阶段（S5）	92	86.96	80
总　计	469	91.90	431

四、数据处理

(一) 信度与效度分析

本文采用通常的 Cronbach's α 系数大于或等于 0.7 作为各变量间内部一致性信度可被接受的临界值标准，5 个阶段的样本变量均满足该标准。调查问卷由经过培训的项目团队成员发放。问卷要求对企业 IS 建设情况比较了解的 IS 部门负责人或高层领导当面填答，以保证答卷人可与项目团队成员及时沟通，确保对题项的准确理解，从而保证了问卷有较高的效度。

(二) 多元回归分析

根据各阶段样本数据，以 IS 成功为因变量，以 10 个 IS 成功影响因素为自变量，按照 10 个因素与 IS 成功的 Pearson 相关系数，由小到大逐个代进回归方程，进行分层多元回归分析（进入标准为 Sig.≤0.05，剔除标准为 Sig.≥0.1），5 个阶段模型分析结果见表 2，本文只给出进入模型的变量分析数据。

由表 2 可知，各阶段模型收纳变量不同，即各成长阶段的影响因素有明显差异。

表 2 各阶段分析结果

自变量及相关参数	因变量: IS 成功				
	个人事务处理阶段 (S1)	部门业务应用阶段 (S2)	企业系统集成阶段 (S3)	外部电子连接阶段 (S4)	供应链集成阶段 (S5)
A 高层领导的支持	0.239***	0.188***	0.178***	0.393***	0.155***
B 中层领导的支持	0.155**	0.172**	0.174***	0.198***	0.124***
C 普通员工的参与配合	0.113*	0.085*	0.162**	0.108**	0.087**
D 资金投入的保证	0.195***	0.15**	0.074**	0.291***	0.149***
E 实施策略与过程管理		0.112**	0.08***		0.091***
F 软件公司的服务能力			0.054**		0.081**
G 专家咨询			0.086***		0.116***
H 企业信息化知识与经验	0.14**	0.113**	0.064**		0.07**
I 员工素质	0.135**	0.115*	0.051**		0.051*
J 相应的制度与机制保障			0.054**		0.064**
常数项	0.105***	0.113***	- 0.098*	0.102**	0.093***
R^2	0.931	0.936	0.959	0.840	0.946
调整的 R^2	0.926	0.931	0.953	0.833	0.938
F 值	187.355***	164.117***	160.678***	115.489***	120.818***
N	90	86	80	95	80

注：p+ < 0.10；p* < 0.05；p** < 0.01；p*** < 0.001；各阶段仅显示进入模型的变量。同时，5 个阶段模型回归变量的 VIF 都显著小于 10，表明模型不存在严重的多重共线性问题。

在个人事务处理阶段（S1），有 6 个因素（A，B，C，D，H，I）进入模型，其回归系数均为正，且显著异于零（Sig. <0 05），表明这 6 个因素对 S1 阶段的 IS 成功均有显著的正向影响，假设 1、2、3、4、8、9 得到验证，其余 4 个假设未通过数据验证。在部门事务应用阶段（S2），有 7 个因素（A，B，C，D，E，H，I）进入模型，回归系数均为正，且显著异于零，它们均对 S2 阶段的 IS 成功有显著的正向影响，假设 1、2、3、4、5、8、9 得到验证，其余 3 个假设未通过数据验证。在企业系统集成阶段（S3）和供应链集成阶段（S5），10 个因素均全部进入模型，其回归系数均为正，且显著异于零，10 个因素对这两个阶段的 IS 成功有显著的正向影响，全部假设都得到验证。在外部电子连接阶段（S4），仅有 4 个因素（A，B，C，D）进入模型，回归系数均为正，且显著异于零，这 4 个因素对 S3 阶段的 IS 成功有显著的正向影响，假设 1、2、3、4 得到验证，其余 6 个假设未通过数据验证。IS 成长各阶段的假设成立结果见表 3。

表 3　假设验证结果

假设内容	验证结论				
	S1	S2	S3	S4	S5
假设 1	支持	支持	支持	支持	支持
假设 2	支持	支持	支持	支持	支持
假设 3	支持	支持	支持	支持	支持
假设 4	支持	支持	支持	支持	支持
假设 5	不支持	支持	支持	不支持	支持
假设 6	不支持	不支持	支持	不支持	支持
假设 7	不支持	不支持	支持	不支持	支持
假设 8	支持	支持	支持	不支持	支持
假设 9	支持	支持	支持	不支持	支持
假设 10	不支持	不支持	支持	不支持	支持

五、结果讨论与管理启示

（1）个人事务处理阶段（S1）。研究结果显示，在个人事务处理阶段（S1），只有 6 个因素对 IS 成功有显著的正向影响作用，按其作用力（回归系数）从大到小依次是：高层领导的支持、资金投入的保证、中层领导的支持、信息化知识与经验、员工素质、普通员工的参与配合。此阶段 IS 应用范围只限于企业内部极个别人、少数部门，所支持业务也多为个人性的常规业务、技术设计业务，主要为纯支持技术性的应用，各计算机之间基本没有数据的共享，属于单机运行阶段。此阶段企业首次引入 IS，对相关员工来讲，意味着传统工作方式的转变，IS 实施会遇到一定的阻力。因此不仅需要高层领导、中层领导的权力支持去克服这些阻力以推动 IS 实施，同时还需要相关普通员工的参与配合，IS 才能在企业应用起来。而企业 IS 实施所需的软件、硬件及人力资源都离不开充足的资金支持，因此资金投入的保证对 IS 成功有显著影响。由于企业初次采纳 IS，素质高的员工学习能力较强，较易接受、适应 IS，若企业员工具备一定的信息化知识与经验，则对其 IS 的成功实施起到了非常有利的作用。所以这两个因素的影响作用也较为显著。而此阶段 IS 功能较简单、范围较小，实施过程相对容易，并不涉及复杂的技术问题和组织变革，因此软件公司的服务能力、专家咨询、实施策略与过程管理和相应的制度与机制保障的作用不显著。

（2）部门业务应用阶段（S2）。在部门事务应用阶段（S2），有 7 个因素对 IS 成功有显著的正向影响作用，按其作用力从大到小依次是：高层领导的支持、中层领导的支持、资金投入的保证、员工素质、信息化知识与经验、实施策略与过程管理、普通员工的参与配合。此阶段 IS 应用范围比 S1 有较大扩展，覆盖了企业内各主要部门，基本实现了单机的普及，所支持业务层次扩展到部门内的团队性业务，IS 应用向支持管理性的应用转变，一些主要部门及业务有了初步的数据共享。S1 阶段的 6 个因素在此阶段的作用依然显著。该阶段 IS 应用范围和深度的扩展、管理性的 IS 应用、数据共享意味着大部分员工职权和管理范围的变动、信息交流方式和工作方式的改变等，因此大部分员工对 IS 实施有着天生的拒绝心理，IS 实施过程复杂性开始增加，实施难度相对加大，实施策略与过程管理变得很重要，其正向影响作用显著。与此同时中层领导的支持和员工素质的排序提前，说明它们对 IS 成功的重要性也有所增加。由于此阶段还很少涉及难度较大的技术集成和组织变革问题，因此软件公司的服务能力、专家咨询和相应的制度与机制保障的作用并不显著。

（3）企业系统集成阶段（S3）。在企业系统集成阶段（S3），10 个因素对 IS 成功有显著的正向影响作用，按其作用力从大到小依次是：高层领导的支持、中层领导的支持、普通员工的参与配合、专家咨询、实施策略与过程管理、资金投入的保证、信息化知识与经验、软件公司的服务能力、相应的制度与机制保障、员工素质。此阶段 IS 应用范围比 S2 又有进一步的扩展，覆盖了企业内所有部门，实现了计算机及网络的全面普及，所支持业务层次扩展到对高层决策的支持，IS 应用开始全面支持技术性和管理性应用，各部门之间数据都实现了共享与集成，实现部门间 IS 集成。S2 阶段的 7 个因素在此阶段的影响依然显著。而此阶段 IS 应用深度和广度比 S2 阶段又进一步扩展，伴随着业务流程再造，企业开始实施部门间系统集成，IS 实施完全变成了一场组织变革过程，实施复杂度进一步增加。这个过程中部门 IS 技术集成、流程再造方案的选择都离不开专家咨询和软件公司的服务；同时对于流程再造和组织变革带来的巨大的员工阻力，相应的制度与机制保障对于 IS 成功而言变得非常重要，这 3 个因素的影响作用变得显著。另外普通员工的参与配合、正确的实施策略与过程管理和丰富的信息化知识与经验为企业系统集成提供了有利条件，它们对该阶段 IS 成功的重要性有所增加，其排序提前。

（4）外部电子连接阶段（S4）。在外部电子连接阶段（S4），4 个因素对 IS 成功有显著的正向影响作用，按其作用力从大到小依次是：高层领导的支持、资金投入的保证、中层领导的支持、普通员工的参与配合。此阶段 IS 应用主要为企业与相关利益体（供应链上下游企业、客户、政府等）之间建立起基础性数据交流的电子联结渠道。在此阶段 IS 功能相对简单，应用范围较小，对于员工来讲其影响主要是提高个人工作效率，因此与复杂的实施过程有关的因素（软件公司的服务能力、专家咨询、实施策略与过程管理和相应的制度与机制保障）作用并不显著。同时此阶段可在 S5 之前的任一阶段出现，但样本中大多在 S2、S3 之后，此时企业具备了一定的信息化知识和经验，员工素质普遍提高，且改变员工素质的成本（包括资金、时间、难度等）相对较低，因而这两个因素的作用也未能凸显。资金投入是企业 IS 成功实施的前提条件，且任何一个阶段 IS 实施都离不开企业高中低层员工的支持和配合，因此该阶段这 4 个因素的作用依然显著。

（5）供应链业务集成阶段（S5）。在供应链集成阶段（S5），10 个因素对 IS 成功有显著的正向影响作用，按其作用力从大到小依次是：高层领导的支持、资金投入的保证、中层领导的支持、专家咨询、实施策略与过程管理、普通员工的参与配合、软件公司的服务能力、信息化知识与经验、相应的制度与机制保障、员工素质。此阶段 IS 应用范围比 S3 又有进一步的扩展，不仅覆盖了企业内所有部门，而且实现了相关利益体（供应链上下游企业、客户、政府等）之间的数据交流，企业内部 IS 应用基本上全面支持技术性和管理性应用，各部门都不同程度地实现数据共享，主要业务实现了数据集成，企业与外部相关利益体之间的业务一定程度上实现集成。10 个因素在此阶段的正向影响作用都很显著。而此阶段企业系统集成性进一步增加，组织变革的程度进一步加深，系统实施难度加大，实施策略与过程管理、专家咨询、软件公司的服务能力重要性明显增强，而供应链系统的扩展集成也需要强有力的资金投入保证这 4 个因素与 S3 阶段相比其排序均有所提前。

综上所述，对处于不同成长阶段的企业 IS 成功，除高层领导支持在各阶段均为最重要的影响因素外，其他因素的影响及作用力有很大区别。表明在研究 IS 成功的影响因素时，IS 建设现状及成长阶段的差异不可忽略。企业在信息化建设中应当充分重视这 10 种因素的影响差异，首先要对自身 IS 成长阶段进行准确定位，再根据其所处阶段，对影响因素进行比较分析，发现自身的优势和劣势，有针对性地采取相应的管理措施，提高其 IS 成功率，从而提高企业信息化建设水平。

参考文献

[1] Larsen Kai R. T. A Taxonamy of Antecedents of Information Systems Success Variable Analysis Studies [J]. Joumal of Management Information Systems，2003，20（2）：169-246.

[2] Santhanam R.，Hartono E. Common Factors among Management Support Systems Suc ccess [C]. Proceedings of Ninth America Conference on Information Systems，2003：2367-2373.

[3] Nolan R. L. Thoughts about the Fifth Stage [J]. Database，1975，7（2）：4- 10.

[4] Diez E.，McIntosh B. S. A Review of the Factors which Influence the Use and Usefulness of Information Systems [J]. Environmental Modeling & Software，2009（24）：588-602.

[5] 吴瑞鹏，陈国青，郭迅华. 中国企业信息化中的关键因素 [J]. 南开管理评论，2004，7（3）：74-79.

[6] 刘英姿，吴昊，林伟. 企业信息化阶段的发展模式及阶段特征分析 [J]. 科技管理研究，2004（2）：

101-103.

［7］叶磊，冯玉强. 基于复杂系统的企业应用信息户数的影响因素研究［J］. 计算机集成制造系统，2008（14）：236-245.

［8］毕霞，葛涛安. 影响中小企业信息化建设的关键因素分析［J］. 科技管理研究，2008（3）：40-42.

［9］李猛. 信息系统外包关键成功因素探讨［J］. 商业研究，2010（2）：66-69.

［10］谢新洲，申宁. 论信息系统效用及其影响因素［J］. 情报理论与实践，2003，26（5）：454-458.

［11］孙谦. 竞争环境下中国企业信息化影响因素研究［D］. 清华大学硕士学位论文，2007.

［12］仲秋雁，闵庆飞，吴力文. 中国企业 ERP 实施关键成功因素的实证研究［J］. 中国软科学，2004（2）：73-78.

［13］于宝君. 企业信息系统成长过程及演化机理研究［D］. 吉林大学博士学位论文，2008.

［14］Markus M. L., Tanis C. The Enterprise Systems Experience-from Adoption to Success［A］. R. W. Zmud. Framing the Domains of IT Management: Projecting the Future Through the Past［M］. Cincinnati, OH, 2000: 173-207.

［15］DeLone W. H., McLean E. R. Information System Success: The Quest for the Dependent Variables［J］. Information Systems Research, 1992（3）: 60-95.

［16］Slevin D., Pinto J. Balancing Strategy and Tactics In-project Implementation［J］. Sloan Management Review, 1987（3）: 33-44.

［17］Esteves J., Pastor J., Casanovas J. Monitoring Business Process Redesign in ERP Implementation Project［C］. The Proceeding of the Eighth Americas Conference on Information Systems, 2002: 865-873.

［18］Jones M. C., Cline M., Ryan S. Exploring Knowledge Sharing in ERP Implementation: An Organizational Culture Framework［J］. Decision Support Systems, 2006, 41（2）: 411-434.

［19］Summer M. Critical Success Factors in Enterprise Wide Information Management Systems Projects［C］. Americas Conference on Information Systems AM CIS, Milwaukee, USA, 1999.

［20］Scott J. E., Vesssey L. Managing Risks in Enterprises Systems Implementation［J］. Communication of ACM, 2002, 145（4）: 74-81.

［21］Gable G. G. Consultant Engagement for Computer Systems Selection: A Pro-active Client Role in Small Business［J］. Information & Management, 1991（20）: 83-93.

Research on Differences of the Factors of Information System Success at Different Stages

Qi Xiaoyun[1], Bi Xinhua[1], Yu Baojun[1], Li Chuan[2]

(1. School of Management, Jilin University, Changchun 130025;

2. Department of Technology and Information, Chang chun Power Supply Company, Changchun 130021)

Abstract: Based on literature review, ten kinds of factors which influence information system (IS) success are found out. Ten hypotheses are proposed according to a further analys is on the in fluen tialmechanism of these factors. Anempirical test is conducted to verify the in fluences at different stages of IS growth based on questionnaire survey. The result in dicates that the in fluences of the ten kinds of factors are different at different stages of IS growth, and the quantity and effect are also different.

Key Words: information system; growth stage; in fluen tial factor

基于生存分析方法的企业信息技术采纳研究 *

余翠玲[1]　毕新华[2]　齐晓云[3]

（1. 国家计算机网络应急技术处理协调中心，北京 100029；2. 吉林大学管理学院，
吉林长春 130022；3. 中国民航大学安全科学与工程学院，天津 300300）

【摘　要】 基于 205 家企业信息化建设的调研数据，采用生存分析方法对我国企业信息技术采纳的动态规律进行研究。首先将企业应用的典型信息技术分为五种类型：财务/人事系统、其他单/多部门业务应用系统、全局集成应用系统、跨企业应用系统、技术型系统。使用 Kaplan-Meier 法比较不同特征企业对这五类信息技术采纳状况的差异，得到的生存曲线能够反映研究期间任一时点不同企业对某种技术的动态采纳率。利用 Cox 回归模型对各企业特征对信息技术采纳的影响进行考察，结果指出企业所有制、行业类型、规模、组织结构、竞争程度、行业地位、成长阶段对五类技术的采纳的影响不同，并揭示了不同特征企业对这五类技术的采纳趋势。

【关键词】 信息技术；信息技术采纳；生存分析

一、引言

随着信息技术（IT）的飞速发展和企业信息化建设的不断深入，信息技术在组织的经

---

* 本文选自《科研管理》2011 年 10 月第 32 卷第 10 期。

基金项目：吉林省科技发展计划资助项目（20090648）。

作者简介：余翠玲（1982—），女（汉），湖北咸宁人，国家计算机网络应急技术处理协调中心，助理研究员，研究方向为管理信息系统；毕新华（1962—），男（汉），黑龙江虎林人，吉林大学管理学院教授，博士，研究方向为管理信息系统；齐晓云（1984—），女（汉），河北衡水人，中国民航大学讲师，博士，研究方向为管理信息系统。

营管理中扮演着越来越重要的角色，信息技术采纳问题已成为当今信息系统（IS）领域备受关注的研究课题。

所谓信息技术采纳是指组织对信息技术方案的辨识、决策、实施和应用的过程[1]。很多学者分析了影响 IT 采纳的因素，包括技术因素、组织因素和环境因素等。从组织方面来看，不同的经济类型、组织结构、规模与范围等对企业 IT 采纳决策会有不同的影响[2,3]。而对于不同的信息技术来说，各因素对其采纳的影响不同[4,5]。国内外对 IT 采纳的研究大多将对象集中在简单技术，如文字处理软件、电子邮件等[6]，对办公自动化 OA、企业资源规划 ERP、客户关系管理 CRM 等企业信息系统研究较少，而这些信息技术的采纳恰恰是我国企业目前亟须解决的重要问题。

企业 IT 采纳是一个动态的过程，解释变量的取值也会在观测期内发生变化。然而现有国内外研究囿于常规研究方法的局限，往往只利用某一调查时点的截面数据对某种技术的采纳进行静态研究[4]，缺乏对不同时点的采纳率的估计，难以发现采纳状态的实际变化的过程，因此无法对 IT 采纳的动态复杂过程给出正确的描述和解释。另外，实证研究中的一个重要问题是对删失数据（Censored Data）的处理，比如研究 IT 采纳时对未采纳样本数据的处理。当前研究采用传统方法大多选择将其丢弃，造成样本偏差，无法准确地解释企业的 IT 采纳率及其采纳过程。

为摆脱传统方法静态研究和样本偏差的限制，动态研究 IT 采纳问题，本文基于实际调研收集我国企业 IT 建设相关数据，利用生存分析（Survival Analysis）方法将未采纳样本建立删失数据来解决样本偏差问题，探讨不同企业在研究期间对各类信息技术采纳的动态规律，实证检验各企业特征，包括企业所有制、行业类型、规模、组织结构、竞争程度、行业地位和所处的成长阶段对各类信息技术特别是复杂信息系统的采纳的不同影响。通过揭示不同类型企业 IT 采纳的规律，可以为广大企业和 IT 供应商推动信息化建设提供针对性的指导意见，也可为政府制定信息化政策提供参考。

二、研 究 方 法 设 计

（一）研究数据收集

本研究的目标是考察企业 IT 采纳的动态规律，检验各组织因素对不同的信息技术采纳的影响。首先利用调查问卷收集企业 IT 采纳方面的数据。调研内容包括两部分：①企业的基本特征，包括企业成立时间、所有制、行业类型、规模、组织结构、竞争程度、行业地位和所处的成长阶段；②信息化建设过程，描述企业采纳了哪些信息技术，每一种技术的采纳时间、过程等内容。

调查问卷的填写通过走访、邮寄、E-mail 等多种形式完成。调研的主要对象为企业

IT 部门的负责人或企业负责 IT 工作的高层领导。从 2005 年 11 月开始，截至 2008 年底，共发放问卷 732 份，回收 292 份，其中有效问卷 205 份，有效回收率 70.21%。

根据调研数据，1999 年后我国企业的信息化建设开始进入快速发展期，对 IS 成长规律的研究也指出 1999 年后中国企业进入快速发展阶段[7]。因此，本研究选取的研究期间为 1999 年初到 2007 年末。

（二）生存分析方法的选择和应用

Fichman 指出，对于 IT 采纳这样一个时间序列事件，利用生存分析是一种较好的处理方法[4,8]。Grover 等也采用生存分析方法来研究 IS 创新的采纳问题[9]。

生存分析是将事件的结果（终点事件）和出现这一结果所经历的时间（生存时间）结合起来分析的一种统计分析方法[10]。首先，生存分析有一个重要特点：在研究期间结束时某些个体上还没有发生所观测的含有这些事件的数据称为删失数据。生存分析通过建立删失数据解决传统方法的限制，使用所有的样本数据来全面反映事件的实际情况，包括删失和未删失的，从而解决样本偏差问题。其次，生存分析方法所提供的生存函数（以时间为自变量、以相应时刻生存率为函数值）能够反映研究事件在每一时点的生存率，从而揭示其他传统统计方法无法得到的动态特征[11]。因此，生存分析方法适合于研究动态事件发生过程的真正规律以及影响事件发生的因素[10]，帮助研究者更好地分析动态事件的发生以及影响事件发生的因素。

正是因为生存分析在概念上和方法上都具有相对优势，对于企业 IT 采纳研究来说，它可以全面描述信息技术在国内企业中的采纳状况，同时能够反映企业 IT 采纳的动态特征。本研究利用生存分析方法来对企业 IT 采纳状况进行研究，实现的工具是 SPSS 15.0。

本研究中的事件就是某种信息技术的采纳，到调查截止时仍未采纳这种技术的企业数据称为删失数据。本文定义观测企业个体是否采纳某种技术为生存状态变量。该变量有两个水平，变量标记为：0=采纳某种技术；1=未采纳某种技术（删失）。根据企业的成立时间，将生存时间的定义分为两部分：①成立时间在 1999 年之前的企业，其生存时间定义为观测企业个体第一次采纳某种信息技术的时间年份与 1999 年的时间之差（采纳年份-1998）；②成立时间在 1999 年之后的企业，其生存时间定义为企业采纳某种信息技术的时间与成立时间之差（采纳年份-成立时间+1）。生存分析的一个关键概念是生存函数。对每一种信息技术来说，生存函数表示经过某段时间 T 还未采纳这种技术的企业比例。研究开始时生存函数值为 1，研究结束时其值表示还未采纳这种技术的企业比例。与生存函数相对的是危险率函数，表示某段时间采纳某种技术的概率。

生存分析的具体方法主要有寿命表法、Kaplan-Meier 法、Cox 模型等。Kaplan-Meier 法用于估计某研究因素不同水平的中位生存时间及其差异。Cox 模型通过建立生存时间随危险因素变化的回归模型，来确定这些对生存时间有影响的预后因素，并根据危险因素在模型中的影响对生存率进行预测[10]。Cox 模型中的因变量为危险率 $h(t)$，用公式（1）表示。

$$h(t) = h_0(t)e^{(B_1 x_1 + B_2 x_2 + \wedge + B_k x_k)}$$
（1）

公式（1）中 h_0 是基准的生存分布的危险率函数，B 是回归系数，x 为预后变量（影响因素）。

本文使用 Kaplan-Meier 法比较不同特征企业的 IT 采纳状态的生存时间差异，采用寿命表描述不同特征的企业在研究期间某一时点的采纳率，并利用 Cox 回归模型确定影响企业 IT 采纳的因素。

三、数 据 分 析

（一）样本分析

Swanson 指出，不同类型的信息技术创新的采纳和演进方式有系统差异[12]。我们的调查问卷列出了 18 种典型的信息技术应用，见表 1。初步的统计分析发现，只有财务、OA 的采纳比例接近一半，其他类型的技术采纳率都低于 30%。为了研究结果的显著性，需要对信息技术应用进行适度归类。

参考 Swanson[12]、Laudon[13]、左美云[14]对信息技术的分类，根据 IT 应用的范围和层次，我们将企业应用的典型信息技术分为三类：单/多部门职能业务应用、全局集成应用和跨企业应用。考虑到我国企业信息系统的成长规律，进一步将单/多职能业务应用系统分为技术型应用、财务/人事应用和其他单/多部门业务应用系统。IT 典型应用的分类如表 1 所示。

表 1　IT 典型应用的分类

IT 类型		典型应用	与前人研究的对应
单/多部门职能业务应用系统	技术型应用系统	计算机辅助工艺 CAPP、CAD/CAM/CAE 等技术管理系统、产品数据管理 PDM	左美云　生产作业层 Laudon 操作层、知识层 Swanson Type Ⅲa
	财务/人事系统	财务/会计电算化、人事/人力资源管理系统	左美云　经营管理层 Laudon 管理层 Swanson Type Ⅱ
	其他单/多部门应用系统	销售管理系统、库存管理系统、生产管理系统、质量管理系统、设备管理系统、进销存管理系统	左美云　经营管理层 Laudon 管理层 Swanson Type Ⅱ
全局集成应用系统		办公自动化 OA、物流需求计划 MRP/MRP Ⅱ、企业资源计划 ERP 系统、高层管理决策支持系统	左美云　战略决策层 Laudon 管理层、战略层 Swanson Type Ⅲa、Ⅲb

IT 类型	典型应用	与前人研究的对应
跨企业应用系统	客户关系管理 CRM、 电子商务系统 EC、 供应链管理 SCM	左美云 协作商务层 Laudon 管理层、战略层 Swanson Type Ⅲc

对于五种类型的信息技术应用，样本企业的采纳状况的描述如表 2 所示。"合计"列显示，在 205 个样本中，它们的采纳比例分别为 50.2%、42.9%、52.7%、9.3% 和 16.6%。只有两类技术的采纳率超过了 50%，跨企业应用和技术型系统的采纳率相对较低，但是这也符合我国企业信息化建设的基本情况。

本文的统计分析做的是单因素检验，分别分析企业所有制、行业类型、规模、组织结构、竞争程度、行业地位和所处的成长阶段对各类技术采纳的不同影响，最后的研究结果具有一定的显著性，表明应用生存分析方法是可行的。Grover 等的研究结果也证明这具有一定的可行性[9]。

（二）Kaplan–Meier 分析

我们利用 Kaplan–Meier 分析分别对每一种类型的信息技术在不同企业特征下的采纳状况的生存时间进行考察，比较不同特征企业的 IT 采纳状态的生存时间差异，并采用生存曲线描述不同特征的企业在研究期间某一时点的采纳率。

组织规模、组织结构是组织新技术采用中研究的热点[2]，一些学者也指出结合生命周期的观点来研究 IT 采纳是十分必要的[15]。因此，这里针对不同规模、组织结构和成长阶段，就不同特征的企业对这五种类型的信息技术的采纳状况的生存时间进行分析。表 2 对不同特征企业的采纳状况进行了统计描述。

表 2　不同特征企业采纳状况的统计描述

技术类型	采纳状况		规模			组织结构			成长阶段					合计
			1 大	2 中	3 小	1 直线/直线职能制	2 公司/事业部制	3 网络型/矩阵型	1 创业期	2 快步发展期	3 稳步发展期	4 成熟期	5 再创业/创新期	
财务/人事	采纳	频数	28	44	31	62	35	6	13	26	36	14	14	103
		百分比	43.1%	59.5%	47.0%	49.6%	50.7%	54.5%	65.0%	60.5%	55.4%	37.8%	35.0%	50.2%
	删失数		37	30	35	63	34	5	7	17	29	23	26	102
其他单/多业务	采纳	频数	34	35	19	49	32	7	8	12	34	13	21	88
		百分比	52.3%	47.3%	28.8%	39.2%	46.4%	63.6%	40.0%	27.9%	52.3%	35.1%	52.5%	42.9%
	删失数		31	39	47	76	37	4	12	31	31	24	19	117

续表

技术类型	采纳状况		规模			组织结构			成长阶段					合计
			1 大	2 中	3 小	1 直线/直线职能制	2 公司/事业部制	3 网络型/矩阵型	1 创业期	2 快步发展期	3 稳步发展期	4 成熟期	5 再创业/创新期	
全局集成应用	采纳	频数	49	29	30	56	43	9	7	22	28	22	29	108
		百分比	75.4%	39.2%	45.5%	44.8%	62.3%	81.8%	35.0%	51.2%	43.1%	59.5%	72.5%	52.7%
	删失数		16	45	36	69	26	2	13	21	37	15	11	97
跨企业应用	采纳	频数	9	9	1	10	7	2	1	5	6	3	4	19
		百分比	13.8%	12.2%	1.5%	8.0%	10.1%	18.2%	5.0%	11.6%	9.2%	8.1%	10.0%	9.3%
	删失数		56	65	65	115	62	9	19	38	59	34	36	186
技术型应用	采纳	频数	14	12	8	27	7	0	2	7	10	3	12	34
		百分比	21.5%	16.2%	12.1%	21.6%	10.1%	0%	10.0%	16.3%	15.4%	8.1%	30.0%	16.6%
	删失数		51	62	58	98	62	11	18	36	55	34	28	171
合计			65	74	66	125	69	11	20	43	65	37	40	205

针对不同规模、不同组织结构和处于不同成长阶段的企业，分别考察它们对上述五种类型的信息技术的采纳状况的生存函数曲线，如图1、图2和图3所示。

图1、图2、图3中，(1)、(2)、(3)、(4)、(5)分别对应表示财务/人事系统、单/多部门业务应用系统、全局集成应用系统、跨企业应用系统、技术型应用系统的采纳状况。

从生存曲线可以得出每一时点不同特征企业采纳某种技术的比例，比如对于财务/人事系统在2002年（第4年）初的采纳状况，从规模上看（图1(1)），大企业采纳比例约为18%（1%~82%），中型企业采纳比例为29%，小企业采纳比例为33%。生存函数曲线能够反映不同特征企业的采纳倾向和趋势，生存曲线下降越快表明IT采纳的速度越快。

图1描述的是不同规模的企业对五类信息技术的采纳状况生存函数。对于财务/人事系统的采纳（图1(1)），大型企业的生存曲线下降最慢，表明中小型企业对财务/人事系统的采纳反而比大型企业积极；对于其他单/多部门业务应用、全局集成应用、跨企业应用和技术型应用的采纳（图1(2)~(5)），大型企业的生存曲线下降最快，表明大企业对这几类系统的采纳最积极。

图2反映了不同组织结构的企业对五类信息技术的采纳状况生存函数。对于财务/人事系统以及其他单/多部门业务应用系统、全局集成应用系统（图2(1)~(3)），网络型/矩阵型企业的采纳相对较快；对跨企业应用系统（图2(4)），不同结构的企业没有明显区别，但是到研究结束还是网络型/矩阵型企业采纳得最多；直线/直线职能制企业对技术应型用系统的采纳更为积极（图2(5)）。

图3反映了处于不同成长阶段的企业对五类信息技术的采纳状况生存函数。对于财务/人事系统的采纳（图3(1)），初创和发展型的企业的采纳态度比较积极；而成熟型企业对

于其他单/多部门业务应用、全局集成应用、跨企业应用和技术型应用的采纳较为积极（图3(2)~(5)）。

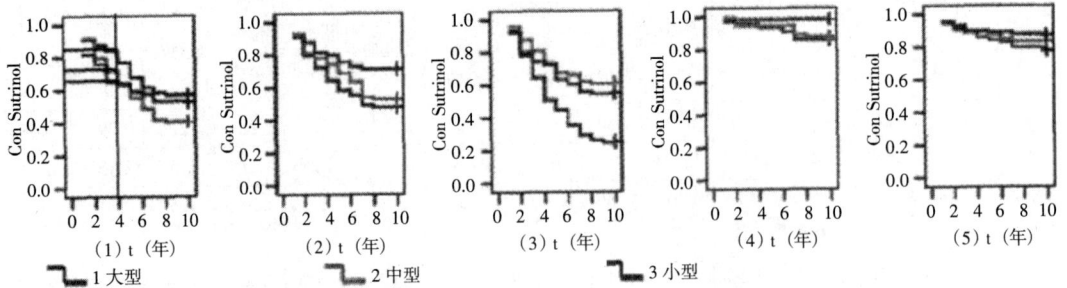

图1　不同规模的企业对五类信息技术的采纳状况生存函数

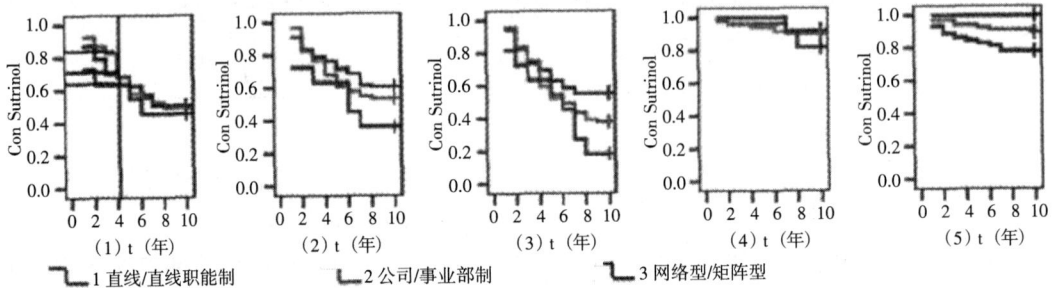

(1) t（年）　(2) t（年）　(3) t（年）　(4) t（年）　(5) t（年）

1 大型　　2 中型　　3 小型

图1　不同规模的企业对五类信息技术的采纳状况生存函数

(1) t（年）　(2) t（年）　(3) t（年）　(4) t（年）　(5) t（年）

1 直线/直线职能制　　2 公司/事业部制　　3 网络型/矩阵型

图2　不同组织结构的企业对五类信息技术的采纳状况生存函数

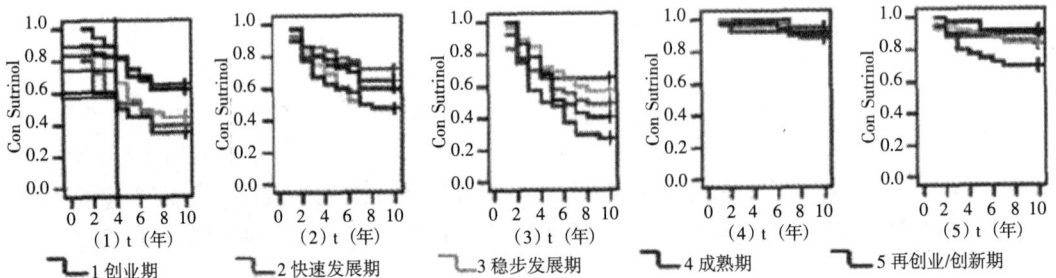

(1) t（年）　(2) t（年）　(3) t（年）　(4) t（年）　(5) t（年）

1 创业期　　2 快速发展期　　3 稳步发展期　　4 成熟期　　5 再创业/创新期

图3　不同成长阶段的企业对五类信息技术的采纳状况生存函数

利用 Kaplan-Meier 法对其他因素进行分析，所有结果都表明，对于每一种因素（所有制、行业类型、规模、组织结构、竞争程度、行业地位和所处的成长阶段），这五类技术的生存曲线表现都不一样，说明各因素对不同的信息技术采纳状况的生存时间的影响作用不同。

（三）Cox 回归模型分析

为进一步确定哪些因素对企业 IT 采纳生存函数（或危险率函数）有重要影响，本研究利用 Cox 回归模型对企业的 IT 采纳进行分析，试图考察各企业特征，包括企业所有制、行业类型、规模、竞争程度、行业地位和所处的成长阶段等，是否对各种信息技术的采纳有显著意义的影响。本模型见公式（2）。

$$\ln h(t) = B_0 + B_1 \times 所有制 + B_2 \times 行业 + B_3 \times 规模 + B_4 \times 竞争程度 + B_5 \times 行业地位 + B_6 \times 成长阶段 \tag{2}$$

Cox 回归结果见表 3。分别对各企业特征因素与五类技术采纳的关系进行单变量检验，利用 Wald 统计量来评价模型的显著性。利用相对危险度 Exp（B）和回归系数 B 来考察各因素的作用。Exp（B）表示各因素取值状态每变化一个单位，技术采纳率 h（t）变化的百分比。回归系数 B 的取值正负表示上述变化的方向。

表 3　Cox 回归模型总结

技术类型	变量	B	Wald	Sig.	Exp（B）
财务/人事系统	所有制	0.105	2.323	0.128	1.111
	行业类型	−0.024	0.319	0.572	0.976
	规模	0.095	0.609	0.435	1.100
	组织结构	0.043	0.065	0.798	1.043
	竞争程度	0.103	1.922	0.166	1.109
	行业地位	−0.042	0.410	0.522	0.959
	成长阶段	−0.257	10.078	0.002	0.773***
其他单/多部门业务应用系统	所有制	−0.167	3.550	0.060	0.847*
	行业	−0.047	0.941	0.332	0.954
	规模	−0.337	6.158	0.013	0.714**
	组织结构	0.282	2.726	0.099	1.326*
	竞争程度	−0.095	1.053	0.305	0.910
	行业地位	−0.036	0.265	0.607	0.964
	成长阶段	0.120	1.922	0.166	1.128
全局集成应用系统	所有制	0.000	0.000	0.999	1.000
	行业	−0.035	0.697	0.404	0.966
	规模	−0.387	9.405	0.002	0.679***
	组织结构	0.380	6.434	0.011	1.462**

续表

技术类型	变量	B	Wald	Sig.	Exp（B）
全局集成应用系统	竞争程度	0.007	0.007	0.932	1.007
	行业地位	−0.120	3.595	0.058	0.877*
	成长阶段	0.206	6.435	0.011	1.229**
跨企业应用系统	所有制	−0.046	0.177	0.674	0.955
	行业	0.213	8.439	0.004	1.238***
	规模	−0.741	5.346	0.021	0.477**
	组织结构	0.344	0.966	0.326	1.411
	竞争程度	0.072	0.176	0.675	1.074
	行业地位	−0.311	3.600	0.058	0.732*
	成长阶段	0.039	0.045	0.831	1.040
技术型应用系统	所有制	−0.316	3.597	0.058	0.729*
	行业	−0.381	6.908	0.009	0.683***
	规模	−0.296	1.833	0.176	0.744
	组织结构	−0.953	5.764	0.016	0.386**
	竞争程度	−0.015	0.012	0.911	0.985
	行业地位	−0.046	0.158	0.691	0.955
	成长阶段	0.215	2.276	0.131	1.240

注：* $P < 0.10$；**$P < 0.05$；***$P < 0.01$。

表3的统计结果表明，对于财务/人事应用系统来说，只有企业所处成长阶段对其采纳有显著影响。其相对危险度 Exp（B）为0.773，回归系数 B 为−0.257，说明企业所处成长阶段取值越大，生存时间越长，即处于初创期和成长期的企业反而倾向于采纳财务系统。

对于其他单/多部门业务应用系统来说，企业规模对其采纳有显著影响，规模越大越倾向于采纳（Exp（B）=0.714，B=−0.337）；企业所有制和组织结构对其采纳的影响的显著性较弱，但仍可得出公有企业比私营企业对这类技术的采纳更为积极（Exp（B）=0.847，B=−0.167），网络型/矩阵型的采纳态度比直线/直线职能制的企业更为积极（Exp（B）=0.326，B=0.282）；其他因素对其采纳没有显著影响。

对于全局集成应用系统来说，企业规模、组织结构和成长阶段对其采纳有显著影响，规模越大、结构越扁平、越成熟的企业对其采纳越积极（规模 Exp（B）=0.679，B=−0.387；组织结构 Exp（B）=1.462，B=0.380；成长阶段 Exp（B）=1.229，B=0.206）；行业地位对其采纳有较显著的影响，行业地位越高的企业越倾向于采纳这类系统（Exp（B）=0.887，B=−0.120）；其他因素对其采纳没有显著影响。

对于跨企业应用系统来说，企业的行业类型和规模对其采纳有显著影响，处于高新技术行业、规模越大的企业更倾向于采纳这类系统（行业类型 $Exp(B)=1.238$，$B=0.213$；规模 $Exp(B)=0.447$，$B=-0.741$）。行业地位对其采纳有较显著影响，行业地位越高的企业对其采纳相对越积极（$Exp(B)=0.732$，$B=-0.311$），其他因素没有显著性意义。

对于技术型应用系统，行业类型和组织结构对其采纳有显著影响，传统行业如制造业、直线/直线职能制企业采纳倾向更大（行业类型 $Exp(B)=0.683$，$B=-0.381$；组织结构 $Exp(B)=0.386$，$B=-0.953$），企业所有制对其采纳有较显著的影响，公有企业比私营企业的采纳更积极（$Exp(B)=0.729$，$B=-0.316$）；其他特征变量对其采纳没有显著影响。

从以上分析可以得出，Cox 模型的回归结果反映了不同特征企业对各类技术的采纳趋势，在一定程度上验证了 Kaplan-Meier 直观描述分析结果；此外，Cox 模型通过对各因素与技术采纳的关系的检验，指出了针对某类技术的采纳，哪些因素具有显著影响以及各因素的影响力大小。

四、结 论

本文通过对中国企业 1999 年初至 2007 年末期间信息技术采纳情况的调研，以五种类型的典型信息技术应用为例，利用生存分析方法来研究企业 IT 采纳的动态规律，检验企业特征对各类技术采纳的影响。首先使用 Kaplan-Meier 法比较不同特征企业的 IT 采纳状态的生存函数差异，得到的生存曲线动态地描述了在研究期间任一时点企业对信息技术的采纳率。利用 Cox 回归模型对各种企业特征对 IT 采纳的影响进行考察，研究结果反映了不同特征企业对各类信息技术的采纳趋势，并指出企业所有制、行业、规模、组织结构、竞争程度、行业地位、成长阶段对五种不同类型的信息技术的采纳的影响作用不同。

（一）财务/人事系统的采纳

从 Cox 模型回归结果来看，处于成长期的企业反而比成熟期的企业更倾向于采纳财务/人事系统。处于成长阶段早期的企业业务逐渐增多，需要采用一些简单规范的技术来辅助企业流程运行，一般从财会或人事系统着手；而随着企业日趋成熟，企业需要采用更集成的系统。

（二）其他单/多部门业务系统的采纳

Cox 模型对其他单/多部门业务应用系统采纳的分析表明，大型企业更倾向于采纳这类系统。规模大的企业的各种事务更为繁多，因而更需要利用这类系统提高各部门的管理效率。

近年来我国实行推动信息化的政策，对企业信息化建设起到很大的推动作用。国有企业和集体所有制企业一般规模相对较大，因而比较倾向采纳这类系统。

网络型/矩阵型企业比直线/直线职能制企业倾向于采纳这类系统，是因为复杂网络企业更需要借助信息系统来协调各种事务，另一方面这类组织的创新意识也比较强。

（三）全局集成应用系统的采纳

Cox 模型对全局集成应用系统采纳的分析表明，大型企业比中小型企业更倾向于采纳这类系统。规模大的企业更为复杂，因而需要利用全局集成的系统来辅助处理整个企业层面上的各种管理事务。

网络型/矩阵型企业对这类系统的采纳较为积极是因为这类企业结构沟通复杂，对信息的共享和整合要求更高，因而更需要借助全局集成性的系统来进行管理事务的处理和沟通，提高管理效率和效果。

越成熟的企业越倾向于采纳这类系统是由于这类系统是高度集成化的复杂系统，只有企业成长到一定阶段才能够承受。另外，成熟期的企业更需要借助这类系统对流程进行改善和集成。

所处行业地位越高的企业越倾向于采纳这类系统，一方面是为了借助信息技术继续保持自己的竞争优势并巩固行业地位；另一方面这种企业在资金、人力等各种资源方面更有优势。

（四）跨企业应用系统的采纳

Cox 模型对跨企业应用系统采纳的分析结果再一次表明，规模和行业地位是影响 IT 采纳的重要因素。规模越大或所处行业地位越高的企业越倾向于采纳这类系统，一方面是为了借助信息技术继续保持自己的竞争优势并巩固行业地位；另一方面这种企业在资源方面也具有相对优势。

高新技术行业比传统行业更倾向于采纳这类系统，是由于这类行业比较具有创新和竞争意识，而且与顾客之间的联系更为紧密，所以在 CRM、EC、SCM 的采纳上更为积极。

（五）技术型应用系统的采纳

对于技术型应用系统的采纳，传统制造业更为积极，是由于技术型系统主要是为制造业等传统行业开发设计的，商贸服务业等不需要这样的系统。

组织结构对这类系统的影响与前几种不同，直线/直线职能制企业的采纳态度更为积极。一方面是由于这类技术系统适用的传统行业大多是直线/直线职能制企业，另一方面我国企业结构还是直线/直线职能制的居多。

公有企业比私营企业对这类技术的采纳更为积极，也是由于这类技术系统适用的传统行业大多是公有企业。

综上所述，各企业特征对不同类型信息技术的采纳影响作用明显不同。研究结果揭示出了各企业特征对不同类型信息技术的影响差异，在一定程度上反映了企业 IS 建设的一般规律。通过对典型信息技术的分析得出的结论推广到其他信息技术的采纳上也有一定的意义。无论企业还是 IT 软件商，根据企业的特征来推动 IT 建设，能够收到更好的效果。

本研究利用生存分析方法对企业 IT 采纳进行考察，不但解决了样本偏差问题，而且关注 IT 采纳的时间维度及其动态性，克服了已有文献利用某一调查时点的截面数据的所做静态研究的不足，希望可为 IS 领域的学者提供参考。

参考文献

［1］Rogers E. M. Diffusion of Innovation ［M］. New York：The Free Press，1995.

［2］Tornatzky L. G., Fleischer M. The Process of Technological Innovation ［M］. MA，Lexington：Lexington Books，1990.

［3］陈文波，黄丽华. 组织信息技术采纳的影响因素研究述评［J］. 软科学，2006，20（3）：1-4.

［4］Fichman R. G. Going Beyond the Dominant Paradigm for Information Technology Innovation Research：Emerging Concepts and Methods ［J］. Journal of the Association for Information Systems，2004，5（8）：314-355.

［5］Gallivan M.J. Organizational Adoption and Assimilation of Complex Technological Innovations：Development and Application of a New Framework ［J］. Database for Advances in Information Systems，2001，32（3）：51-85.

［6］Legris P., Ingham J., Collerette P. Why Do People Use Information Technology? A Critical Review of the Technology Acceptance Model［J］. Information & Management，2003，40（3）：191-204.

［7］毕新华，于宝君，齐晓云. 中国企业信息系统宏观成长过程及阶段分析［J］. 情报科学，2008，26（2）：161-166.

［8］Fichman R. G., Kemerer C. F. The Illusory Diffusion of Innovation：An Examination of Assimilation Gaps［J］. Information Systems Research，1999，10（3）：155-275.

［9］Grover V., Fiedler K., Teng J. Empirical Evidence on Swanson's Tri-core Model of Information Systems Innovation［J］. Information Systems Research，1997，8（3）：273-287.

［10］卢纹岱. SPSS for Windows 统计分析 ［M］. 北京：电子工业出版社，2006.

［11］丁小浩，李莹. 待业时间与受教育程度的生存分析［J］. 教育发展研究，2006（17）：18-23.

［12］Swanson E. B. Information Systems Innovation among Organizations ［J］. Management Science，1994，40（9）：1069-1088.

［13］Laudon K. C., Laudon J. P. 管理信息系统：管理数字化公司（第 8 版）［M］. 北京：清华大学出版社，2005.

［14］左美云. 知识转移与企业信息化［M］. 北京：科学出版社，2006.

［15］赵昆. 复杂系统技术接受模型研究现状分析及展望［J］. 上海管理科学，2007，29（2）：44-46.

Information Technology Adoption Using Survival Analysis Technique

Yu Cuiling[1], Bi Xinhua[2], Qi Xiaoyun[3]

(1. National Computer Network Emergency Response Technical Team/Coordination Center of China, Beijing 100029, China; 2. School of Management, Jilin University, Changchun 130022, China; 3. College of Safety Science & Engineering, Civil Aviation University of China, Tianjin 300300, China)

Abstract: Base on the survey data of informatization construction of 205 enterprises in China, the survival analysis technique was used to study the dynamic law of Information Technology (IT) adoption of Chinese enterprises. Enterprise IT applications were categorized into five types, that is, finance /accounting /human resource management system, the other single / multi function application system, overall integration application system, multi enterprise application system, and technological application system.The method of Kaplan−Meier was used to compare the difference of survival time of IT adoption for heterogeneous enterprises, and the resulting survival functions could reflect the dynamic adoption proportion at any particular time. Then Cox regression model was used to examine the impact of enterprise characteristics on IT adoption. The result indicates the direction and significance of the impact of each enterprise characteristics on the five types of technologies, respectively. It demonstrates that the ownership, industry type, size, organizational structure, competition level, industrial position of enterprises, and growth stage have different impact on the adoption of target technologies, and the adoption trend of the five types of technologies for heterogeneous enterprises are also revealed.

Key Words: information technology; information technology adoption; survival analysis

企业信息技术能力的建构与测度 *

郭荣秋　张　嵩

（青岛大学国际商学院，山东青岛 266071）

【摘　要】 从资源基础理论（RBV）出发，在大量文献基础上，提出了一个系统的、源于理论的信息技术能力测量体系，深入研究了以往研究中所忽略的信息技术与组织资源的互补能力，为企业构建符合自身条件的信息技术能力提供了很好的参照，也为进一步分析信息技术能力与企业绩效之间的关系奠定了基础。

【关键词】 信息技术能力；企业；测量体系；资源基础理论（RBV）

一、引言

利用信息技术提高企业绩效一直是国内外信息系统研究的焦点。IT 投资的过程模型指出，信息技术只是提高企业绩效的必要条件而非充分条件，在这一过程中，IT 能力构成了"转换的有效性"。尽管 IT 能力可以通过外包方式获得，但新闻报道和统计数字表明，企业的回包决策日益增加。信息技术回包是一种为重建内部 IT 能力，将曾经外包出去的 IT 功能收回的组织策略。回包对企业内部 IT 能力构建提出了迫切要求。

然而，企业 IT 能力构建的前提是了解 IT 能力这一多维建构的技术层面和组织层面。有关 IT 能力的研究多集中在 IT 能力与企业绩效的关系，在这些研究中，对 IT 能力建构的处理方式有两种：①作为单一维度概念，采用配对样本比较的方法对 IT 能力进行测量；②配合绩效研究的目的，对 IT 能力的构成维度进行取舍。对 IT 能力建构本身进行的研究

---

* 本文选自《科技进步与对策》2011 年 1 月第 28 卷第 1 期。

基金项目：国家自然科学基金项目（70601014）；山东省自然科学基金项目（Y2006H01）。

作者简介：郭荣秋（1987—），女，山东临沂人，青岛大学国际商学院硕士研究生，研究方向为企业信息技术能力；张嵩（1976—），女，山东潍坊人，博士，青岛大学国际商学院特聘教授、硕士生导师，研究方向为信息技术商业价值。

非常少，现有的研究要么缺乏一个清晰的分类框架，要么存在分类范围的适度问题。范围过宽不容易解释 IS 资源或 IT 能力与企业绩效之间的关系，过窄则难以将研究结果应用到新的情境之中，在实际操作中也显得过于繁琐。因此，开发一个系统的、源于理论的信息技术能力测量体系，不仅是进一步研究 IT 能力与企业绩效之间关系的理论基础，也是企业构建自身 IT 能力的现实要求。

二、企业信息技术能力划分的框架和依据

在组织 IT 价值的相关研究中，研究人员利用资源基础论（Resource-Based View，RBV）探讨了 IT 的战略价值。作为战略研究的一种潜在集成模式，RBV 为信息系统研究人员思考信息系统同企业战略和绩效之间的关系，提供了一条极具价值的途径。从资源角度看，有价值、稀缺、难以模仿、难以替代的 IS 资源是组织竞争优势的潜在来源。

在已有研究中，对于 IS 资源的理解主要分为两个流派：一个流派认为企业的资源包括企业能力，该流派研究集中在识别和定义一组 IS 资源（包括能力）上，识别的原则在于这些资源（或能力）是否具有为企业带来持续竞争优势的潜力；另一流派则将资源与能力明显区分开来，这一流派的研究集中于企业 IT 能力，一种用于组织、调度、集成和部署有价值资源的具体能力。单独的 IS 资源很容易被竞争对手复制，而建立在特定资源组合基础上的 IT 能力，是组织 IT 价值的独特来源。信息技术能力是连接 IS 资源和企业绩效的桥梁，是发挥 IS 资源潜能的关键因素。

事实上，这两个流派的观点并不矛盾，只是它们对关键术语的定义有所不同。本研究采用后一种流派的观点，认为 IS 资源是企业控制和使用的有形或无形的资源；信息技术能力是企业调用和部署 IS 资源，从而获得绩效改善和持续竞争优势的可重复行为模式。它包括技能（例如技术能力或管理能力）或流程（例如系统开发或集成）等。IS 资源在对企业绩效加以影响的过程中，需要一个中间变量来充当调用和部署企业 IS 资源，从而获取长期竞争优势的调节器，使 IS 资源转换成产出，并在这一过程中增值，这个中间变量就是企业信息技术能力。

目前，越来越多的学者认为，IT 能力是一个多维度的概念。Bharadwaj 等将 IT 能力分为六大类，包括 IT 业务伙伴关系、外部 IT 连接、对业务和 IT 的战略性思考、IT 与业务流程的集成、IT 管理和 IT 基础设施。Feeny 和 Willcocks 识别了 9 种核心 IS 能力，总的来说可归为 4 个交叉领域：业务和 IT 愿景（IT 信息技术与企业其他部分的集成）、IT 体系结构的设计（信息技术开发技能）、IS 服务的展开（处理与供应商和客户之间的关系）、一组核心能力（包括 IS 领导能力）。这些能力可以根据对业务、技术或人际关系依赖的程度进行排序。

本研究首先采纳学者普遍接受的组织资源的分类方法，即有形资源、无形资源、基于

人员的资源，将 IS 资源分为 IT 技术资源、IT 人员资源和 IT 无形资源；还考虑到 Wade 和 Hulland 对于能力的思考，认为企业拥有的能力可以归为 3 类流程：由内而外的能力、跨越能力、由外而内的能力。结合当前这两种分类模式，本文试图提出更科学、合理的 IT 能力建构。

三、企业信息技术能力建构及测度

大量文献基础上，本文提出 IT 能力分类，如表 1 所示。表 2 显示了 IT 能力建构和来源。

表 1　企业信息技术能力分类

	由内而外的能力		跨越能力		由外而内的能力
IT 技术能力	共享能力		服务能力		柔性能力
IT 人员能力	IT 技术技能	IS 运作与支持	IS 业务伙伴关系	IS 规划与变革	外部关系管理
IT 与无形资源的互补能力	组织文化		企业间关系		组织学习

表 2　企业信息技术能力建构和来源

	IT 能力	来　源
技术能力	共享能力	区域、范围（Keen, 1991；Keen & Cummins, 1994；Broadbent 等, 1999）；连接度（Duncan, 1995；Tallon & Kraemer, 2004）
	服务能力	服务（Broadbent 等, 1996, 1997, 1998, 1999；Weill & Vitale, 2002）
	柔性能力	柔性（Allen & Boynton, 1991；Venkatraman, 1994；Davenport & Linder, 1994；Duncan, 1995；Byrd & Turner, 2000；Prahalad & Krishnan, 2002；Ravichandran & Lertwongsatien, 2005）；模块性（Duncan, 1995；Byrd & Turner, 2000；Tallon & Kraemer, 2004）；集成性（Byrd & Turner, 2000）；兼容性、连接性（Duncan, 1995；Tallon & Kraemer, 2004）
IT 人员能力	IT 技术技能	IT 技术技能（Mata 等, 1995；Ross 等, 1996；Bharadwaj, 2000；Marchand 等, 2000；Dehning & Stratopoulos, 2003；Wade & Hulland, 2004；Melville 等, 2004）；利用交互式多媒体开发服务（Lopes & Galletta, 1997）；利用新技术试验（Jarvenpaa & Leidner, 1998）；IT 开发技能（Feeny & Willcocks, 1998；Wade & Hulland, 2004；Lee 等, 2008）；技术应用、技术管理（Byrd & Turner, 2000）；IS 人员技能和特性（Ravichandran & Lertwongsatien, 2005）
	IS/业务伙伴关系	IS / 业务伙伴关系（Bharadwaj 等, 1998；Wade & Hulland, 2004；Bhatt & Grover, 2005）；同化（Armstrong & Sambamurthy, 1999）；关系建立（Feeny & Willcocks, 1998）；与业务单元的合作（Melville 等, 2004）；IS 内部伙伴关系质量（Ravichandran & Lertwongsatien, 2005）；内部关系（Lee 等, 2008）；关系资产（Ross 等, 1996；Piccoli & Ives, 2005）

续表

IT 能力			来　源
IT人员能力	IT管理技能	IS 规划与变革管理	IT 变革管理能力（Benjamin & Levinson, 1993; Wade & Hulland, 2004）；IT 与业务流程的集成（Benjamin & Levinson, 1993; Bharadwaj 等, 1998）；IT 管理能力（Mata 等, 1995; Bharadwaj 等, 1998; Bharadwaj, 2000）；问题解决导向、管理 IT 体系结构与标准（Ross 等, 1996）；对业务和 IT 的理解和战略性思考（Ross 等, 1996; Feeny & Willcocks, 1998; Bharadwaj 等, 1998）；IT 与战略集成（Powell & Dent Micallef, 1997）；IT 体系结构规划（Feeny & Willcocks, 1998）；信息管理实践（Marchand 等, 2000）；IT 规划和集成、基于 IT 的流程重组（Teo & Ranganathan, 2003）；IS 规划和变革管理（Wade & Hulland, 2004）；项目规划（Melville 等, 2004）；IS 能力（Ravichandran & Lertwongsatien, 2005）
		IS 运作和支持	成本有效性运作（Ross 等, 1996; Wade & Hulland, 2004）；发挥 IT 功能（Feeny & Willcocks, 1998）；技术创新、提高产品质量（Bharadwaj, 2000）；IS 支持和运作（Ravichandran & Lertwongsatien, 2005）
		外部关系管理	协调供应商和采购商、客户服务（Bharadwaj, 2000）；与外部组织的合作（Melville 等, 2004）；外部关系管理（Wade & Hulland, 2004）；外部 IT 连接（Bharadwaj 等, 1998）；明智的采购决策、供应商开发、合同促进、合同监控（Feeny & Willcocks, 1998）；IS 外部伙伴关系质量（Ravichandran & Lertwongsatien, 2005）；获取能力、外部关系（Lee 等, 2008）
IT 与组织资源的互补能力		企业间关系	供应商关系（Powell & Dent Micallef, 1997; Mckeen, 2005）；客户关系（Tallon & Kraemer, 2004）；企业间关系提升（张鹤达, 2008）；客户导向（Bharadwaj, 2000）
		文化组织	文化（Barney, 1986, 1991; Feeny & Ives, 1990, 1997; Melville 等, 2004）；灵活性文化、团队、开放组织、一致性（Powell & Dent Micallef, 1997）；信息行为和价值（Marchand 等, 2000）
		组织学习	知识库（Feeny & Ives, 1997）；知识资产（Bharadwaj, 2000）；动态能力（Bhatt & Grover, 2005）；组织学习（Piccoli & Ives, 2005; Tippins & Shoi, 2003）；IT 知识（Tippins & Shoi, 2003）；IT 管理知识（Teo & Ranganathan, 2003; Ray 等, 2004）

（一）IT 人员能力

任何技术应用都离不开人的因素，企业 IT 投资不仅可以转化为有形资产，而且可以形成 IT 人力资本的积累。IT 人员能力包括 IT 技术技能与 IT 管理技能。

1. IT 技术技能

IT 技术技能指企业 IT 人员应用已有技术，设计和开发有效的信息系统，并通过它们提供产品和服务的能力，如汇编能力、系统分析和设计能力、对操作系统的熟悉程度、对网络协议的了解、已定制应用的开发、开发过程的控制和建立、新开发方法的采用等。IT 技术技能能够使企业有效管理 IT 投资的技术风险，支持竞争优势的建立，具体测量项见表 3、表 4。

表 3　IT 技术能力建构及测量项

建构		测量项	测量项来源
IT 技术能力	共享能力	内部业务部门相连的 IT 基础设施与外部业务伙伴相连的 IT 基础设施 企业内部的信息共享和业务应用与外部业务伙伴之间的信息共享和业务应用	(Duncan, 1995) (Byrd & Turner , 2000) (Tallon & Kraemer, 2004) (Ravichandran & Lertwongsatien, 2005) (张鹤达，2008)
	服务能力	部门范围内 IT 基础设施服务效果 * 企业范围内 IT 基础设施服务效果 *	
	柔性能力	信息系统的升级和优化 可重用的软件模块 信息系统标准技术组件的采用 不同 IT 平台之间的兼容性 信息系统满足业务变化需要	

注："*"为本研究自行开发的测量项。

表 4　IT 技术技能建构及测量项

建构	测量项	测量项来源
IT 技术技能	专业业务知识 分析、设计、开发符合业务需求的软件的能力 对 IS 项目进行开发、测试的能力等 快速学习和应用新技术的能力	(Byrd & Turner, 2000) (Ravichandran & Lertwongsatien, 2005) (张鹤达，2008)

IT 管理技能是企业 IT 人员有效管理企业 IS 开发、应用以支持企业业务活动的能力，包括有效驾驭信息系统各项功能、评估技术选择、制定解决业务问题的可行方案、协调各使用单位之间的相互关系、管理变革、管理 IT 项目、管理外部关系及领导技能等。IT 管理技能促使企业有效降低 IT 投资的市场风险，显著降低成本，缩短系统交付时间。

2. IT 管理技能

IT 管理技能产生于组织学习过程中，需要经过长期的积累。Mata 从 Clemons 早期提出的有关信息技术与持续竞争优势的观点出发，运用 RBV 的观点分析了可能成为持续竞争优势的 4 个信息技术属性：资本、技术技能、IT 管理技能和专有技术。结果表明，只有 IT 管理技能可以为企业提供持续竞争优势。原因可归纳为两点：首先，IT 人员的管理技能是通过长期"干中学"的方式而获得和发展的，如友谊、信任、沟通等都需经过数年的努力去建立和磨合，才能达到 IT 部门与业务部门之间的有效协作；另外，IS 开发涉及业务人员和 IT 人员之间的互动和交流，是一个社会性的复杂过程。根据 RBV 分析框架，IT 管理技能是有价值的，在不同企业之间是异质的，并且具有较高的模仿成本，其必将带来持续竞争优势。也有研究表明 IT 管理技能与企业持续竞争能力呈正相关关系。IT 管理技能主要从 IS/业务伙伴关系、IS 规划与变革管理、IS 运作与支持、外部关系管理 4 个方面衡量。

（1）业务伙伴关系。IS/业务伙伴关系是指企业促进技术提供者（IT 专业人员）和技术使用者（业务部门管理人员）之间建立良好伙伴关系的能力。IS/业务伙伴关系可视为内部业务人员与 IT 专业人员之间不断交互形成的社会资本，主要表现为 IT 部门与企业其他职能领域或部门之间的合作。在以往的研究中，这一概念也被称为协同、伙伴关系和同化。已有研究表明，企业内部 IS 职能部门与其他部门建立关系非常重要，良好的 IS/业务伙伴关系有助于消除职能部门之间的隔阂，支持企业内部协作，为企业带来竞争优势和更好的绩效。

IS 项目跨部门的性质决定企业各部门必须有良好的合作关系，企业信息化需要业务部门和 IT 部门共同参与、相互信任、共享成果、共担风险。Bhatt 指出，IT 部门和业务单元共同承担 IT 应用的风险和责任。为使业务部门在战略制定和日常工作中的 IT 应用更加有效，应用责任和角色应当在一线管理者和 IT 团队之间分担和共享，良好的伙伴关系有利于协调职责和责任，就 IT 定位、远景及战略作用进行更广泛的交流，达成普遍共识，使企业有效获取、部署和利用 IT 资源。IS/业务伙伴关系的测量项见表 5。

表 5　IS/业务伙伴关系建构及测量项

建构	测量项	测量项来源
IS/ 业务伙伴关系	IT 人员和业务部门之间的沟通 IT 部门和业务部门之间的信任 IT 部门和业务部门共同开发 IS 项目的目标和计划	(Ross 等，1996) (Powell & Dent-Micallef，1997) (Ravichandran & Lertwongsatien，2005) (殷国鹏和陈禹，2007) (张鹤达，2008)

（2）IS 规划与变革管理。IS 的建立是一种有计划的组织变革过程，系统建构者必须了解系统会如何影响整个组织，了解组织的冲突。IS 规划与变革管理能力用于规划、管理和使用信息系统，包括 IS 管理者了解和利用 IT 的能力，以及如何激励和管理改革进程中的 IS 人员。这一能力的关键表现为能够预测未来的变化和增长，选择适应变化的平台和技术架构，包括硬件、网络和软件标准等，并有效管理由此产生的技术变革与增长。在以往的研究中，这一能力被表述为业务理解与思考、问题解决导向、IT 变革管理能力等。

IS 规划是使组织确定业务先后次序，并确保 IS 目标和举措符合企业战略和业务顺序的重要进程，是企业战略与 IS 战略的对应能力。完善的 IS 规划，促成信息系统和业务部门之间更大的融合，通过业务战略与 IT 战略之间的衔接和匹配，使 IS 规划与企业战略规划紧密集成，业务发展和 IT 应用协同一体化，提高战略 IT 应用的识别与开发能力，形成共享的 IT 远景及战略目标。在某种程度上，IS 规划反映了业务规划是竞争优势的重要前提。IS 变革管理是管理 IT 技能的组织变革能力，是企业 IT 能力的基本组成部分。IS 变革管理调整现有商业惯例和 IT 工作流程，利用新的信息技术，促进业务流程整合，确保不断提高效率和效用。IT 项目的有效规划和变革管理是 IT 战略落地生根的保证，IT 人员规划和管理变化的能力是重要的 IT 能力之一，具体测量项见表 6。

表6　IS 规划与变革管理建构及测量项

建构	测量项	测量项来源
IS 规划与变革管理	信息系统规划的执行情况 信息化负责人参与企业战略规划的制定 明确的、正式的信息系统建设规划的制定 信息系统规划与企业战略规划的紧密集成 IT 人员对企业重要业务流程的了解 IT 人员对企业文化和惯例的了解 IT 人员管理 IS 变革的能力 * IT 人员预测组织未来变革和成长的能力	(Powell & Dent-Micallef, 1997) (Bharadwaj 等, 1998) (Ravichandran & Lertwongsatien, 2005) (殷国鹏和陈禹, 2007) (张鹤达, 2008)

注："*"为本研究自行开发的测量项。

（3）IS 运作与支持。IS 运作与支持包括 IT 人员对 IT 项目的协调与进度管理，对信息系统的日常运营维护和突发事件的妥善处理，以及为员工制定相应的培训计划、普及 IT 相关知识等。成熟的 IS 支持与运作过程可以确保信息技术被终端用户有效利用，使企业获得收益，因此，IS 运作与支持可以测定企业使用信息技术提高核心竞争力的成功程度。成本合理的 IS 运作是持续提供高效率和具有成本效益的 IS 运作的能力。高效、可靠的 IS 运作可以保证企业业务的连续性，降低企业成本，占据行业内成本领先地位，获得长期竞争优势。

IT 越来越多地渗透到业务运作中，系统故障可能导致重大商业破坏和损失，在 IS 运作中避免大的持续的成本超支、不必要的停机时间和系统故障，是取得高绩效的首要因素。开发和管理 IT 系统，保证其正常运作，有效发挥信息系统作用，对企业绩效有积极影响。

IT 部门的另一个重要职能是为业务部门人员传授知识，为 IT 人员传授业务知识。在 IS 实施过程中，有效的 IS 支持也包括尽可能让企业员工了解 IT 项目的计划、目标、进度等细节。Sumner 等认为，员工知道的越多，他们对 IT 项目的认同感就越强，同时对变革的准备越充分，抵制的可能性就越小，就越有利于 IS 实施。IS 运作与支持的测量项见表7。

表7　IS 运作与支持建构及测量项

建构	测量项	测量项来源
IS 运作与支持	IT 项目的协调与进度管理 对 IS 日常运营维护的管理 对信息系统突发事件的妥善处理 * 对员工培训计划的制定及相关知识的普及	(Ross 等, 1996) (Powell & Dent-Micallef, 1997) (殷国鹏和陈禹, 2007) (张鹤达, 2008)

注："*"为本研究自行开发的测量项。

（4）外部关系管理。外部关系是指企业 IT 部门与其关键 IT 供应商、服务提供商、顾问以及外包企业之间的伙伴关系。这一关系的强度依赖于与外部伙伴之间的沟通、信任与合作。

除内部伙伴关系外，IT 部门与供应商和服务提供商之间的关系管理已经成为 IT 部门的一项重要职能。新技术的快速出现，使得 IT 部门不可能在知识开发、有效吸收利用和部署这些技术上投入资源，因此，有效的 IS 解决方案所需的技术知识和其他资源可能分散在企业的内部和外部。建立强大职能能力的 IT 部门，需要同供应商建立良好的伙伴关系，以便更有效地利用这些资源。外部关系管理的测量项见表 8。

表 8　外部关系管理建构及测量项

建构	测量项	测量项来源
外部关系管理	IT 部门和 IT 提供商、服务商之间的相互信任关系 与关键的 IT 提供商、服务商的长期合作伙伴关系 IT 部门和 IT 提供商、服务商之间的冲突 IT 提供商、服务商对 IT 需求作出回应的及时性和有效性	(Ravichandran & Lertiwongsatien, 2005)

（二）IT 与组织资源的互补能力

利用信息技术激活企业的其他资源，实现资源互补，使其最大限度发挥作用，是资源观关于 IT 应用价值的重要观点。互补性组织资源通常是隐含的、异质的，如产品质量、客户服务、组织记忆、组织学习、知识资产、信息行为和价值、组织文化、组织结构、竞争程度、经营规模和市场份额等。研究人员试图将一切不属于技术和人员的无形资源都归于互补性组织资源的范畴。虽然众多文献提到了这些互补性组织资源，但并没有涉及信息技术与组织资源的互补能力的测量。

Bharadwaj 用客户导向、知识资产和协同效应来描述与 IT 互补的组织资源。本研究认为协同概念范围太广，IS 应用的基本功能就是实现协同，协同效应概念本身反映不出 IT 的具体能力；企业的无形资源不仅包括客户导向，还包括供应商导向；构建 IT 能力时，组织学习能实现企业知识的更新换代，将知识转化为能力，适应竞争需要；另外，在企业信息化的所有组成部分中，人的行为最为复杂多变，在行为背后，文化的影响深远巨大，文化价值观作为人的行为基础，在信息化的各个阶段发挥重要作用。因此，本文从企业间关系、组织文化、组织学习 3 个方面分析并测量 IT 与组织资源的互补能力。

1. 企业间关系

企业间关系是指企业与其所在供应链中直接联系的核心企业之间的关系。信息流是供应链上各企业间协调的基础，信息技术在供应链管理中的主要作用是将供应链上的企业紧密连接起来，使信息流和物流的路线保持一致，以便各企业能够共享链上信息，有效协调各自的行为。

社会发展及市场竞争使各行业间的联系日益密切，一个企业的成功往往受其他企业的影响，于是企业间形成战略联盟，与其他信息系统集成，实现资源共享。为提高供应链的竞争能力，企业往往优先选择信息化程度高的企业，对已建立起合作关系而信息化水平又比较低的合作伙伴，企业也可能从技术、资金等方面提供信息化支持；此外，企业为提高自身绩效，也会和主要供应商联合开发信息系统，以上这些举措都会影响供应链中企业的IT水平。

企业间关系的日益紧密在很大程度上影响了单个企业的IT应用模式，供应链企业间的IT应用有利于合作双方通过快速、准确的信息共享，降低供应链上的不确定性、协调成本和风险，还能够强化企业间的相互依赖和信任，有利于长期合作关系的建立。企业间关系的具体测量项见表9。

表9　企业间关系建构及测量项

建构	测量项	测量项来源
企业间关系	供应链核心企业业务连接需求对信息化建设的推动 IT的应用对与供应链核心企业间的合作的加强 与供应链核心企业之间的相互信任关系	(Powell & Dent-Micallef, 1997) (张鹤达, 2008)

2. 组织文化

关于组织文化同IS实施关系的研究主要集中在组织文化与IS文化之间的冲突，以及特定信息技术或信息系统对组织文化的要求两个方面。从价值观角度，提出了对信息技术应用和信息技术战略具有积极作用的组织文化价值观要素，对于企业IT文化能力构建以及信息系统实施具有积极影响。与信息系统有效实施有关的文化价值观主要体现在革新、凝聚和理性目标导向3个方面。

革新型组织文化价值观体现为具有创新意识和灵活性，善于将IT同组织流程进行整合，对新技术的引进持积极态度等。乐于接受挑战和风险、具有创新意识的组织文化，能够促使企业以积极的态度对待信息技术的使用。灵活性对于组织应对IS规划和随竞争环境、信息技术的变化对战略作出调整至关重要。灵活性高的企业在革新中能够做出快速反应，积极寻求促进发展的方法和途径，不断引进新的信息技术，同时也调整运作流程，使信息技术与业务流程相匹配，增强企业的竞争力。组织文化的革新能力越强，就越有利于信息技术在组织中的应用。

凝聚型组织文化价值观表现为企业与员工之间以及员工与员工之间价值观的统一，可以增强员工的责任心和使命感。凝聚能力越强，员工和企业的价值观越统一，就越有利于企业信息技术的实施。支持型的组织文化强调成员间的关系，重视团结与合作，IT外包减少在一定程度上能够节约资金和减少机密信息泄露，更加全面准确地掌握IT使用者的需求，IT实施的成功率也会提高。

理性目标导向的组织文化价值观，体现在对组织整体和成员价值取向及行为取向的引导作用上，强调企业理性目标的实现。Hofstede提出，结果导向和工作导向的文化价值观能够促使企业积极地接受新信息技术。重视任务效率的组织文化也会促进企业通过新的信息技术的接受和使用来提高效率，在这种价值观的驱动下，组织或企业会增加对信息技术的使用，有助于及时有效地完成既定目标和任务。另外，理性目标组织文化将企业IT战略目标与组织任务和组织目标结合起来，对识别战略信息系统投资的重要性具有积极影响。组织文化的测量项见表 10。

表 10　组织文化建构及测量项

变量	测量项
组织文化	在 IT/IS 应用方面的创新意识 * 员工价值观和企业价值观的一致性 * 长期、理性的 IS 建设目标和方向 *

注："*" 为本研究自行开发的测量项。

3. 组织学习

尽管 IT 基础设施和 IT 管理能力非常重要，但企业还需认识到信息技术和竞争环境的动态性。动态能力反映了组织更新的重要性，从而与不断变化的商业环境相适应。

组织学习被定义为组织内基于经验来维持或提高绩效的能力或过程。Bhatt 认为这是一种动态能力，它的应用强调组织不断变化的特征。技术的不断改进及企业新知识、新能力和新技能的获取都与学习密不可分，企业可以通过重复、试验，甚至对小错误的分析等学习机制来提高能力。

IT 能力的建立需要学习和经验的积累，组织学习可以促进这一过程。例如，Neo 发现，IT 实施成功的企业，往往是曾经实施过类似系统并积累了一定经验的企业。同样，Cash 等认为，IT 基础设施的建立过程也是对企业信息需求了解和提炼的过程。研究表明，由于嵌入到具体的业务实践中，所以 IT 技能的建立也是知识吸收的过程。因此，具有强大学习能力的企业可以有效利用经验反馈，从而构建更强的 IT 能力。Zhang 和 McCullougb 发现，组织学习对 IT 能力有积极影响。

IT 能力的形成是组织学习的过程，学习能力的高低可能影响信息技术的有效使用程度，组织学习有助于解决企业采用新信息技术时面临的问题；同时，信息技术也可以促进组织学习，提供有效整理、传播和存储知识的技术支持。本研究从知识获取、知识沟通和知识存储 3 个方面衡量信息技术对组织学习的影响，具体测量项见表 11。

表 11　组织学习建构及测量项

变量	测量项
组织学习	利用 IT 工具系统收集客户、市场与合作伙伴信息 * IT 工具的应用对企业内部信息沟通和共享的促进 * 知识库对企业现有知识的综合、积累和存储 *

注："*" 为本研究自行开发的测量项。

基于上述分析，本文提出的信息技术能力建构体系如图 1 所示。

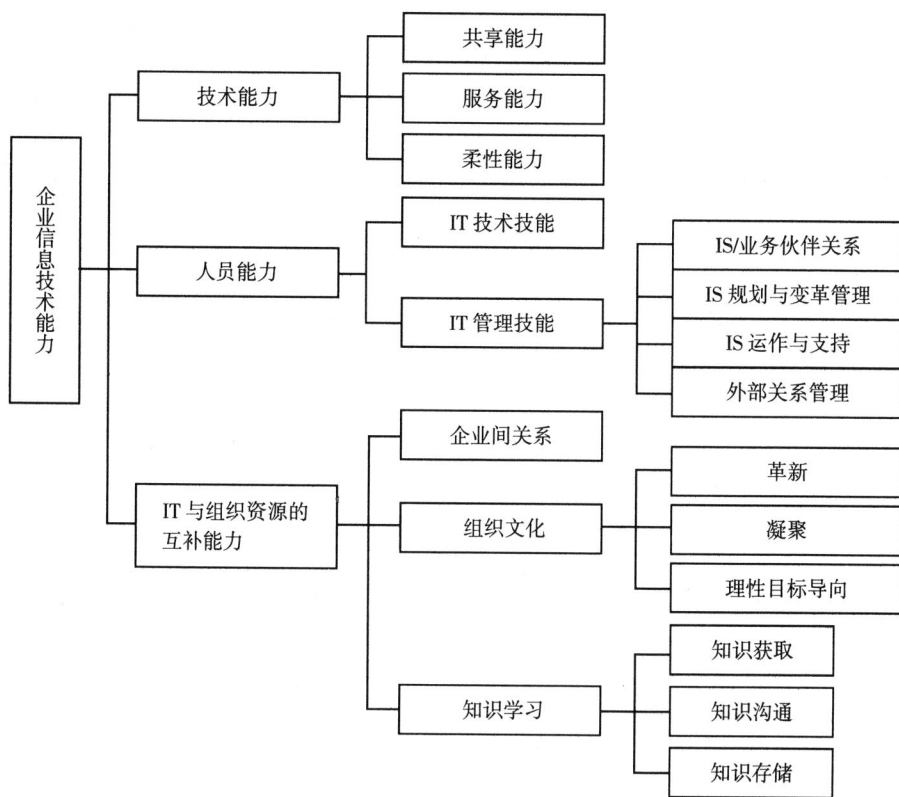

图1　企业信息技术能力建构

四、结　语

企业资源观为研究信息技术如何影响企业竞争力提供了非常好的理论框架。从该理论出发，本文在大量文献基础上，提出了一个系统的信息技术能力测量体系，特别是对以往研究中所忽略的信息技术与组织资源的互补能力进行了深入研究，为企业构建符合自身条件的信息技术能力提供了很好的参照，同时也为研究人员进一步分析信息技术能力与企业绩效之间的关系奠定了坚实的基础。未来研究应集中在对信息技术能力建构的实证检验上，以对本文提出的建构体系进行修正和完善。

参考文献

[1] Soh C., Markus M. L. How IT Creates Business Value：A Process Theory Synthesis [C]. J. I. Degross, et al. In Proceedings of the 16th International Conference on Information Systems, 1995.

[2] Mckeen J. D., Smith H. A., Singh S. Developments in Practice XVI：A Framework for Enhancing IT

Capabilities [J]. Communications of the Association for Information Systems, 2005 (15): 661–673.

[3] Wong S. F. Under Standing IT Backsourcing Decision [C]. In Proceedings of the 12th Pacific Asia Conference on Information Systems, 2008.

[4] Bharadwaj A. S., Sambamurthy V., Zmud R. W. IT Capabilities: Theoretical Perspectives and Empirical Operationalization [C]. Hirschheim, M. Newman, J.I. Degross. In Proceedings of the 19th International Conference on Information Systems, 1998.

[5] Mata F. J., Fuerst W. L., Barney J. B. Information Technology and Sustained Competitive Advantage: A Resource–based Analysis [J]. MIS Quarterly, 1995, 19 (4): 487–505.

[6] Bharadwaj A. S. A. Resource–based Perspective on Information Technology Capability and Firm Performance: An Empirical Investigation [J]. MIS Quarterly, 2000, 24 (1): 169–196.

[7] Wade M., Hulland J. Review: The Resource–based View and Information Systems Research: Review, Extension, and Suggestions for Futurer Esearch [J]. MIS Quarterly, 2004, 23 (1): 107–142.

[8] Ravichandran T., Lertwongsat ien C. Effect of Information Systems Resources and Capabilities on Firm Performance: A Resource–based Perspective [J]. Journal of Management Information Systems, 2005, 21 (4): 237–276.

[9] Lee, One–Ki, Lim, Kai Hin, Sambamurthy, V., Wei, Kwok Kee. Information Technology Exploitation and Exploration in a Fast Growing Economy [C]. In Proceedings of the 12th Pacific Asia Conference on Information Systems, 2008.

[10] Barney J. Firm Resources and Sustained Competitive Advantage [J]. Journal of Management, 1991, 17 (1): 99–120.

[11] Grant R. M. The Resource–based Theory of Competitive Advantage: Implications for Strategy Formulation [J]. California Management Review, 1991, 33 (1): 114–135.

[12] Ross J. W., Beath C. M., Goodhue D. L. Develop Longterm Competitiveness Through IT Assets [J]. Sloan Management Review, 1996, 38 (1): 31–42.

[13] Feeny D. F., Willcocks L. P. Core is Capabilities for Exploiting Information Technology [J]. Sloan Management Review, 1998, 39 (3): 9–21.

[14] Broadbent M., Weill P. Management by Maxim: How Business and IT Managers Can Create IT Infrastructures [J]. Sloan Management Review, 1997, 38 (3): 77–92.

[15] 张嵩, 李文立, 黄丽华. 电子商务环境下企业 IT 基础设施能力的构成研究 [J]. CIMS-计算机集成制造系统, 2004a, 10 (11): 1459–1465.

[16] 张嵩, 李文立, 黄丽华. 基于结构的企业 IT 基础设施能力的分类研究 [J]. 中国工业经济, 2004b (6): 79–84.

[17] Keen P. G. W., Cummins J. M. Networks in Action: Business Choices and Telecommunications Decisions [M]. Belmont, California: Wadsworth Publishing Company, 1994.

[18] Broadbent M., Weill P., Neo B. S. Strategic Context and Patterns of IT Infrastructure Capability [J]. Journal of Strategic Information Systems, 1999a, 8 (2): 157–187.

[19] Weill P., Vitale M. What IT Infrastructure Capabilities are Needed to Implement Ebusiness Models? [J]. MIS Quarterly Executive, 2002, 1 (1): 17–34.

[20] Byrd T. A., Turner D. E. Measuring the Flexibility of Information Technology Infrastructure: Exploratory Analysis of a Construct [J]. Journal of Management Information Systerms, 2000, 17 (1): 167–208.

［21］ Duncan N. B. Capturing Flexibility of Information Technology Infrastructure： A Study of Resource Characteristics and Their Measures ［J］. Journal of Management Information Systems, 1995, 12 (2)：37-57.

［22］ Piccol I. G., Ives B. Review： IT-dependent Strategic Initiatives and Sustained Competitive Advantage： A Review and Synthesis of the Literature ［J］. MIS Quarterly, 2005, 29 (4)：747-776.

［23］ 张鹤达. 基于资源观的 IT 能力对企业绩效的影响机制研究 ［D］. 吉林大学博士学位论文, 2008.

［24］ Denhning B., Stratopoulos T . Determinants of a Sustainable Competitive Advantage Dued to an IT-enabled Strategy ［J］. Journal of Strategic Information Systems, 2003, 12 (1)：7-28.

［25］ Armstrong C. P., Sambamurthy V. Information Technology Assimilation in Firms： The Influence of Senior Leadership and IT Infrastructures ［J］. Information Systems Research, 1999, 10 (4)：304-327.

［26］ Benjamin R. I., Levinson E. A Framework for Managing IT-enabled Change ［J］. Sloan Management Review (Summer), 1993：23-33.

［27］ 黄丽华, 傅新华. 成功的企业信息化——上海市信息化示范企业的十大案例研究 ［M］. 上海：复旦大学出版社, 2005.

［28］ Sumner M. Critical Success Factors in Enterprise Wide Information Management Systems Projects ［C］. American Conference on Information Systems, 1999.

［29］ Powell T. C., Dent Micallef A. Information Technology as Competitive Advantage： The Role of Human, Business, and Technology Resources ［J］. Strategic Management Journal, 1997, 18 (5)：375-405.

［30］ Feeny D. F., Ives B. In Search of Sustainability： Reaping Longterm Advantage from Investments in Information Technology ［J］. Journal of Management Information Systems, 1990, 7 (1)：27-46.

［31］ 李学军. 企业信息化驱动模式与持续优化研究 ［D］. 北京交通大学博士学位论文, 2007.

［32］ 陈军, 张嵩. 企业信息化中的组织文化价值 ［J］. 科技管理研究, 2010 (2)：186-189.

［33］ Kangungo S, Sadavart I. S., Srinivas Y. Relating IT Strategy and Organizational Culture： An Empirical Study of Public Sector Units in India［J］. Journal of Strategic Information Systems, 2001 (10)：29-57.

［34］ Cooke R. A., Lafferty J. C. Organizational Culture Inventory (Form III) ［M］. Plymouth： Human Synergistics, 1987.

［35］ Harper G. R., Utley D. R. Organizational Culture and Successful Information Technology Implementation ［J］. Engineering Management Journal, 2001, 12 (2)：11-15.

［36］ Hofstede G. Culture and Organizations： Software of the Mind ［M］. London： McGraw Hill, 1991.

［37］ Grover V., Teng J. T. C., Fiedler K. D. IS Investment Priorities in Contemporary Organizations［J］. Communications of the ACM, 1998, 41 (2)：40-48.

［38］ Zhang M., Mc Cullough J. Effect of Learning and Information Technology Capability on Business Performance ［C］. Paper Presented at the Seventh International Conferenceon Global Business and Economic Development, 2003.

［39］ Neo B. S. Factors Facilitating the Use of Information Technology for Competitive Advantage： An Exploratory Study ［J］. Information and Management, 1988, 15 (4)：191-201.

［40］ Cash J. L., Mcfarlan E. W., Mckenney J. L., et al. Corporate Information Systems Management： Text and Cases ［M］. Homewood, IL： Irwin, 1992.

The Constructs and Measures of Firm's IT Capability

Guo Rongqiu, Zhang Song

(International Business School, Qingdao University, Qingdao 266071, China)

Abstract: According to the resource-based view (RBV) and a large number of relevant literatures, a systemic measurement system of information technology capabilities stemming from theory is set up, especially for the complementary capabilities between information technology and organizational resources, which is neglected by previous studies. The study provides good references for firms to develop informationt echnology capabilities with their own conditions and also builds a solid foundation for the further study on the relationship between information technology capabilities and firmper formance.

Key Words: information technology capability; enterprises; measurement system; resource-based view (RBV)

我国制造企业信息技术投资效率的区域差异分析 *
——基于 SBM 模型四阶段 DEA 方法的实证研究

霍　明[1]　郭　伟[2]　邵宏宇[2]　刘建琴[2]

(1. 天津大学管理与经济学部，天津 300072；2. 机械工程学院，天津 300072)

【摘　要】运用传统四阶段 DEA 方法和 SBM 模型相结合的修正四阶段 DEA 方法，在考虑松弛量对效率测度影响的同时，控制了外生环境变量影响，采用我国 3440 家制造企业的数据，对 26 个省和直辖市的制造企业的信息技术投资效率进行了测算。结果发现，由于受环境影响程度的差异，别除环境变量影响后的我国东、中、西三大区域制造企业信息技术投资效率变化各不相同。同时，调整后三大区域内各省和直辖市制造企业信息技术投资效率也呈现出不同特点。针对我国制造企业信息技术投资的特征，利用层次聚类分析，进行了制造业信息化区域划分并为我国制造业信息化的推进提出了建议。

【关键词】制造企业；信息技术投资；效率；修正四阶段 DEA 方法；层次聚类分析

一、引言

制造企业信息技术投资的研究最早起源于日本，后来美国的多位学者进行了相关的研究。目前，国内外的研究主要集中在三个方面，即信息系统的演进、信息技术应用绩效评价以及信息技术投资与绩效的关系研究，对于制造企业信息技术投资效率的研究文献还相对较少。美国学者 Benjamin B. M. Shao 和 Winston T. Lin（2002）利用传统 DEA 模型和

* 本文选自《软科学》2011 年 8 月第 25 卷第 8 期。

基金项目：天津市科技计划项目（10ZCKFGX18900）；国家"863"资助项目（2009AA04Z118）。

作者简介：霍明，男，博士研究生，研究方向为制造业信息化；郭伟，男，教授、博士生导师，研究方向为制造业信息化；邵宏宇，男，讲师、博士，研究方向为制造业信息化；刘建琴，女，副教授，研究方向为物流与供应链管理。

Tobit 回归相结合的方法，研究了信息技术投资对企业效率的影响，但没有考虑外生环境变量的问题[1]。

研究发现，环境变量对效率边界有直接的影响，不考虑这些因素将直接导致不同区域、不同环境下用相同效率边界估计出的效率不可比。在利用参数方法估计效率时，控制这些因素的方法就是把代表这些因素的变量直接加入到效率估计方程中，Rai（1996）、Fenn 等（2008）采用了这种方法[2,3]。在利用非参数方法估计效率时，控制这些因素的方法通过多阶段方法把这些因素对投入量或产出量的影响去除，重新调整投入量或产出量，进行最终的效率估计，如 Fried 等（1999）提出的四阶段 DEA 方法和 Fried 等（2002）提出的三阶段 DEA 方法[4,5]。近几年，这些方法被用到了很多行业的效率分析中，但在制造企业信息技术的投资效率测度中还没有得到应用。因此，本文采用的 SBM 模型基础上的四阶段 DEA 方法，剔除各地区环境变量的影响，客观评估各地区制造企业的信息技术投资效率，并且对东、中、西三大区域的制造企业信息技术投资进行了比较分析，在此基础上，利用层次聚类进行了制造企业信息化区域划分，为我国的制造业信息化推进提供理论参考。

二、SBM 模型四阶段 DEA 方法的提出

剔除环境变量影响的四阶段 DEA 方法由 Fried 等在 1999 年提出，其模型包含了四个步骤，具体如下：

第一阶段：计算不考虑环境变量影响的 DEA 模型，得到初始效率得分和投入松弛量 S_{io}。其中，i 代表投入要素，i=1，2，3，…，m；o 代表第 o 个决策单元 DMU_o，o=1，2，3，…，n。

第二阶段：构建 m 个 Tobit 回归方程（m 为投入的项数）并进行参数估计。被解释变量分别为各个投入的总松弛量 S_{io}，解释变量是影响决策单元的外生环境因素，这 m 个回归方程 $S_{io}=f_i$（Q_{io}，B_i，E_{io}）。其中，Q_{io} 表示影响决策单元 o 投入的 i 的外生环境变量，B 为拟合系数。

第三阶段：根据投入松弛量的拟合值，对初始投入变量进行调整。即令：

$$\hat{S}_{io}=f_i \ (Q_{io}，B_i)，X_{io}^A X_{io}+\{\max_0 [\hat{S}_{io}]-\hat{S}_{io}\} \tag{1}$$

第三阶段使用最大拟合值进行调整的原因在于，最大拟合值代表了决策单元该项投入在此时期处于最差的外部条件下。以最差条件为基准，经过上述调整过程，能够惩罚那些较高效率来自于更好外部环境的决策单元，将那些来自更好外部环境的决策单元因外部环境的优势而获得的效率水平去除，从而将所有的决策单元向下拉平到同一环境平台上。

第四阶段：基于调整后的数据，用第一步的数据包络分析（DEA）的方法重新测算效率值，得到剔除外生环境因素后的效率值。

本文将数据包络分析（DEA）中松弛量模型即 SBM 模型与 Fried 的四阶段 DEA 方法

相结合，这样，既可考虑松弛量对效率测度的影响，同时，将外部环境对效率的影响剔除，以便准确地评估制造企业的信息技术投资效率。本文提出的修正四阶段 DEA 方法的步骤如下：

第一阶段：SBM 模型。在第一阶段，本文采用传统的投入导向可变规模报酬下的 SBM 模型即 SBM–I–C 模型进行制造企业的信息化投资效率的分析。SBM–I–C 模型的线性规划形式为：

$$\min \tau = t - (1/m) \sum_{i=1}^{m} s_i^- / x_{i0}$$

$$\text{s.t.} \quad t + (1/k) \sum_{r=1}^{k} s_r^+ / y_{r0} = 1 \tag{2}$$

$$tx_0 = X \wedge + S^-$$

$$ty_0 = y \wedge + S^+$$

$$\wedge \geq 0, \ S^- \geq 0, \ S^+ \geq 0, \ t > 0$$

其中，m 为投入要素种类，k 为产出种类，x_0 和 y_0 分别为待评估决策单元的投入和产出向量。x_{i0} 和 y_{r0} 分别为向量 x_0 和 y_0 的元素，s_i^- 为松弛投入 s^- 的元素，s_r^+ 为松弛产出 s^+ 的元素，τ 为企业效率的度量值，$S^- = ts^-$，$S^+ = ts^+$，$\wedge = t\lambda$。

第二阶段：Tobit 模型及其参数估计。由第一阶段 SBM 模型及各投入产出变量数据，可确定两个投入变量的松弛量，该投入松弛量作为被考察对象的实际投入与完全效率下的投入之差，可能受到了环境因素的影响。由于在 SBM 模型中投入松弛量大于等于 0，对那些有效率的决策单元来说，投入松弛量等于 0，这意味着投入松弛量是被截断的。因此，本文利用 Tobit 模型拟合第一阶段的投入松弛量和外生环境变量之间的关系[6]。

假设松弛量 S_{io} 受 P 个可观察环境变量 $Z_{io} = (z_{1o}, \cdots, z_{po})$ 的影响，松弛量 S_{io} 与 Z_{io} 的关系模型如下：

$$\hat{S}_{io} / X_{io} = Z_{io} \times B_i + E_{io} \tag{3}$$

其中，B_i 对应因变量为第 i 个投入松弛量时相应的环境变量待估参数向量，E_{io} 为误差项。

第三阶段：对初始投入变量的调整。根据投入松弛量的拟合值，对初始投入变量进行调整。即令：

$$\hat{S}_{io} = X_{io} \times Z_{io} \times B_i, \quad X_{io}^A = X_{io} + \{\max_0 [\hat{S}_{io}] - \hat{S}_{io}\} \tag{4}$$

式（4）中的 X_{io}^A 即为调整后的投入变量，Fried 等（1999）提出的式（1）中，$\max_0 [\hat{S}_{io}]$ 能够保证 X_{io}^A 为正。

第四阶段：调整后的 SBM 模型效率。由第三阶段调整各投入变量的值代替原始投入数据，再次运用第一阶段的 SBM–I–C 模型计算出新的效率值。由于剔除了环境因素和随机误差因素的影响，第四阶段输出的效率值更能准确地反映各决策单元的实际效率水平。

三、基于 SBM 模型四阶段 DEA 方法的效率分析

本文在制造企业信息技术投入方面选取信息技术软硬件投入和信息技术人员投入两个指标。信息技术软硬件投入为企业的软硬件系统的资产价值，信息技术人员投入采用制造企业的 IT 部门人员数量来表示。信息技术投资的相应产出方面选取企业销售收入和新产品数量两个变量。企业使用信息技术的目标是提升企业的核心竞争力，保持企业的竞争优势。企业的创新能力是核心竞争力的重要组成部分，而销售收入数量是企业市场竞争地位的重要指标。目前，学术界还没有研究能够将信息技术的投资绩效准确地从企业总绩效中剥离出来。所以，本文在产出选择方面采用了这两个指标。

根据上述变量，本文利用来自科技部《2009 年度制造业信息化科技工程》统计调查工作采集的 2008 年度数据，从而克服了以往实证研究多依赖于各种统计年鉴导致的数据统计口径不一致的问题，保证了分析结果真实可信。数据涉及了 26 个省和直辖市的 3440 家制造企业，其中，东部地区包含辽宁等 11 个省和直辖市，中部地区包含了黑龙江等 9 个省，西部地区包含了四川等 6 个省和直辖市。青海、宁夏、吉林等省区限于样本数量较小的原因，未采用其数据进行分析。根据 Brynjolfsson 和 Hitt 的研究发现，企业的信息技术投资具有一定的时间滞后性，滞后时间在 1~2 年左右[7]。因此，对于信息技术软硬件投入和人员投入两个变量，本文在研究中采用的是 2006 年的指标数据。此外，本文以各地区制造企业样本指标数据的中位数作为区域数据，从而降低填报数据中异常值的影响。

利用各地区制造企业信息技术投入产出变量的数据，选取投入导向可变规模报酬下的松弛量模型即 SBM-I-C 模型，使用 DEA Solver 3.0 软件，计算出各省区制造企业未剔除环境变量的信息技术投资的综合效率。

根据 SBM-I-C 模型得出的信息技术软硬件投入和人员投入的松弛量，第二阶段需要选取对松弛量产生影响的外生环境变量。本文的环境变量主要包括四个方面：①地区经济发展水平。人均 GDP 作为反映地区经济水平的重要指标，本文将人均 GDP 作为影响信息技术投资松弛量的因素之一。②地区信息产业的发展水平。信息产业的发展会对制造企业的信息技术投资产生推动作用，并为企业信息化提供服务。本文用各地区的信息产业固定资产占地区 GDP 的比重作为信息产业发展水平的指标。③地区教育水平。本文采用人均受教育年限代表地区的教育水平。④地区制造产业的发展水平。对这个指标，本文用制造业的资产规模占当地 GDP 的比例来表示。这四个环境变量的数据可从《中国统计年鉴》（2009）得到。

对人均 GDP 这个变量取对数序列。本文利用 Eviews6.0 软件，分别对信息技术软硬件投入和人员投入的松弛量建立 Tobit 模型回归方程。拟合结果如表 1 所示。

表 1　环境变量 Tobit 模型回归结果

环境变量	人均 GDP	信息产业资产比例	人均受教育年限	制造业资产比例	常数 C
软硬件投入松弛量拟合系数 P 值	−0.052279 0.0799166	0.135194 0.039079	0.271935 0.796860	−0.147603 0.000000	0.797023 0.193222
人员投资松弛量拟合系数 P 值	−0.184183 0.312573	0.145991 0.12274	1.042824 0.279009	−0.1248743 0.000000	0.257231 0.631895

从表 1 的回归结果可以看出，人均 GDP 和制造业资产比例对两个松弛量都有负向影响，但人均 GDP 变量没有通过显著性检验，其影响是不显著的。信息产业资产比例和人均受教育年限对两个松弛量都有正向影响，但人均受教育年限变量均没有通过显著性检验，影响也是不显著的。至于常数项 C，其具有正向影响但是并不显著，予以忽略。本文认为，制造业发展水平（资产比例）和信息产业发展水平（资产比例）是具有显著影响的环境变量。根据公式（4），可以得到每个地区制造企业的剔除了环境变量影响的信息技术投入变量，将这些调整后的投入变量重新放入 SBM–I–C 模型，利用 DEA Solver 3.0 软件，可测量出各个地区剔除了环境变量的信息技术投入的综合效率。同时，根据调整前后的投入变量，借助 SBM–I–V 模型，还可以求出调整前后的信息技术投入的技术效率，根据公式：综合效率=技术效率×规模效率，各地区制造企业的信息技术投入规模效率也能够测量。具体结果如表 2 所示。

表 2　调整前后信息技术投资效率

区域	省区	未剔除环境变量的效率值			剔除环境变量的效率值			区域效率平均值
		综合效率	技术效率	规模效率	综合效率	技术效率	规模效率	
东部地区	辽宁	0.386093	0.916312	0421356	0.388709	1.000000	0.388709	
	北京	0.622428	1.000000	0.622428	0.478657	0.517130	0.925603	
	天津	1.000000	1.000000	1.000000	0.454729	0.457057	0.994908	
	河北	0.352509	0.353958	0.995908	1.000000	1.000000	1.000000	$CE_e = 0.613243$
	山东	0.481939	0.736402	0.654451	0.626608	1.000000	0.626608	$CE_e^* = 0.626936$
	江苏	1.000000	1.000000	1.000000	0.659576	0.683123	0.965530	$TE_e = 0.789749$
	上海	0.515186	0.535363	0.962312	0.574660	0.578207	0.993867	$TE_e^* = 0.737325$
	浙江	0.514000	0.609465	0.843363	0.489895	0.505883	0.974172	$SE_e = 0.794542$
	福建	0.594048	0.786287	0.755510	0.671758	0.771461	0.870761	$SE_e^* = 0.878472$
	广东	0.585496	0.950590	0.615929	0.551707	0.597713	0.923030	
	广西	0.693974	0.798865	0.868700	1.000000	1.000000	1.000000	

区域	省区	未剔除环境变量的效率值			剔除环境变量的效率值			区域效率平均值
		综合效率	技术效率	规模效率	综合效率	技术效率	规模效率	
中部地区	黑龙江	0.556767	0.658163	0.845940	0.582434	0.605797	0.961434	$CE_m = 0.544653$ $CE_m^* = 0.646685$ $TE_m = 0.676105$ $TE_m^* = 0.761614$ $SE_m = 0.805798$ $SE_m^* = 0.865338$
	吉林	0.551908	0.587395	0.939587	0.634020	0.651064	0.973822	
	内蒙古	0.487958	0.626734	0.778572	0.572948	0.602726	0.950595	
	安徽	0.724385	0.868697	0.833875	0.697211	0.873980	0.797743	
	河南	0.347514	0.570864	0.608751	0.557434	1.000000	0.557434	
	湖北	0.527059	0.600743	0.877345	0.637302	0.704478	0904644	
	湖南	0.484277	0.759316	0.637781	0.634260	0.683494	0.927966	
	江西	0.557557	0.612899	0.899914	0.866252	0.938459	0.803380	
	山西	0.664450	0.800138	0.830420	0.638306	0.794525	0.803380	
西部地区	四川	0.674714	0.676996	0.996629	0.803135	0.829705	0.967976	$CE_w = 0.606541$ $CE_w^* = 0.705292$ $TE_w = 0.803526$ $TE_w^* = 0.856767$ $SE_w = 0.777917$ $SE_w^* = 0.837073$
	重庆	0.774424	1.000000	0.774424	0.573835	0.708796	0.809591	
	陕西	0.456578	1.000000	0.456578	0.859143	1.000000	0.859143	
	甘肃	0.561324	0.729908	0.769033	0.623671	1.000000	0.623671	
	贵州	0.635954	0.806379	0.788654	0.781688	1.000000	0.781688	
	新疆	0.536251	0.607870	0.882181	0.590282	0.602103	0.980366	

通过表2的分析结果可以看出，信息技术投入的综合效率方面，未剔除环境变量影响的有效单元为天津和江苏，两地区效率值并列第一。而调整之后，天津地区制造企业的综合效率只有0.454729，下降了55%，而江苏省制造企业调整后的综合效率也仅有0.659576，下降了34%，由第一位分别下降到第二十五位和第九位。调整后的综合效率有效单元为河北和广西，调整前两地区制造企业的综合效率分别为0.352509和0.693974，分别由第二十五位和第五位上升到第一位。这说明，外生环境变量对各地区制造企业的信息技术投入的综合效率还是非常明显的。调整前各地区制造企业的综合效率、技术效率和规模效率的平均值分别为0.587954、0.753590和0.794602，调整后的三个效率值分别为0.651855、0.773296和0.860232，分别增加了10.87%、2.62%和8.26%，整体效率的变化也是较为明显的。

除了对整体效率的分析，本文还对我国三大区域制造企业的信息技术投资效率进行了比较分析。根据表2的区域平均效率结果，东部地区的制造企业调整前的综合效率、技术效率和规模效率分别为0.613243、0.789749和0.794542，调整后分别为0.626936、0.737325和0.878472，综合效率和规模效率都有所上升，但非常有限。技术效率方面，东部地区整体出现了下降。中西部区域三种效率调整后较调整之前都有了明显的上升。对调整前后三个区域的三种效率进行比较分析，调整前综合效率、技术效率和规模效率的排名分别为东部、西部、中部，东部、西部、中部，中部、东部、西部。而调整之后的综合效率、技术效率和规模效率排名分别为西部、中部、东部，西部、中部、东部，东部、西部、中部，对比结果非常明显，东部地区制造企业的信息技术投资的高效率很大程度是由于环境变量影响造成的。在剔除了环境变量的影响后，东部地区的综合效率和技术效率被中西部全面超越。从而证明，认为经济发达的东部地区的制造企业信息技术投资水平较高的传统观念是错误的。在剔除了环境变量以后，可以更清楚地认识三个区域的制造企业信息技术投资效率水平。通过图1能够更直观地对比调整前后的效率变化。

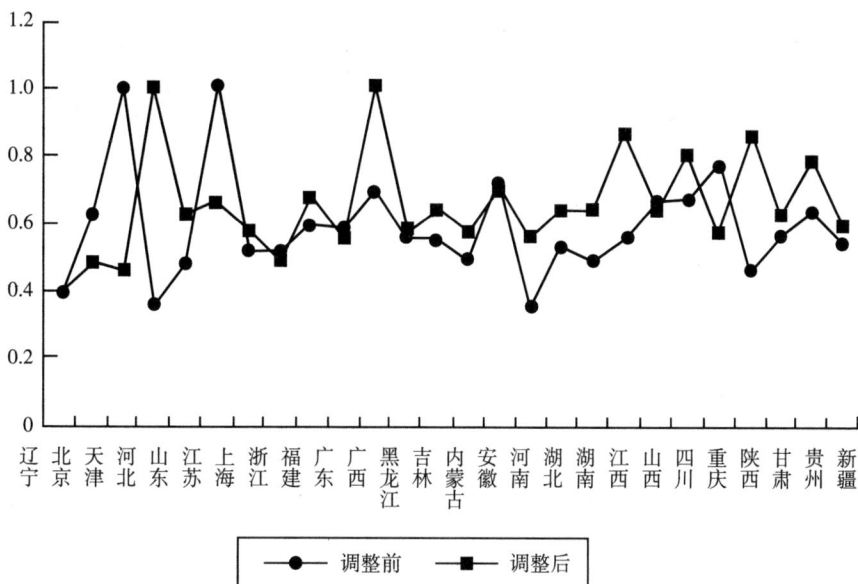

图1　调整前后综合效率对比

图1中的横轴坐标单元从左到右依次是东中西区域的各个省和直辖市。通过调整前后两条综合效率折线图的走势可以看出，调整前后东部地区的综合效率折线呈现出交叉分布走势，而中西部区域调整后的综合效率折线基本位于调整前的综合效率折线之上，并且调整后的综合效率折线不再呈现出明显的左高右低的趋势，而是基本上左右相对平衡。在剔除了环境变量的影响后，本文得到了与传统观点相悖的结论：传统观点认为，经济水平相对落后的中西部地区的制造企业的各项效率相对东部有较大差距。但是，在信息技术投资方面，中西部的综合效率并不落后于东部。东部区域内各省区的制造企业的信息技术投资效率差别明显，而中西部各省区综合效率则相对比较接近，呈现出平衡的态势。

此外，剔除环境变量的影响前后，东部、中部和西部区域的技术效率和规模效率也有一定的差异，如图2和图3所示。对于东部区域内的制造企业，其调整前后的信息技术投资的技术效率折线交织在一起，这说明，环境变量并没有对东部地区的制造企业信息技术投资的技术效率产生明显的影响。而中西部的技术效率都有明显的上升，这说明，中西部制造企业的信息技术投资的技术效率低下的现象，是由于环境变量的因素造成的。所以，要改变中西部地区表现出的信息技术投资的技术效率不高的情况，改善这些地区制造企业的环境变量是很重要的手段。通过图 2 可以看出，经过剔除外生环境变量的调整，信息技术投资的技术效率有效单元由 5 个上升到 8 个。图 3 的规模效率对比显示，经过调整以后，规模效率折线较调整前有了比较明显的提高，且折线的波动性有所减小。区域方面，中部区域的规模效率增幅最为明显，东、中、西部区域的规模效率差别明显减小。

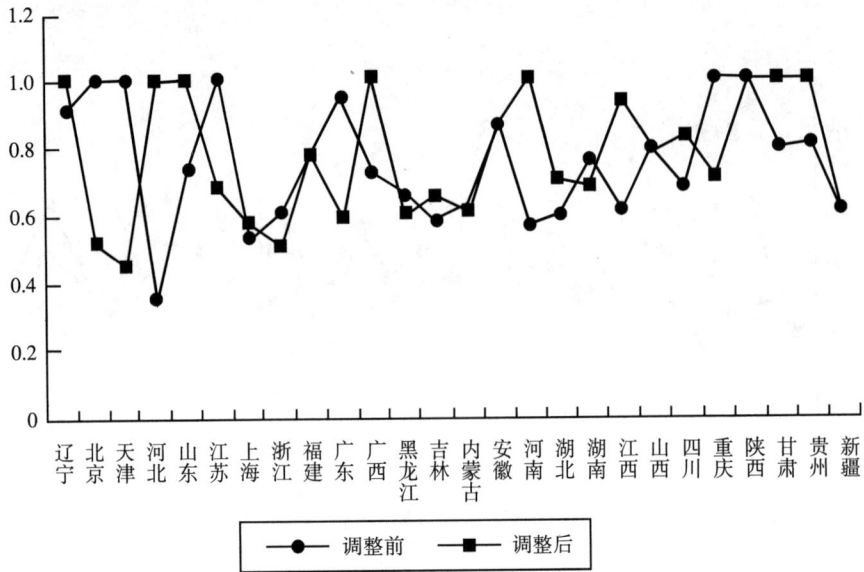

图 2　调整前后技术效率对比

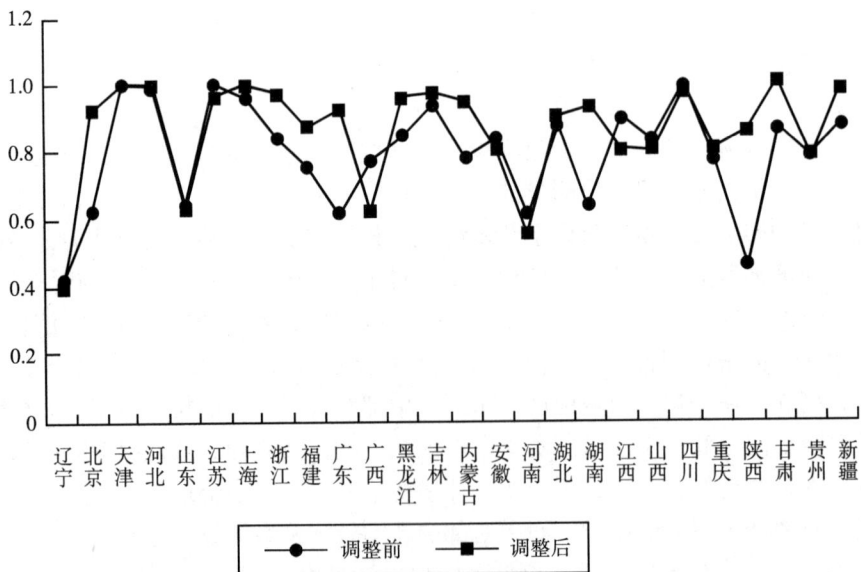

图 3　调整前后规模效率对比

由于本文运用基于松弛量的四阶段 DEA 方法，根据 SBM 模型测量得到的两个信息技术投资的松弛量，可对调整前后我国三大区域的信息技术投资冗余进行对比，如表 3 所示。调整前，三个区域软硬件投资冗余率都超过了 45%，存在着软硬件投入过度的现象。其中，西部地区甚至超过了 54%。调整后，软硬件投入冗余大幅下降，尤其是西部地区的冗余下降了近 43 个百分点。这说明我国的制造企业信息技术软硬件投资受环境变量的影响较大。上文的 Tobit 回归结果显示，信息产业的发展水平对松弛量有明显影响，信息产业的迅速发展推动了制造企业信息技术软硬件的过度投资，造成了部分地区制造企业的信息技术投资无效率，出现了"IT 投资黑洞"的现象。信息技术人员方面，调整前，东、中、西三个区域的人员投入冗余率都超过了 28%。调整后，三个区域的冗余率都出现明显的上升，均超过了 51%，中部地区最高，更是超过了 56%。这说明我国制造企业信息化人才相对缺乏的状况是由于区域环境因素造成的。在剔除环境因素后发现，制造企业的信息化人才并不缺乏，而且存在信息技术部门人员数量拥挤、贡献度低的状况。此外，根据调整后的结果发现，进行信息技术软硬投资比信息人员投资对制造企业绩效的贡献更大，更有利于企业效率的提升。所以，制造企业应该更加重视信息技术人员的投入。

表 3　信息技术投资冗余对比

单位：%

区域	调整前		调整后	
	软硬件投入冗余	人员投入冗余	软硬件投入冗余	人员投入冗余
东部	45.06	32.39	23.03	51.59
中部	54.12	37.08	13.77	56.90
西部	50.37	28.32	7.76	51.18

四、基于聚类分析的制造业信息化区域划分

通过信息技术投资效率的区域分析得到以下结论：剔除环境因素以后，我国东、中、西部三大区域的制造企业信息技术投资效率并没有出现明显的差异化现象。但是，区域内的各地区制造企业的信息技术投资效率呈现出参差不齐的情况。所以，为了我国制造企业信息化工作更好地推进，明确制造企业信息化的区域方向，本文在剔除了环境因素影响后，依据信息技术投入和产出指标和调整后的综合效率、技术效率以及规模效率，利用层次聚类分析的方法对我国进行了制造业信息化区域划分。根据 SPSS13.0 输出结果，依据七项指标的聚类分析，将本文研究的 26 个省和直辖市分成了两大制造业信息化区域。第一区域包含了安徽、福建、甘肃、广西、贵州、河北、河南、湖北、吉林、江苏、江西、辽宁、山东、山西、四川、重庆，共 16 个地区。这些地区的制造企业信息技术投资总体呈现出投入较低、产出不高，但投资效率较高的特点，可简称为两低一高区域，即低投入

低产出高效率。第二区域包含了北京、广东、内蒙古、陕西、浙江、黑龙江、湖南、上海、天津、新疆，共 10 个地区。这些地区的制造企业信息技术投资与第一区域相比，总体呈现出投入高、产出高，但效率不高的特点，简称为两高一低区域，即高投入高产出低效率。尤其是软硬件的投入，第二区域的投入量接近第一区域的两倍，两区域的特点通过下面的雷达图可更为直观地展示（如图 4 所示）。

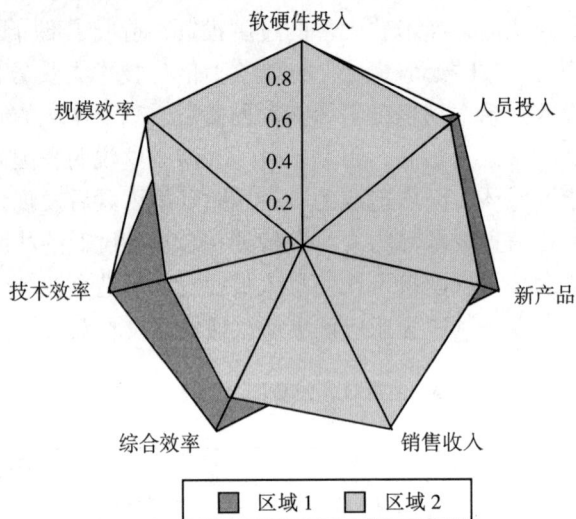

图 4　信息化区域特征变量雷达图

　　进行信息化区域划分的目的，是为了在我国"十二五"制造企业的信息化工作中对于两个区域采取差别化的推进策略和措施。两个区域的制造企业处于信息化的不同阶段，只有实施差别化策略才能实现信息技术投资对制造业快速发展的支撑作用。对于两低一高区域的制造企业，其高效率来自于较低的信息技术投资水平。依据美国学者 Mische 的信息化阶段论[8]，这一区域有相当数量的制造企业处于信息化的起步和增长阶段。这个阶段，信息技术作为一种相对较新的技术，是可以为企业带来绩效的快速提升的。但是，这是一种低投入的高效率。美国学者 Effy OZ 教授的研究发现，随着制造企业信息化建设的不断深入，这种高效率将会迅速消失，制造企业无法实现长期持续发展。其理论框架可见图 5[9]。按照 Effy OZ 教授的理论，随着信息技术的标准化，其对制造企业的生产率贡献将会逐渐消失，只有不断进行 IT 技术更新，信息技术才能给企业带来持续的效益。所以，对于两低一高地区的制造企业，一方面需要加大其信息技术方面的投入，使其不断采用最新的 IT 技术。另一方面，通过制造企业 IT 知识标准化平台的建立，为制造企业 IT 技术的自动更新提供技术支持，促使制造企业 IT 创新能力的形成，保持其竞争优势，从而实现持续经营发展。

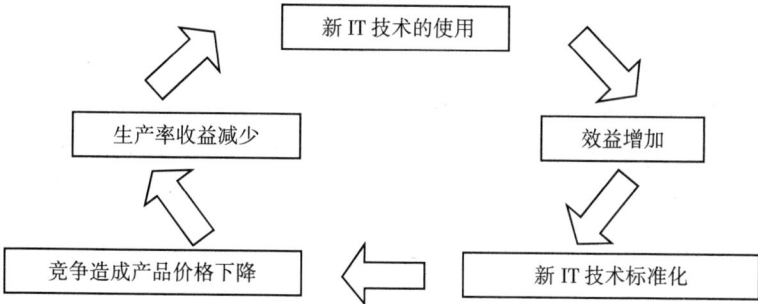

图5 信息技术生产率循环图

对于信息化第二区域即两高一低区域的制造企业，多数制造企业已经进入信息化成熟和更新阶段，IT资产保持持续投入并不断采用最新的IT技术，企业已经形成了IT自动更新能力，并且对企业生产率产生了较大贡献。但是，这些制造企业鉴于信息技术的绩效产出效应，出现了对信息技术的过度依赖，试图通过大量的信息技术投资解决企业的所有问题，出现了盲目投资的现象，造成了IT资源的大量浪费和使用效率低下。针对这些企业，应该减少IT资产的盲目投资，根据自身的业务需要进行投入。此外，更重要的是提高企业的IT服务管理水平，加强对现有IT资产的深化应用和更新，延续IT资产价值，提高企业信息系统的适应性。同时，促进企业信息技术资产与产品制造业务流程的融合，最终通过企业产出的持续高速增长来实现信息技术资产的投资高效率。

五、结 论

本文利用基于SBM模型的四阶段DEA方法，考虑松弛量对效率测度影响的同时，控制了外生环境变量的影响，对我国东、中、西三大区域内26个省和直辖市的制造企业信息技术投资效率进行了分析，得到了以下结论：①未剔除环境变量之前，我国东部区域的制造企业信息技术投资综合效率明显高于中西部区域。但是，经过调整后，三大区域的信息技术投资效率相对平衡，没有明显的差别，且呈现出东部区域内各地区综合效率高低不一，中西部区域内各地区效率差距较小的格局。②通过第二阶段的Tobit模型回归，发现信息产业的发展水平和制造业的发展水平对各地区制造企业信息技术投入有明显的影响，东部区域的高效率很大程度是来自于较好的区域环境。③在对信息技术投入松弛量分析的基础上，发现调整前后信息技术的投入冗余由主要集中在软硬件投入方面转向信息化人员投入冗余，对信息技术软硬件的投资更有利于制造企业效率的提升。④基于制造企业信息技术投资效率的地区差异，本文根据投入产出变量和效率值对地区进行了层次聚类分析，得到了两大制造业信息化区域，并提出了对两大区域实行差异化策略的建议，为我国"十二五"制造业信息化工作的推进提供了方向性的理论参考。除了上述结论，本文还存在一些不足，首先，在制造企业信息技术产出变量的选取方面，鉴于学术界没有明确的研究结论，本文也未提出准确的产出测量方法。其次，由于我国制造企业信息化的时间较短，还没有较为充足的时间序列数据库，本文的研究只是停留在截面数据的区域比较分析上，对于制造企业信息技术投资效率的时间趋势没有进行探究。

参考文献

［1］Benjamin B. M. Shao, Winston T. Lin. Technical Efficiency Analysis of Information Technology Investments: A Two-stage Empirical Investigation ［J］. Information & Management, 2002 (39): 391-401.

［2］Rai. Cost Efficiency of International Insurance Firms ［J］. Journal of Financial Services Research, 1996, 10 (3): 213-233.

［3］Fenn, Vencappa, Diacon, Klumpes, Brien. Market Structure and the Efficiency of European Insurance Companies: A Stochastic Frontier Analysis ［J］. Journal of Banking and Finance, 2008, 32 (1): 86-100.

［4］Fried, Lovell, Schmidt, Yaisawarng. Accounting for Environmental Effects and Statistical Noise in Data Envelopment Analysis ［J］. Journal of Productivity Analysis, 2002 (17): 157-174.

［5］Fried, Schmidt, Yaisawarng. Incorporating the Operating Environment into a Nonparametric Measure of Technical Efficiency ［J］, Journal of Productivity Analysis 1999 (12): 249-267.

［6］Fumio Hayashi. 计量经济学 ［M］. 上海：上海财经大学出版社，2005.

［7］Bryjolfsson, Hitt. Paradox Lost? Firm-level Evidence on the Return to Information Systems Spending ［J］. Management Science, 1996, 42 (4).

［8］Nolan R. L. Managing the Computer Resource: A Stage Hypothesis ［J］. Communications of ACM, 1973 (7): 399-405.

［9］Effy OZ. Information Technology Productivity: in Search of a Definite Observation ［J］. Information & Management, 2005 (42): 789-798.

Research on Regional Difference of IT Investment Efficiency of Manufacturing Enterprises in China

Huo Ming[1], Guo Wei[2], Shao Hongyu[2], Liu Jianqin[2]

(1. School of Management, Tianjin 300072; 2. School of Mechanical Engineering, Tianjin University, Tianjin 300072)

Abstract: This paper uses the correctional four-stage DEA method issued from the combination of traditional four-stage DEA method and SBM model to measure the IT investment efficiency of 3440 manufacturing enterprises in 26 provinces of China based on considering impact of slack variable and exogenous environment variable. The research reveals that: due to the difference of environmental impact, the IT investment efficiencies of manufacturing enterprises in three regions are different. After eliminating the environmental impact, the IT investment efficiencies of manufacturing enterprises in three regions are also different. According to the feature of manufacturing enterprises' IT investment, it adapts hierarchical cluster method to divide manufacturing informatization regions, and provide valuable suggestion for informatization process manufacturing in China.

Key Words: manufacturing enterprises; IT investment; efficiency; correctional four-stage DEA method; hierarchical cluster method

信息技术战略价值及实现机制的实证研究 *

王念新 [1,2]　仲伟俊 [1]　梅姝娥 [1]

(1. 东南大学经济管理学院，南京 210096；2. 江苏科技大学经济管理学院，镇江 212003)

【摘　要】 为研究信息技术战略价值及其实现机制，基于企业资源观、竞争战略理论和核心能力理论，构建了信息技术资源、信息技术应用能力、战略层面的信息系统能力、环境动态性和企业绩效之间关系的研究模型，应用结构方程模型对 233 家中国企业的调查问卷进行数据分析和模型拟合。研究结果表明信息技术资源和信息技术应用能力都无法直接影响企业绩效，其战略价值必须通过信息系统支持竞争战略和信息系统支持核心能力等中介变量实现。环境动态性调节信息技术资源与战略层面的信息系统能力以及信息技术应用能力与战略层面的信息系统能力之间的关系，即不同环境动态性下，信息技术战略价值的实现机制是不同的，在稳定环境下，资源获取机制是实现信息技术战略价值的有效途径，在动态环境下，能力构建机制实现信息技术战略价值的有效策略，无论环境动态性高低，信息技术应用能力都依赖于企业的信息技术资源基础。

【关键词】 信息技术战略价值；信息技术资源；信息技术应用能力；信息系统能力；竞争战略；核心能力；环境动态性；企业绩效

一、引言

信息技术战略价值是管理信息系统领域的核心问题和热点话题之一[1,2]。近年来，信息技术的战略价值受到了一些学者的质疑，如 Carr [3] 认为随着信息技术的普及性应用，

---

* 本文选自《管理科学学报》2011 年 7 月第 14 卷第 7 期。

基金项目：国家自然科学基金资助项目（70671024；70971056）；教育部人文社会科学研究青年基金资助项目（10YJC630242）；高等学校博士学科点专项科研基金资助项目（20070286008）；江苏省教育厅高校哲学社会科学研究基金资助项目（2010SJB630020）。

作者简介：王念新（1979—），男，江苏沛县人，博士，讲师。

原来具备潜在战略价值的信息技术，正在逐渐转变成基本的生产要素，信息技术已经不再具备战略价值；Martin[4] 举例说明了 CIO 在企业中地位日益下降的现实，并认为信息技术应该为业务创新和管理创新的失败负责。一些实证研究也表明了信息技术与企业绩效之间是不相关的，如 Kettinger 等[5] 研究了 30 个经典战略信息系统案例后，发现在这些战略信息系统实施的 5 年内，有 21 家企业出现了企业绩效衰退的迹象；Neirottii 等[6]通过对保险行业的研究表明信息技术投资的水平和类型与竞争优势是不相关的。

上述学者对信息技术战略价值的质疑，引发了学术界对信息技术重要性的激烈争辩，管理信息系统的学者们对这一涉及自身研究价值的理论问题做出了强有力的回击，越来越多的实证研究结果也表明信息技术是具有战略价值的[7-10]，研究者们认为数据与测量[11]、样本规模、行业类型、选取的因变量[12]、基于的理论基础[13] 以及使用的技术分析方法[13] 等都是导致实证研究结果不一致的因素。虽然学者们对信息技术在某些条件下产生战略价值这一命题达成了共识[14]，但是对信息技术战略价值的实现机制有不同的看法，一些学者认为资源获取机制是信息技术战略价值实现的有效策略，如 Banker 等[15]、Srivardhana 等[16]、Kearns[17] 等；另外一些学者认为能力构建机制才是信息技术战略价值实现的有效途径，如 Bharadwaj[18]、Peppard 和 Ward[19]、Bhatt 和 Grover[20]、Sambamurthy 等[21]、Stoel 和 Muhanna[22] 等。

信息技术是否具有战略价值的问题已经得到了初步的回答，要想从更深层次上解决此问题，就不得不研究信息技术战略价值的实现机制，明确回答实现信息技术战略价值的有效机制是资源获取还是能力构建。本文基于企业资源观、竞争战略理论和核心能力理论，试图研究信息技术的战略价值，探索信息技术战略价值实现的有效机制，为企业的信息技术应用，特别是信息技术应用水平不高、应用效果不佳的中国企业，提供理论依据和实践指导。

二、资源获取机制和能力构建机制

为区分资源获取机制和能力构建机制，首先必须明确资源和能力的概念。长期以来，企业资源观由于核心概念的"递归定义"而备受指责，许多学者在研究过程中也将能力作为资源的子集。本文认为资源和能力是不同的，资源是生产过程的输入，而能力侧重使用资源实现期望产出的过程，能力具备资源所欠缺的组织嵌入性，这导致能力无法像资源一样在要素市场进行交易，而必须通过企业自身构建而获得。

资源获取机制认为企业选择与自身竞争战略和核心能力匹配的信息技术资源的效率存在差异，与企业战略目标匹配的信息技术资源可以帮助企业赢得竞争优势，显著提升企业绩效。如 Banker 等[15] 的研究表明资源规划系统、运作管理系统和电子数据交换系统等信息技术资源通过提升制造车间的高级制造能力影响制造车间绩效；Srivardhana 等[16] 认为 ERP 系统能够"驱动"（Enable）企业的业务过程创新；Kearns 等[17] 强调高层管理者在信息技术方面的知识将影响其在业务战略规划和信息系统战略规划中的行为，从而决定业务和信息技术的战略匹配程度。

能力构建机制认为企业应用信息技术资源实现企业战略目标的能力是不同的，信息技术能力是实现信息技术战略价值的关键。如 Bharadwaj[18] 的实证研究结果表明信息技术能力强的企业，许多利润和成本指标都优于信息技术能力弱的企业；Bhatt 等[20] 将信息技术能力分为价值能力、竞争能力和动态能力三种类型，应用结构方程模型对 202 家制造企业的问卷数据进行分析，结果表明价值能力与竞争优势是不相关的，竞争能力直接影响竞争优势，而动态能力通过竞争能力影响竞争优势；Stoel 等[22] 强调只有将信息技术能力的类型与行业需求相匹配才能提升企业绩效；Sambamurthy 等[21] 认为在当前的竞争环境中，敏捷性对于企业创新和竞争绩效是至关重要的，而信息技术能力是增强企业敏捷性的重要前提；Peppard 等[19] 则认为以信息技术资源为基础的战略信息系统时代已经过去，构建能力才能帮助企业赢得竞争优势的信息技术能力时代已经到来。

资源获取机制和能力构建机制是两种不同的信息技术战略价值实现机制。从时间上看，资源获取机制能否实现信息技术战略价值在企业获得信息技术资源之前已经决定，与资源获取机制不同，利用能力构建机制的企业必须在构建了信息技术能力之后才能实现信息技术战略价值；从战略管理的重心上看，在资源获取机制下，企业信息技术战略管理的重点应该像在股市上挑选股票一样，选择具有潜在战略价值的信息技术资源，而在能力构建机制下，企业信息技术战略管理的重点应该强调在信息技术应用过程中培育自身的信息技术能力。

三、信息技术能力

近年来，信息系统学者们基于企业资源观提出了许多信息技术相关的能力概念，这些概念在内涵、作用、层次等方面均存在差异，如 Bharadwaj[18]、Peppard 等[19]、Tarafdar 等[23]、Stoel 等[22] 提出的信息技术能力是企业有效运用和管理信息技术资源实现企业目标的能力，Tippins 等[24]、Croteau 等[25]、Nevo 等[26]、Ray 等[27]、Bhatt 等[20] 更加关注信息技术部门有效管理信息技术资源的能力，而 Pavlou 等[28] 更加关注新产品开发部门有效使用信息系统的能力，Saraf 等[29]、Karimi[30] 等将信息技术能力定义为信息技术影响业务过程、满足业务需求的能力。概念的混淆将限制理论模型的构建，无法区分强调过程的信息技术应用能力和强调结果的信息系统能力，因此很难清晰地揭示信息技术战略价值的实现过程。本节将在信息技术价值创造模型基础上，区分两类不同的信息技术能力，即信息技术应用能力和信息系统能力，明确信息技术应用能力在信息技术价值创造过程的关键作用。

根据 Soh 和 Markus 的信息技术业务价值模型[31]，并不是企业进行信息技术投资，就可以直接提升企业绩效，信息技术投资转化成企业绩效需要先后经过信息系统实现、信息系统使用和竞争等三个阶段，如图 1 所示。信息系统能力是信息技术价值创造过程中的一个中介变量，是信息技术应用过程的中间状态，这种能力反映在信息系统支持企业竞争战略的规划和实施，支持管理者更加有效的决策，帮助业务人员提高工作效率等方面。信息技术应用能力是决定信息系统实现阶段和信息系统使用阶段"转换效率"的关键，企业只有具备了信息技术应用能力，才能获得信息系统能力，进而提升企业绩效。

因此，本文将信息技术应用能力定义为企业有效利用信息技术资源开发信息系统，并保证其得到有效运用的能力；信息系统能力是信息系统支持企业业务和管理工作有效开展、帮助企业增强竞争力和形成竞争优势的能力。其中，信息技术应用能力强调信息技术的应用过程，而信息系统能力强调信息技术的影响，因此，信息技术应用能力是信息系统能力的基础，前者是因，后者是果，前者是过程，后者是结果，某种意义上说，决定信息技术价值能否实现的根本原因在于企业拥有的信息技术应用能力。

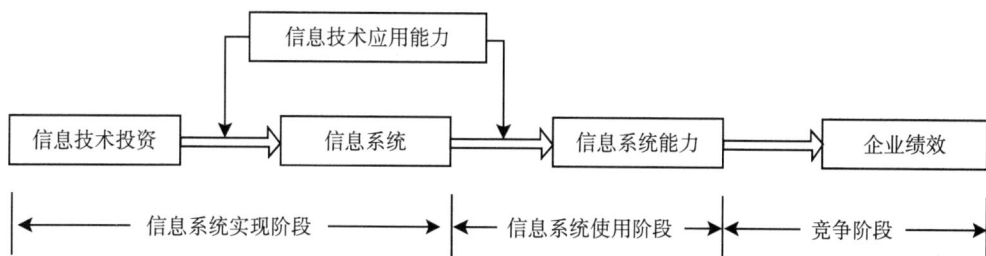

图 1　信息技术价值创造模型

在企业当中，信息系统能力表现在许多方面，从管理层次来看，信息系统能力包括运作层面的信息系统能力、管理层面的信息系统能力和战略层面的信息系统能力。不同层面的信息系统能力的具体表现是不同的，运作层面的信息系统能力主要表现在信息系统支持运作成本降低、周转时间缩短、生产效率提高；管理层面的信息系统能力主要体现在信息系统支持更好的资源分配和管理、更好的决策上；而战略层面的信息系统主要体现在信息系统支持竞争战略实现、与外界联系以及企业扩展上。由于本文研究的问题是信息技术战略价值及其实现机制，因此战略层面的信息系统能力是本文研究的重点。

四、理论模型及假设

基于信息技术资源和信息技术应用能力以战略层面的信息系统能力为中介变量实现信息技术战略价值的基本假设，构建了本文的研究模型，如图 2 所示。研究模型中共包括信息技术资源、信息技术应用能力、信息系统支持企业战略、信息系统支持核心能力、环境动态性和企业绩效6个构念，7个研究假设。需要指出的是，本文的研究模型和假设并不排除信息技术资源和信息技术应用能力影响企业绩效的其他路径，后面的数据分析和讨论中将详细阐述。

（一）战略层面的信息系统能力

原有研究单纯地基于竞争战略理论或者企业资源观，研究信息技术的战略价值，Spanos等[32]认为"企业是在市场竞争中寻求有吸引力的市场地位，以实现适应行业环境的战略活动集合"，他们构建了竞争战略理论和企业资源观集成的理论模型。受Spanos和Lioukas集成模型的启发，基于竞争战略理论和核心能力理论，本文将战略层面的信息系统能力分为信息系统支持企业竞争战略的能力和信息系统支持企业核心能力的能力两类。

竞争战略理论认为市场结构是造成竞争战略和绩效差异的根本原因，竞争战略的实现可以帮助企业赢得竞争优势，信息技术可以作为提高进入障碍、增加企业对供应商和客户的讨价还价的能力、提供新的产品或者服务、改变竞争规则的工具。在当前竞争激烈且复杂多变的市场环境下，信息系统不但是企业业务运作和管理过程中必不可少的要素，而且越来越多的企业在竞争战略规划、构建新的竞争战略以及战略实施过程中发挥着重要作用。企业的信息系统应用必须强调对竞争战略的支持，实现信息技术与业务的集成与匹配，才能实现信息技术的战略价值，显著提升企业绩效。因此，本文提出如下假设：

H1：信息系统支持企业竞争战略与企业绩效正相关。

核心能力理论认为具备价值性、稀缺性、不可模仿性和不可替代性等特征的能力，是企业实现竞争战略、赢得竞争优势、提升企业绩效的可靠保障。如Wal-Mart的越库（Cross-docking）物流系统帮助其构建了独特的库存管理能力，这种核心能力帮助Wal-Mart简化了采购程序，提高了工作效率，大幅减少了商品库存，节约了管理费用，降低了运营成本，实现了低成本竞争战略，显著提升了企业绩效。在企业核心能力的培育和利用过程中，信息技术发挥着重要的驱动作用。梅姝娥和仲伟俊[33]将核心能力的培育过程分为一般学习环、能力学习环和战略学习环三个阶段，认为从资源到核心能力必须经过上述三个阶段的转变和学习，而信息技术的广泛应用不仅可以有效地帮助企业形成独特的核心能力，而且信息技术本身可以成为企业核心能力的重要组成部分。Ravichandran等[34]通过对129家美国企业的调查数据的分析，证明了信息技术支持和增强其核心能力的程度是导致企业绩效差异的一个重要因素。因此，本文提出如下假设：

H2：信息系统支持企业核心能力与企业绩效正相关。

H3：信息系统支持企业核心能力与信息系统支持企业竞争战略正相关。

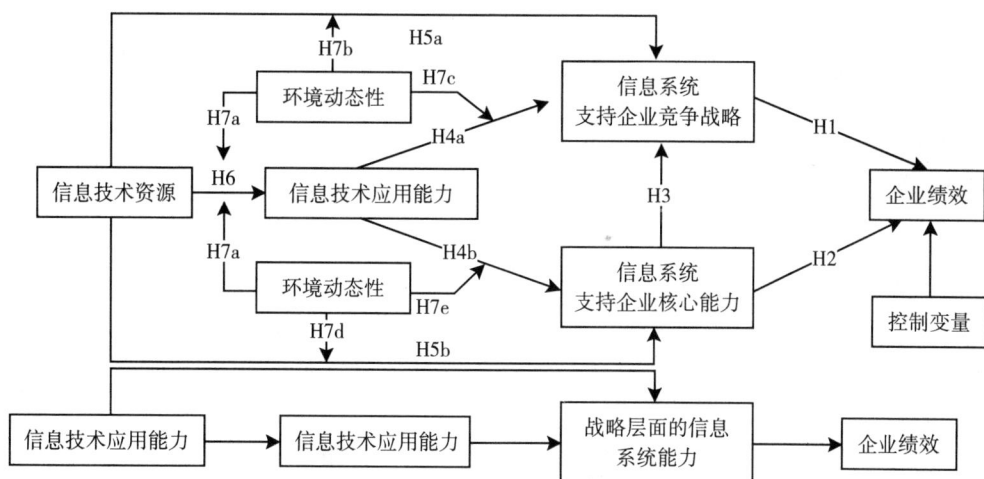

图 2　研究模型

（二）信息技术应用能力

如前所述，信息技术应用能力是企业有效利用信息技术资源开发信息系统，并保证其得到有效运用的能力，是企业能否实现信息系统能力的关键。根据上述定义，信息技术应用能力的内涵可以从两个方面理解：第一，信息技术应用能力是企业范围的能力，原有的许多研究将信息技术应用能力的范围限定在单一的信息技术部门或者业务部门都是不全面的，因为信息技术的成功应用，需要企业方方面面的参与；第二，信息技术应用能力涵盖信息技术应用的全过程，如图 1 所示，信息系统能力的实现需要经过信息系统实现阶段和信息系统使用阶段，任何一个阶段的信息技术应用能力缺失，企业都无法实现信息系统能力，尤其是战略层面的信息系统能力。

信息技术应用能力在实现信息系统对企业竞争战略和核心能力有效支持的过程中发挥着重要作用。第一，信息技术应用能力可以帮助企业实施已有的竞争战略或形成新的竞争战略，增强已有的核心能力或者培育新的核心能力，寻求信息技术的关键应用领域，确定合理应用模式，实现信息系统战略和竞争战略的匹配，如 Chan[35] 认为信息技术应用能力是实现信息系统战略和竞争战略匹配的关键因素；第二，信息技术应用能力可以帮助企业开发和购买支持竞争战略和核心能力、满足用户需求的信息系统，这种能力在动态环境下尤为重要，比如 Lee 等[36] 认为由于企业和技术因素的变化，信息系统开发团队必须有能力响应这些变化，才能保证信息系统开发成功；第三，信息技术应用能力可以使业务部门了解信息系统的功能，并能有效使用这些信息系统，实现信息系统对企业竞争战略和核心能力的支持，如 Pavlou 等[28] 实证研究了新产品开发部门的信息系统使用能力对构建竞争优势的影响，结果表明新产品开发部门对信息系统功能的有效使用，即使是一般功能，也能帮助企业构建竞争优势；第四，信息技术应用能力可以有效管理企业的信息技术资产，维持信息系统的稳定运行，实现对企业竞争战略和核心能力的持续支持。因此，本文提出如下假设：

　　H4a：信息技术应用能力与信息系统支持企业竞争战略正相关。

　　H4b：信息技术应用能力与信息系统支持企业核心能力正相关。

（三）信息技术资源

　　信息技术资源定义为企业信息技术应用过程中，由企业拥有或者控制，可以用来构想和实施信息技术战略的物理资本、人力资本和组织资本。信息技术资源主要包括 IT 基础设施、以人为载体的信息技术资源和人与人之间的关系资源，其中以人为载体的信息技术资源根据其作用的不同，又可以分为 IT 技术资源和 IT 管理资源，即信息技术资源包括 IT 基础设施、IT 技术资源、IT 管理资源和关系资源。

　　信息技术资源的特性和丰富程度影响信息系统对企业竞争战略和核心能力的支持。首先，柔性的 IT 基础设施是可以帮助企业以较低的成本快速开发支持企业竞争战略和核心能力的信息系统，如 Schwager 等[37] 的研究结果表明企业 IT 基础设施特征对企业绩效有积极影响；其次，IT 技术资源和 IT 管理资源能够帮助企业解决信息技术应用过程中碰到的各种各样的技术和管理问题，实现战略层面的信息系统能力，如 Mata 等[38] 认为 IT 管理资源是基于信息技术的可持续竞争优势的唯一源泉；最后，信息技术部门与业务部门之间关系，可能加深 CIO 和其他高层领导者、信息技术员工和业务员工之间的相互信任和理解，促进他们之间的信息共享，便于信息系统战略与企业竞争战略的匹配和集成[39,40]，企业与软件供应商以及外部咨询之间的关系，便于外部实体的信息技术相关知识向企业的转移和内化，增强信息系统对企业竞争战略和核心能力的支持程度。因此，本文提出如下假设：

　　H5a：信息技术资源与信息系统支持企业竞争战略正相关。

　　H5b：信息技术资源与信息系统支持企业核心能力正相关。

　　信息技术资源影响企业信息技术应用能力的开发和培育。一方面，企业信息技术应用能力的开发和培育是不断的信息技术应用过程，这一过程具有知识密集的特性，需要企业拥有良好的信息技术基础设施、丰富的技术知识和管理知识；另一方面，企业的业务知识和信息技术知识的有效融合将影响企业信息技术应用能力的形成，而企业业务知识和信息技术知识的有效融合很大程度上依赖于员工角色的定义和实现。比如 Tiwana 等[41] 认为 IS 业务在结构和认识上的联结，通过影响企业内外部业务知识和技术知识的集成和扩散，影响信息技术应用能力。因此，本文提出如下假设：

　　H6：信息技术资源与信息技术应用能力正相关。

（四）环境动态性

　　随着经济全球化进程加快，顾客需求的日益多样化和个性化，技术创新和技术扩散的速度提升，企业生存的市场环境正在发生深刻变化，企业面临的竞争也空前激烈。信息系统学界已经开始关注外部环境对信息技术价值的影响，如 Im 等[42] 通过事件研究方法检验了 IT 投资相关的公告对企业市场价值的影响，研究结果表明不同行业的这种影响存在显著差异，Chiasson 等[43] 建议将行业环境作为信息系统研究过程中的重要情境变量。原有信息技术战略价值的相关研究，忽略了环境动态性在信息技术战略价值实现过程中的重要作用，因此很难揭示信息技术战略价值实现机理的复杂性和情境依赖性。

环境动态性是由于客户偏好、新产品开发、新技术以及市场竞争的变化而带来的环境的不稳定性或者变化。环境动态性主要表现在两个方面：第一，市场动态性使得市场需求、客户偏好以及竞争对手的战略难以预测；第二，技术动态性代表了信息技术的突破带来的不确定性以及对企业战略的潜在影响，这些都将影响信息技术战略价值实现过程。因此，本文提出如下假设：

H7：环境动态性调节信息技术战略价值的实现过程。

H7a：环境动态性调节信息技术资源和信息技术应用能力之间的关系。

H7b：环境动态性调节信息技术资源和信息系统支持企业竞争战略之间的关系。

H7c：环境动态性调节信息技术应用能力和信息系统支持企业竞争战略之间的关系。

H7d：环境动态性调节信息技术资源和信息系统支持企业核心能力之间的关系。

H7e：环境动态性调节信息技术应用能力和信息系统支持企业核心能力之间的关系。

五、研究方法

（一）量表开发和问卷设计

Wade 等[44] 指出基于企业资源观的实证研究中的因变量必须具备三个关键特征：①提供对企业绩效的评价；②加入竞争性的评价元素；③包括对过去一段时间内企业绩效的评价。借鉴 Stoel 等[22]、Bhatt 等[20] 学者对企业绩效的测度，本文将企业绩效分为运作绩效和市场绩效两个维度，每个维度均包括 3 个测量项，在测量项开发时，采纳了 Wade 和 Hulland 对企业绩效量表的建议，如"在过去三年里，我们企业利润率超过主要竞争对手"。

信息系统支持企业竞争战略使用 Spanos 等[32]、Rivard 等[45] 的量表，包括信息系统支持创新差异化战略、信息系统支持市场差异化战略和信息系统支持低成本战略三个维度，每个维度均包括 3 个测量项。

信息系统支持企业核心能力使用 Hamel[46]、Ravichandran 等[34] 的量表，包括信息系统支持市场进入核心能力、信息系统支持集成相关核心能力和信息系统支持功能相关核心能力 3 个维度，每个维度均用 4 个项目测量。

信息技术应用能力的量表是在借鉴 Peppard 等[19]、Ravichandran 等[34]、Pavlou 等[28] 学者量表的基础上，本文按照信息技术应用过程，将信息技术应用能力分为信息系统战略能力、信息系统实现能力、信息系统使用能力和信息技术管理能力四个维度，每个维度包括 5 个测量项。

信息技术资源使用 Wade 等[44]、Melvill 等[8]、Karimi[30] 的量表，分为信息技术基础设施、IT 技术资源、IT 管理资源和 IT 关系资源四个维度，每个维度包括 4 个测量项。

环境动态性指产品、技术、竞争对手的反应以及客户需求等变化的程度和不可预测性。结合 Newkirk 等[47]、Pavlou 等[28] 的量表，本文利用四个项目测量环境动态性。

除此之外，还需要对企业绩效影响较大的变量进行控制，本文的控制变量包括行业类型和企业规模，其中企业规模用员工数量测量。

经过与 3 位管理信息系统教授以及 5 位企业 CIO 为主组成的专家小组进行多次讨论研究构念的初始测量项目，开发了用于小规模前测的调查问卷。除了有关企业的基本情况和填表人资料的问题外，其他问题都采用李克特（Likert）7 点式量表。根据方便抽样原理，将问卷在 55 家企业中进行了小规模的前测，根据分项对总项（Item-to-Total）和 Cronbach's α 两个指标删除了部分测量项目，将表达不准确的问题进行了重新设计和修正，形成了最终的调查问卷。

（二）数据收集

2008 年 8~11 月，通过两种方式进行问卷调查。第一种方式是以作者就职的两所高校经济管理学院的校友资源（主要是 EMBA、MBA 以及企业经理培训班学员）为对象，通过电话和电子邮件等方式，积极与他们联系，请求他们将调查问卷转给 CEO、CIO 或者负责信息技术部门的其他高层领导，并确定了他们偏好的问卷形式（信函或是电子邮件），这种方式共计发放问卷 940 份，其中信函 340 份，电子邮件 600 份。第二种方式是 2008 年 11 月 15 日在中国船舶重工集团公司干部培训班现场发放问卷，该培训班学员都是中国船舶重工集团公司下属企业的中高层干部，在该培训班共计发放问卷 60 份。电子邮件、信函和现场调查三种问卷形式共计发放问卷 1000 份，回收问卷 323 份，问卷回收率 32.3%。对回收问卷进行初筛，删除了答题严重不全和所有问题答案都一样的问卷 27 份。为了保证研究结果的有效性，根据以下对企业和答题者的要求，对回收问卷再次筛选。

（1）对企业的要求。由于信息技术应用能力是信息技术应用过程中培育出来的，因此进入数据分析阶段的企业应该同时满足成立三年以上和已经成功应用三个以上信息系统两个条件。

（2）对答题者的要求。如果答题者是 CIO、主管 IT 的高层经理或者 IT 部门经理，该问卷直接进入数据分析阶段，如果答题者不是 CIO、主管 IT 的高层经理或者 IT 部门经理，根据答题者熟悉企业信息化程度的题项，删除回答"非常不熟悉"、"不太熟悉"和"略有了解"的问卷，确保非 IT 答题者熟悉企业信息技术应用状况。

经过再次筛选环节，共有 63 份问卷不能同时满足上述两个要求，因此共有 233 份问卷，进入最后的数据分析和模型拟合阶段，其中，电子邮件形式的有效问卷 127 份，传统信函形式的有效问卷 57 份，中国船舶重工集团公司干部培训班现场发放获得的有效问卷为 49 份。

从所处区域看，被调研企业分布在江苏、浙江、上海等 21 个省、市和自治区；从所属行业看，制造企业 158 家，占 67.8%，服务企业 75 家，占 32.2%，其中制造企业分属于船舶、信息技术、化工和医药等子行业；从成立年份看，最长为 133 年，最短为 3 年；从企业规模来看，大型企业 87 家，中小企业 146 家；从所有制性质看，国有企业占 39.5%，三资企业占 17.6%，私营企业 42.9%。总之，研究样本具有广泛的代表性。

从问卷填写者在企业中的职位来看，CEO、CIO 和其他高层经理占 62.7%，信息技术部门经理和业务部门经理占 32.2%，其他占 5.1%。总体来说，他们对企业的整体情况、信息技术应用状况等比较了解，从而保证了问卷数据的有效性。

考虑到问卷中有些内容涉及对企业有一定敏感度的信息从而导致无响应偏差。根据 Armstrong 等[48]的建议，后面回收的样本可能和无响应者相似，使用最先收回的 1/4 问卷和最后收回的 1/4 问卷在主要研究变量上进行了组间均值比较，组间均值比较的结果显示两组样本在员工数量、年收入、公司性质和所处区域等关键研究变量上都不存在响应偏差（P = 0.05），从而保证样本中不存在拒答误差的问题，整体样本具有无偏性。

由于本次问卷调查同时采用了现场发放、传统信函与电子邮件三种问卷形式，这三种形式可能会对样本的独立性、有效性等产生一定程度的影响。为验证它们是否来自于同一个总体，本文采取了独立样本 T 检验，以测试三组样本的填写者在各关键变量上的差异程度，从分析结果看，三种问卷发放和回收方式的样本数据集在公司成立年份、员工数量、销售收入、公司性质和所处区域等均无显著差异，证明来自同一总体。

（三）数据分析方法选择

为了选择合适的数据分析方法和工具，需要明确测量模型的类型。因为从潜变量与观测变量之间的关系看，测量模型分为反映式（Reflective）和构成式（Formative）两类，两类测量模型在潜变量与观测变量的层次、潜变量与观测变量的因果关系、观测变量的相关性、观测变量的可删除性等方面均是不同的，营销、组织行为和信息系统学界均存在严重的测量模型误设的问题，而且测量模型的误设可能会导致无效的结论[49,50]。信息技术资源、信息技术应用能力、信息系统支持企业竞争战略、信息系统支持企业核心能力和企业绩效等二阶潜变量均为构成式测量模型，一阶潜变量为反映式测量模型。

近年来，结构方程模型（Structural Equation Model, SEM）被越来越多的学者用于实证数据的分析。目前，至少有两类基于不同估计方法的结构方程模型软件，一类是基于最大似然估计（Maximum Likelihood, ML）的协方差分析的软件，比如 LISREL、AMOS 和 EQS 等；另一类基于偏最小二乘法（Partial Least Squares, PLS）的方差分析的软件，如 PLS-Graph、PLS-GUI 和 SmartPLS 等。尽管不给出模型的总体拟合指数，但是基于 PLS 的 SEM 比基于 ML 的 SEM 具有更强的解释和预测能力，对样本数据分布和样本规模没有严格要求，而且能够同时处理反映式和构成式测量模型[51]，因此本文选择国际上信息系统学者使用最为广泛的 PLS-Graph 3.0 考察各个潜变量间的关系。

六、数据分析与结果

（一）共同方法偏差估计

由于调查问卷中的所有数据均来自于同一填写者，可能会存在共同方法偏差（Common Method Variance，CMV）[52]。本文在研究过程中，分别利用程序控制方法和统计控制方法降低 CMV 的程度。在程序控制上，采用了填写者匿名、设置反向问题、问题项重测等方法；在统计控制上，应用 Harman 的单因素检验[53]，评估 CMV 的程度，将所有测量项放一起做因子分析，求未旋转时第一个主成分的方差解释量，为 22.67%，并没有占到大多数，因此 CMV 并不严重，不会对构念之间的路径系数产生严重影响。

（二）测量模型评价

由于信息技术应用能力的量表是本文自行开发的，为了保证量表结构的有效性，本文首先对信息技术应用能力进行了探索性因子分析（Explore Factor Analysis，EFA），提取方法为主成分分析法，旋转方法为最大方差法，分析结果表明，KMO 检验值为 0.946，接近于 1，Bartlett 球形检验值为 3099，自由度为 136，且 P<0.001，表明适合做因子分析，四个因子的方差累计解释量达到了 67.393%，四个因子分别被命名为信息系统战略能力、信息系统实现能力、信息系统使用能力和信息技术管理能力。

信度分析结果如表 1 所示，本文中 17 个构念的 Cronbach's α 值，除了信息技术基础设施为 0.690，略小于 0.7，其他构念的 Cronbach's α 值均大于 0.7，能够满足研究所需要的信度要求。

表 1 量表的信度和收敛效度检验

编码	构念	最终测量项	Cronbach's α	AVE 值	CFA 拟合指数
IT_Res	信息技术资源				
Infr	IT 基础设施	4	0.690	0.736	χ^2/Df=3.18，GFI=0.852，
Tech	IT 技术资源	4	0.900	0.541	CFI=0.912，NFI=0.907，
Mana	IT 管理资源	4	0.898	0.546	RMR=0.067，RMSEA=0.076
Rela	IT 关系资源	4	0.816	0.731	
IT_AP	信息技术应用能力				
Stra	信息系统战略能力	3	0.862	0.779	χ^2/Df=3.35，GFI=0.807，
Deve	信息系统实现能力	4	0.927	0.712	CFI=0.929，NFI=0.916，
Leve	信息系统使用能力	5	0.928	0.727	RMR=0.071，RMSEA=0.073
Supp	信息技术管理能力	5	0.909	0.752	

编码	构念	最终测量项	Cronbach's α	AVE 值	CFA 拟合指数
Sup_Stra	信息系统支持竞争战略				$\chi^2/Df=3.03$, GFI=0.852, CFI=0.943, NFI=0.928, RMR=0.078, RMSEA=0.083
Inno	信息系统支持创新差异化	3	0.928	0.681	
Mark	信息系统支持市场差异化	3	0.927	0.672	
Cost	信息系统支持低成本战略	3	0.744	0.647	
Sup_Core	信息系统支持核心能力				$\chi^2/Df=4.824$, GFI=0.892, CFI=0.920, NFI=0.901, RMR=0.069, RMSEA=0.075
Ente	信息系统支持市场进入能力	4	0.717	0.704	
Inte	信息系统支持集成相关能力	3	0.732	0.833	
Func	信息系统支持功能相关能力	4	0.855	0.746	
Perf	企业绩效				$\chi^2/Df=2.431$, GFI=0.833, CFI=0.901, NFI=0.893, RMR=0.068, RMSEA=0.072
Oper	运作绩效	4	0.883	0.773	
M_oper	市场绩效	4	0.882	0.820	
调节变量					
Dyna	环境动态性	4	0.756	0.587	

效度包括收敛效度（Convergent Validity）和辨别效度（Discriminate Validity）。收敛效度通过平均方差提取（Average Extracted Variance，AVE）和验证性因子分析（Confirm Factor Analysis，CFA）检验。如表 1 所示，17 个一阶潜变量的 AVE 值均大于 0.5，同时在输出的二阶潜变量的 CFA 模型的拟合度指标中，卡方与自由度比值（χ^2/Df）均大于 2 且小于 5，GFI 均大于 0.8，CFI 和 NFI 均超过了 0.9 的理想水平，RMSEA 值均小于 0.08 的理想水平，表明各模型的 CFA 拟合度很高。AVE 值和 CFA 的分析结果表明各量表有很高收敛效度。

辨别效度通过比较构念的 AVE 平方根与对应构念间相关系数绝对值进行检验。本文计算了五个二阶潜变量、环境动态性、企业规模和所属行业等 8 个构念间的相关系数，然后将 AVE 平方根值置于相关系数矩阵表的对角线上进行比较。结果表明（见表 2），所有构念的 AVE 平方根均大于其所在行与列相关系数的绝对值[54]，说明每个量表均通过了判别效度检验。

表 2　量表的辨别效度检验

构念	IT_Res	IT_AP	Sup_Stra	Sup_Core	Perf	Dyna	Scale	Industry
信息技术资源	**0.806**							
IT 应用能力	0.605	**0.902**						
IS 支持竞争战略	0.421	0.494	**0.868**					
IS 支持核心能力	0.436	0.550	0.626	**0.893**				
企业绩效	−0.192	0.316	0.327	0.476	**0.955**			
环境动态性	0.258	0.351	0.260	0.334	0.246	**0.766**		
企业规模	0.119	0.199	0.176	0.127	0.166	0.191	**N/A**	
行业	0.009	0.005	−0.003	−0.035	0.079	−0.069	0.032	**N/A**

注：对角线上的黑体数字为 AVE 的平方根。

（三）假设检验

在不考虑环境动态性的调节作用下，本文以 PLS-Graph 3.0 为数据分析工具，应用调查所获的 233 个样本数据对研究模型进行了拟合，并用 Bootstrap 算法（N = 200）对结构模型的路径系数进行了显著性检验，图 3 给出了拟合后模型的路径系数和 R^2 值。如图 3 所示，H2、H3、H4b、H5a 和 H6 成立，H1、H4a、H5b 不成立。

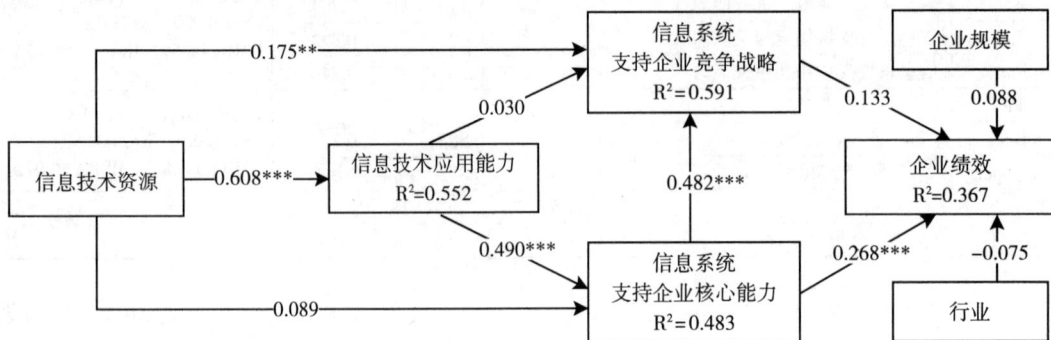

图 3　不考虑环境动态性时研究模型拟合结果

注：*P<0.05，**P<0.01，***P<0.001。

为了更加深入地探索信息技术资源和信息技术应用能力的战略价值实现机理，本文构建了研究模型的竞争模型，在竞争模型中，将信息技术资源和信息技术应用能力分别与企业绩效直接相连，如图 4 所示。PLS 对竞争模型的拟合结果表明信息技术资源与企业绩效以及信息技术应用能力与企业绩效之间的路径系数分别为 0.120（P>0.05）和 0.144（P>0.05），表明信息技术资源和信息应用能力对企业绩效的直接影响都是不显著的，验证了信息系统支持企业竞争战略和信息系统支持企业核心能力两种战略层面的信息系统能力在信息技术战略价值创造过程中的中介效应。

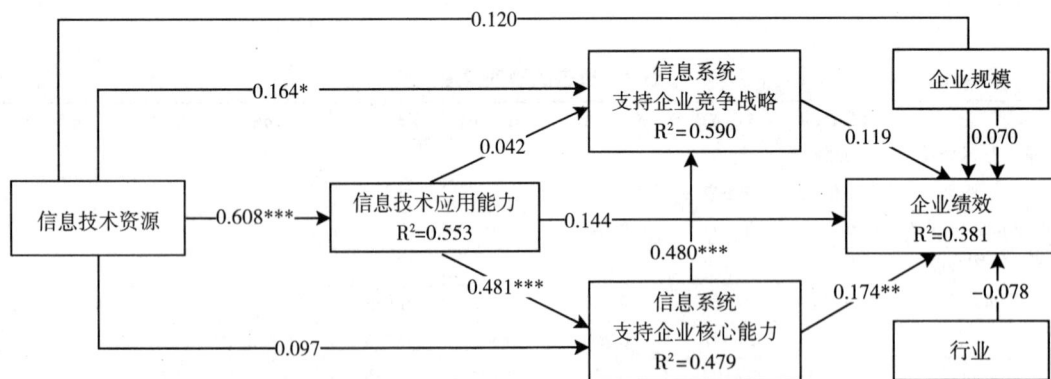

图 4　不考虑环境动态性时竞争模型拟合结果

注：*P<0.05，**P<0.01，***P<0.001。

（四）调节效应分析

为了验证 H7a~H7e，本文分析了环境动态性对信息技术战略价值实现过程的调节效应。从现有文献看，调节效应检验主要有以下三种方法：

（1）将标准化后的自变量和调节变量的各测量项两两相乘，生成的新测量项作为乘积变量的测量项，并将乘积变量加入到研究模型中，进行模型拟合和显著性检验，根据乘积变量与因变量路径系数的 P 值或者 T 值，判断调节变量是否显著调节自变量与因变量之间关系。如将信息技术资源（IT_Res）与环境动态性（Dyna）标准化后，将信息技术资源的 4 个测量项和环境动态性的 4 个测量项两两相乘，得到 16 个新的测量项，将它们作为乘积变量（IT_Res × Dyna）的测量项，并将乘积变量添加到研究模型中，PLS 分析结果表明 IT_Res × Dyna × IT_AP 之间的路径系数为 -0.172，T 值为 2.254，如表 3 所示。说明环境动态性显著调节信息技术资源和信息技术应用能力之间的关系。

（2）根据 Chin 等[55]的研究，利用乘积变量与因变量的路径系数以及 T 值判断调节效应是否存在可能导致欺骗性（Spurious）的结论，他们建议使用 Cohen[56]的方法检验调节效应的存在性，即计算 $f^2 = [R^2 （调节效应模型） - R^2 （主效应模型）]/[1-R^2 （主效应模型）]$，当 $0.02 \leqslant f^2 < 0.15$，调节效应强度小，当 $0.15 \leqslant f^2 < 0.35$，调节效应强度为中，当 $f^2 \geqslant 0.35$，调节效应强度为高。比如虽然 IT_Res × Dyna 与信息系统支持企业核心能力之间的路径系数是不显著的，但是 f^2 为 0.080，因此环境动态性对信息技术资源与信息系统支持企业核心能力之间关系的调节效应是存在的。

（3）Carte 和 Russell[57]认为判断调节效应就是判断主效应模型到调节效应模型中因变量的方差解释量的增加量（ΔR^2）是否显著大于 0，他们提出了一个伪 F 统计值（Pseudo-F-statistic）用于判断调节效应的存在性，F 统计值 = $f^2 \times (N-k-1)$，其中：自由度为 [1, (N-k)]，其中 N 为样本数量，k 为模型中的构念数。比如环境动态性对信息技术资源与信息系统支持企业竞争战略之间关系的调节效应，F 统计值为 10.116（$\alpha<0.01$），因此环境动态性显著调节信息技术资源与信息系统支持企业竞争战略之间关系。

本文分别用上述三种方法分析了环境动态性对信息技术战略价值实现过程的调节效应，具体分析结果如表 3 所示。利用方法（1）进行判断，除了 H7d 不成立外，H7a、H7b、H7c 和 H7e 均成立；利用方法（2）和方法（3）进行判断，H7a~H7e 均成立。因此可以说 H7a~H7e 成立，环境动态性显著调节信息技术战略价值实现过程。

为了进一步明确不同环境动态性下，信息技术战略价值的实现机理，本文按照环境动态性程度对 233 条样本数据进行了聚类，分成两组，第一组样本的环境动态性均值为 3.5435，第二组样本的环境动态性均值为 5.0763，可以初步判定第二组样本的环境动态性大于第一组样本环境动态性。均值比较的结果显示，两组样本环境动态性的总离差平方和为 225.799，F 值为 284.012，相伴概率 p 小于 0.001，即两组之间的环境动态性存在显著差异。因此本文将第一组样本称为稳定环境组，第二组样本称为动态环境组。

为了排除企业规模和所属行业对不同环境下信息技术战略价值实现机理的干扰，本文

表 3　环境动态性的调节效应检验

项目	H7a		H7b		H7c		H7d		H7e	
	M1	M2	M1	M2	M1	M2	M1	M2	M1	M2
自变量 (T值)	0.702 (11.204)	0.654 (8.952)	0.175 (2.581)	0.162 (2.298)	0.175 (2.581)	−0.071 (0.770)	0.084 (0.898)	0.071 (0.902)	0.084 (0.898)	0.298 (2.769)
Dyna (T值)	0.230 (3.121)	0.238 (3.140)	−0.003 (0.061)	0.031 (0.711)	0.003 (0.061)	−0.114 (1.565)	0.163 (2.642)	0.206 (3.631)	0.163 (2.642)	−0.105 (1.925)
自变量 × Dyna (T值)		−0.172* (2.254)		−0.124** (2.531)		0.218* (1.997)		−0.188 (1.749)		0.547*** (6.525)
R^2	0.694	0.722	0.690	0.704	0.690	0.697	0.601	0.633	0.601	0.644
ΔR^2		0.028		0.014		0.007		0.032		0.043
f^2		0.092		0.045		0.023		0.080		0.108
F 统计值		20.497 ($\alpha<0.001$)		10.116 ($\alpha<0.01$)		5.058 ($\alpha<0.05$)		17.965 ($\alpha<0.001$)		24.140 ($\alpha<0.001$)

注：M1 代表主效应模型（不考虑 Dyna），M2 代表调节效应模型（考虑 Dyna）。

分别对两组样本的员工数量、销售收入和所属行业进行了均值比较和方差分析，结果显示动态环境组和稳定环境组在员工数量、销售收入和所属行业等指标上不存在显著差异。

本文以 PLS-Graph 3.0 为数据分析工具，分别用稳定环境组的 92 个样本数据和动态环境组的 131 个样本数据对研究模型进行了拟合，并用 Bootstrap 算法（N = 200）的结构模型的路径系数进行了显著性检验，图 5 和图 6 分别给出了稳定环境组和动态环境组的模型拟合结果。

如图 5 所示，在稳定环境下，信息系统支持企业竞争战略以及信息系统支持企业核心能力与企业绩效之间的关系都是显著的；信息技术资源与信息系统支持企业竞争战略以及与信息系统支持企业核心能力之间的关系都是显著的，说明在稳定环境下，信息技术资源可以有效实现信息系统对企业竞争战略以及企业核心能力的有效支持，改善企业绩效。

如图 6 所示，在动态环境下，信息系统支持企业竞争战略与企业绩效之间的关系是不

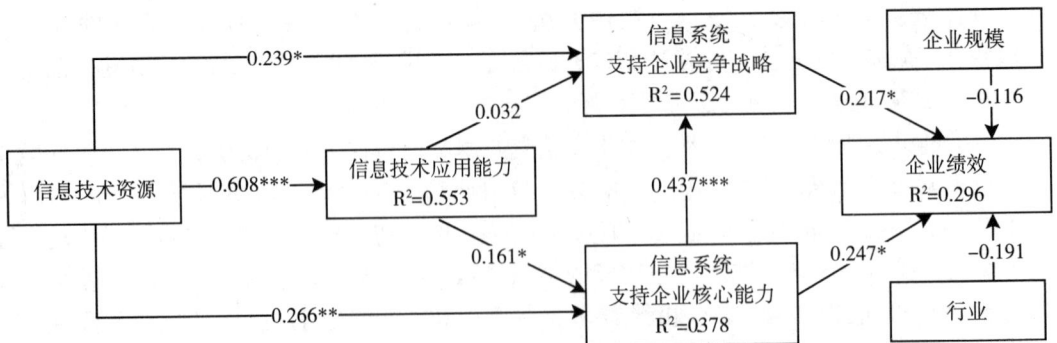

图 5　稳定环境组对研究模型拟合结果

显著的；信息系统支持企业核心能力与企业绩效之间的关系是显著的；信息技术资源与信息系统支持企业竞争战略以及与信息系统支持企业核心能力之间的关系都是不显著的；而信息技术应用能力与信息系统支持企业竞争战略以及与信息系统支持企业核心能力之间的关系都是显著的。说明在动态环境下，信息系统对企业竞争战略以及企业核心能力的支持更需要信息技术应用能力。

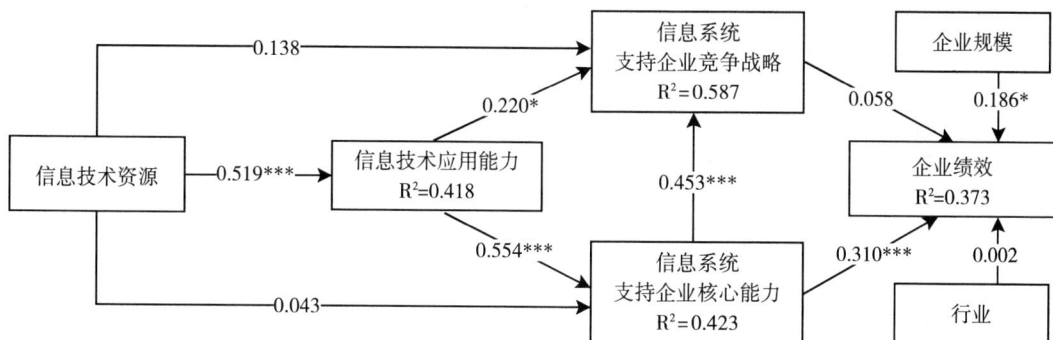

图6 动态环境组对研究模型拟合结果

七、结果与讨论

通过数据分析结果，本文做以下讨论：

第一，信息技术确实具备战略价值。不论是总体样本，还是稳定环境组或者动态环境组的数据分析的结果表明，信息技术资源或/和信息技术应用能力通过信息系统支持企业竞争战略和信息系统支持企业核心能力等中介变量，间接影响企业绩效。除了数据与测量、样本规模、行业类型、选取的因变量、基于的理论基础以及使用的技术分析方法等因素之外，原有实证研究结果不一致的另外一个原因是忽略了信息技术影响企业绩效的中介变量，比如战略层面的信息系统能力。也就是说，在当前的竞争环境和技术环境下，不是应用了信息技术就可以直接提升企业绩效，信息技术资源和信息技术应用能力的战略价值必须通过战略层面的信息系统能力等中介变量间接实现，再次证明了信息技术在企业中的驱动（Enabling）角色。当然，本文的研究结果也不能说明只存在信息系统支持企业竞争战略和信息系统支持企业核心能力这两个构念在信息技术战略价值实现过程中发挥中介作用，还有其他的构念在信息技术战略价值实现过程中有中介作用，比如创新，Rent-ACar公司[58]利用信息技术，采集和存储租车人的驾驶习惯和行为，通过业务创新成为了保险公司的信息提供商和服务代理商，拓展了业务范围，显著提升了企业绩效。对企业管理者来说，在信息技术应用的过程中，要更多地强调信息技术对企业竞争战略实现和核心能力增强等中介变量的有效支持，而不是信息技术本身。

第二，在稳定环境下，资源获取机制是信息技术战略价值实现的有效途径。稳定环境组的 92 个样本数据对研究模型的拟合结果表明，信息技术资源与信息系统支持企业竞争战略以及与信息系统支持企业核心能力之间的关系都是显著的，这表明获取与企业竞争战略匹配以及能够有效培育和提升企业核心能力的信息技术资源可以帮助企业显著改善企业绩效。这是因为在稳定环境下，技术的发展、竞争对手的策略、客户的需求和偏好等都是缓慢的并且可以预测的，有战略价值潜力的信息技术资源可以支持企业竞争战略的实现和核心能力的增强，实现信息技术战略价值。对企业管理者来说，在稳定环境下，企业信息技术应用的重点就是分析、发现和占有能够有效支持企业竞争战略和核心能力的信息技术资源，而不是构建企业自身的信息技术应用能力，因为在稳定环境下，信息技术应用能力"战略柔性"的价值很难体现，而构建信息技术应用能力需要花费较长的时间和巨大的投入。

第三，在动态环境下，能力构建机制是信息技术战略价值实现的有效策略。动态环境组 131 个样本数据对研究模型的拟合结果表明，信息技术资源与信息系统支持企业竞争战略以及与信息系统支持企业核心能力之间的关系都是不显著的，相反地，信息技术应用能力与信息系统支持企业竞争战略以及与信息系统支持企业核心能力之间的关系都是显著的，说明在动态环境下，信息技术资源无法通过战略层面的信息系统能力间接提升企业绩效，企业绩效的改善有赖于信息技术应用能力对信息系统支持企业竞争战略以及信息系统支持企业核心能力的影响。这是因为在动态环境下，技术创新和扩散的速度加快，竞争对手的策略、客户的需求和偏好等都是动态变化的且难以预测的，信息技术资源由于缺乏相应的"战略柔性"，无法实现对不断变化的企业竞争战略和核心能力的支持，因此无法实现信息技术的战略价值。而信息技术应用能力是强调信息技术应用过程的能力，具有较强的"战略柔性"，通过不断开发和有效使用支持企业竞争战略和核心能力的信息系统，可以实现信息技术的战略价值。对企业管理者来说，在动态环境下，企业信息技术应用的重点是开发、培育和提升信息技术应用能力，而不是过多地强调信息系统，因为在这种环境下，只有具备"战略柔性"的信息技术应用能力才能帮助企业实现信息技术战略价值。

第四，无论是稳定环境下还是动态环境下，信息技术应用能力开发和培育都依赖信息技术资源基础。从稳定环境组和动态环境组对研究模型的拟合结果看，信息技术资源和信息技术应用能力之间的关系都是显著的，而且关系系数分别达到了 0.608 和 0.519，说明无论稳定环境下还是动态环境下，信息技术应用能力开发和培育都依赖企业的信息技术资源。这也说明了我国企业很难在短期内通过培育信息技术应用能力，提升企业的信息技术应用水平和成效，因为信息技术应用能力培育过程中的"资源匮乏"是我国企业无法逾越的障碍，企业只有在不断地信息技术资源获取过程中以及一定的信息技术资源基础上，才能培育和开发在动态环境下信息技术战略价值实现的关键要素——信息技术应用能力。

八、结束语

本文以信息技术是否具有战略价值及其实现机制为主要研究问题，在系统分析了资源获取和能力构建等两种不同的信息技术战略价值的实现机制，比较了信息技术相关能力概念，明确了信息技术应用能力是企业信息技术战略价值实现的关键等基本问题的基础上，构建了信息技术资源和信息技术应用能力通过战略层面的信息系统能力影响企业绩效的研究模型，并考虑了环境动态性对信息技术战略价值实现过程的影响。通过实证研究方法，证明了信息技术的战略价值，并将现有的研究扩展到了信息技术战略价值的实现机制，不同环境动态性子样本的数据分析结果表明，稳定环境下和动态环境下信息技术战略价值的实现机制是不同的，信息技术资源获取机制更加适合于稳定环境，而信息技术应用能力构建机制更加适合于动态环境。

尽管本文通过实证研究方法，论证了信息技术战略价值的存在性，探索了信息技术战略价值的实现机制，研究得到了有意义的结论。但在测量模型的构建、数据的收集、研究的设计等方面还存在一些不足之处，有待在进一步的研究中进一步深入解决。本文的主要研究局限包括：

（1）学者们对信息技术资源、信息技术应用能力、信息系统支持竞争战略、信息系统支持企业核心能力和企业绩效等构念的测量尚未达成共识。虽然本文试图通过文献回顾和专家座谈等方式，并以小规模前测数据的分析结果，开发具有较高信度和效度的测量模型，并运用233份中国企业的调研数据进行了实证研究，但构建起一套广泛接受的量表仍然任重道远。

（2）在企业绩效的测量上，本文使用主观式的测量模型，尽管本文在测量项设计过程中添加了时间的因素以及与竞争对手的比较等，并通过多个测量项降低测量误差。实际上，企业绩效的测量可以通过许多客观数据，比如投资回报率、销售收入、销售增长率等，这些客观数据将使得企业绩效的测量更为准确。

（3）本文是一项横向设计，因此研究的样本数据都代表了某一时间点上企业信息技术应用的基本状况，很难明确信息技术资源、信息技术应用能力、战略层面的信息系统能力和企业绩效之间的因果关系，尽管本文通过规范的理论推演和典型的案例分析，明确了上述变量之间的相互关系，这些关系也通过数据分析和假设检验得到了验证，但这并不能明确信息技术资源、信息技术应用能力、战略层面的信息系统能力和企业绩效之间的因果关系。因此未来的研究可以收集和分析纵向数据（Longitudinal），以便充分体现信息技术战略价值实现的时滞性和长期性，明确信息技术资源、信息技术应用能力、战略层面的信息系统能力和企业绩效之间的因果关系。

除此之外，还有许多问题值得进一步深入研究。比如，无论在稳定环境下还是动态环境下，信息技术应用能力的开发和培育很大程度上依赖于信息技术资源，企业在有限的信息技术投入下，如何平衡信息技术资源获取和信息技术应用能力构建之间的投资，以期信息技术投入既能满足企业当前的需求，又能考虑企业未来的发展；信息技术应用能力是当前竞争环境下企业实现信息技术战略价值的关键，如何开发和培育这种能力，包括培育模式、培育过程等问题。

参考文献

[1] Agarwal R., Lucas H. C. The Information Systems Identity Crisis: Focusing on High-visibility and High-impact Research [J]. MIS Quarterly, 2005, 29 (3): 381-398.

[2] Luftman J., Kempaiah R. Key Issues for it Executives 2007 [J]. MIS Quarterly Executive, 2008, 7 (2): 269-286.

[3] Carr N. G. It Doesn't Matter [J]. Harvard Business Review, 2003, 81 (5): 41-49.

[4] Martin R. The Cio Dilemma [J]. Information Week, 2007, 131 (1): 38-44.

[5] Kettinger W., Grover V. Strategic Information Systems Revisited: A Study in Sustainability and Performance [J]. MIS Quarterly, 1994, 18 (1): 31-58.

[6] Neirotti P., Paolucci E. Assessing the Strategic Value of Information Technology: An Analysis on the Insurance Sector [J]. Information & Management, 2007, 44 (6): 568-582.

[7] McAfee A., Brynjolfsson E. Investing in the it That Makes a Competitive Difference [J]. Harvard Business Review, 2008, 86 (7/8): 98-107.

[8] Melville N., Kraemer K., Gurbaxani V. Information Technology and Organizational Performance: An Integrative Model of it Business Value [J]. MIS Quarterly, 2004, 28 (2): 283-322.

[9] 杨道箭，齐二石. 基于资源观的企业 IT 能力与企业绩效研究 [J]. 管理科学，2008，21 (5): 37-45.

[10] Radhakrishnan A., Zu X., Grover V. A Process-oriented Perspective on Differential Business Value Creation by Information Technology: An Empirical Investigation [J]. Omega, 2008, 36 (6): 1105-1125.

[11] Brynjolfsson E. The Productivity Paradox of Information Technology [J]. Communications of ACM, 1993, 36 (12): 66-77.

[12] Kohli R., Devaraj S. Measuring Information Technology Payoff: A Meta-analysis of Structural Variables in Firm-level Empirical Research [J]. Information Systems Research, 2003, 14 (2): 127-145.

[13] Oh W., Pinsonneault A. On the Assessment of the Strategic Value of Information Technologies: Conceptual and Analytical Approaches [J]. MIS Quarterly, 2007, 31 (2): 239-265.

[14] Kohli R., Grover V. Business Value of it: An Essay on Expanding Research Directions to Keep up with Times [J]. Journal of the Association for Information Systems, 2008, 9 (1): 23-39.

[15] Banker R. D., Bardhan I. R., Chang H. H., et al. Plant Information Systems, Manufacturing Capabilities, and Plant Performance [J]. MIS Quarterly, 2006, 30 (2): 315-337.

[16] Srivardhana T., Pawlowski S. D. Erp Systems as an Enabler of Sustained Business Process Innovation: A Knowledge-based View [J]. The Journal of Strategic Information Systems, 2007, 16 (1): 51-69.

[17] Kearns G. S., Sabherwal R. Strategic Alignment Between Business and Information Technology: A Knowledge-based View of Behaviors, Outcome, and Consequences [J]. Journal of Management Information Systems, 2007, 23 (3): 129-162.

［18］ Bharadwaj A. S. A Resource-based Perspective on Information Technology Capability and Firm Performance: An Empirical Investigation ［J］. MIS Quarterly, 2000, 24（1）: 169-196.

［19］ Peppard J., Ward J. Beyond Strategic Information Systems: Towards an is Capability ［J］. Journal of Strategic Information Systems, 2004, 13（2）: 167-194.

［20］ Bhatt G. D., Grover V. Types of Information Technology Capabilities and Their Role in Competitive Advantage: An Empirical Study ［J］. Journal of Management Information Systems, 2005, 22（2）: 253-278.

［21］ Sambamurthy V., Bharadwaj A., Grover V. Shaping Agility Through Digital Options: Reconceptualizing the Role of Information Technology in Contemporary Firms ［J］. MIS Quarterly, 2003, 27（2）: 237-263.

［22］ Stoel M. D., Muhanna W. A. It Capabilities and Firm Performance: A Contingency Analysis of the Role of Industry and it Capability Type ［J］. Information & Management, 2009, 46（3）: 181-189.

［23］ Tarafdar M., Gordon S. R. Understanding the Influence of Information Systems Competencies on Process Innovation: A Resource-based View ［J］. The Journal of Strategic Information Systems, 2007, 16（4）: 353-392.

［24］ Tippins M. J, Sohi R. S. It Competency and Firm Performance: Is Organizational Learning a Missing Link? ［J］. Strategic Management Journal, 2003, 24（8）: 745-761.

［25］ Croteau A-M, Raymond L. Performance Outcomes of Strategic and it Competencies Alignment ［J］. Journal of Information Technology, 2004, 19（3）: 178-190.

［26］ Nevo S., Wade M. R., Cook W. D. An Examination of the Trade-off Between Internal and External it Capabilities ［J］. The Journal of Strategic Information Systems, 2007, 16（1）: 5-23.

［27］ Ray G., Muhanna W. A., Barney J. B. Information Technology and the Performance of the Customer Service Process: A Resource-based Analysis ［J］. MIS Quarterly, 2005, 29（4）: 625-652.

［28］ Pavlou P. A., El Sawy O. A. From it Leveraging Competence to Competitive Advantage in Turbulent Environments: The Case of New Product Development ［J］. Information Systems Research, 2006, 17（3）: 198-227.

［29］ Saraf N., Langdon C. S., Gosain S. Is Application Capabilities and Relational Value in Interfirm Partnerships ［J］. Information Systems Research, 2007, 18（3）: 320-339.

［30］ Karimi J., Somers T. M., Bhattacherjee A. The Role of Information Systems Resources in ERP Capability Building and Business Process Outcomes ［J］. Journal of Management Information Systems, 2007, 24（2）: 221-260.

［31］ Soh C., Markus M. L. How it Creates Business Value: A Process Theory Synthesis ［J］. Proceedings of the Sixteenth International Conference on Information Systems, 1995: 29-41.

［32］ Spanos Y. E., Lioukas S. An Examination into the Causal Logic of Rent Generation: Contrasting Porter's Competitive Strategy Framework and the Resource-based Perspective ［J］. Strategic Management Journal, 2001, 22（10）: 907-934.

［33］ 梅姝娥, 仲伟俊. 企业核心能力形成过程中信息系统技术的应用 ［J］. 管理科学学报, 2000, 3（3）: 39-43.

［34］ Ravichandran T., Lertwongsatien C. Effect of Information Systems Resources and Capabilities on Firm Performance: A Resource-based Perspective ［J］. Journal of Management Information Systems, 2005, 21（4）: 237-276.

［35］ Chan Y. E., Reich B. H. It Alignment: What Have we Learned? ［J］. Journal of Information Technology, 2007, 22 (4): 297-315.

[36] Lee G., Xia W. The Ability of Information Systems Development Project Teams to Respond to Business and Technology Changes: A Study of Flexibility Measures [J]. European Journal of Information Systems, 2005, 14 (1): 75-92.

[37] Schwager P. H., Byrd T. A., Turner D. E. Information Technology Infrastructure Capability's Impact on Firm Financial Performance: An Exploratory Study [J]. Journal of Computer Information Systems, 2000, 40 (4): 98-105.

[38] Mata F. J., Fuerst W. L., Barney J. B. Information Technology and Sustained Competitive Advantage: A Resource-based Analysis [J]. MIS Quarterly, 1995, 19 (4): 487-505.

[39] Kearns G. S., Sabherwal R. Antecedents and Consequences of Information Systems Planning Integration [J]. Engineering Management, IEEE Transactions on, 2007, 54 (4): 628-643.

[40] Chan Y. E., Sabherwal R., Thatcher J. B. Antecedents and Outcomes of Strategic is Alignment: An Empirical Investigation [J]. IEEE Transactions on Engineering Management, 2006, 53 (1): 27-47.

[41] Tiwana A., Bharadwaj A. S., Sambamurthy V. The Antecedents of Information Systems Development Capability in Firms: A Knowledge Integration Perspective [C]. Proceedings of the International Conference on Information Systems, ICIS 2003 Seattle, Washington, USA, 2003: 246-258.

[42] Im K. S., Dow K. E., Grover V. A Reexamination of it Investment and the Market Value of the Firm: An Event Study Methodology [J]. Information Systems Research, 2001, 12 (1): 103-117.

[43] Chiasson M. W., Davidson E. Taking Industry Seriously in Information Systems Research [J]. MIS Quarterly, 2005, 29 (4): 591-605.

[44] Wade M., Hulland J. The Resource-based View and Information Systems Research: Review, Extension, and Suggestion for Future research [J]. MIS Quarterly, 2004, 28 (1): 107-142.

[45] Rivard S., Raymond L., Verreault D. Resource-based View and Competitive Strategy: An Integrated Model of the Contribution of Information Technology to Firm Performance [J]. The Journal of Strategic Information Systems, 2006, 15 (1): 29-50.

[46] Hamel G., Heene A. The Concept of Core Competence [M]. New York: John Wiley & Sons, 1994: 11-33.

[47] Newkirk H. E., Lederer A. L. The Effectiveness of Strategic Information Systems Planning under Environmental Uncertainty [J]. Information & Management, 2006, 43 (4): 481-501.

[48] Armstrong J. S., Overton T. S. Estimating Nonresponse Bias in Mail Surveys [J]. Journal of Marketing Research, 1977, 14 (3): 396-402.

[49] Jarvis C. B., MacKenzie S. B., Podsakoff P. M. A Critical Review of Construct Indicators and Measurement Model Misspecification in Marketing and Consumer Research [J]. Journal of Consumer Research, 2003, 30 (2): 199-218.

[50] Petter S., Straub D., Rai A. Specifying Formative Constructs in Information Systems Research [J]. MIS Quarterly, 2007, 31 (4): 623-656.

[51] Gefen D., Straub D. A Practical Guide to Factoral Validity Using pls-graph: Tutorial and Annotated Example [J]. Communications of the Association for Information Systems, 2005 (16): 91-109.

[52] Podsakoff P. M., MacKenzie S. B., Lee J. Y., et al. Common Method Biases in Behavioral Research: A Critical Review of the Literature and Recommended Remedies [J]. Journal of Applied Psychology, 2003, 88

(5)：879-903.

[53] Podsakoff P. M., Organ D. W. Self-reports in Organizational Research: Problems and Prospects[J]. Journal of Management, 1986, 12 (4): 531-544.

[54] Fornell C., Larcker D. F. Evaluating Structural Equation Models with Unobservable Variables and Measurement Error [J]. Journal of Marketing Research, 1981, 18 (2): 39-50.

[55] Chin W. W., Marcolin B. L., Newsted P. R. A Partial Least Squares Latent Variable Modeling Approach for Measuring Interaction Effects: Results from a Monte Carlo Simulation Study and an Electronic-mail Emotion/adoption Study [J]. Information Systems Research, 2003, 14 (2): 189-217.

[56] Cohen J. Statistical Power Analysis for the Behavioral Sciences [M]. Hillsdale: Lawrence Erlbaum, 1988.

[57] Carte T. A., Russell C. J. In Pursuit of Moderation: Nine Common Errors and Their Solutions [J]. MIS Quarterly, 2003, 27 (3): 479-501.

[58] Premkumar G., Richardson V. J., Zmud R. W. Sustaining Competitive Advantage through a Value Net: The Case of Enterprise Rent-a-Car [J]. MIS Quarterly Executive, 2004, 3 (4): 189-199.

Strategic Value of Information Technology: An Empirical Study

Wang Nianxin[1,2], Zhong Weijun[1], Mei Shue[1]

(1. School of Economics and Management, Southeast University, Nanjing 210096, China;

2. School of Economics and Management, Jiangsu University of Science and Technology, Zhenjiang 212003, China)

Abstract: A critical question for Information Systems (IS) academics and practitioners is whether and how Strategic Value of Information Technology (SVIT) manifest in stable and dynamic environment. To address the question, strategic value of IT is investigated from an integrative view of Competitive Strategy Theory and Core Capability Theory, and a basic premise is that strategic value of IT can be explained by how effective the firm is in using IT to support its competitive strategies and core capabilities. Using resource-picking and capabilitybuilding arguments, a research model which interrelates IT resources, IT capabilities, IS support competitive strategies, IS support core capabilities environmental dynamics and firm performance. The model is empirically tested using data collected from 233 firms in China to investigate the underlying mechanism of SVIT creation under different environment dynamics. The results suggest that the appropriate mechanism in the relative stable environment is resource-picking while the capability-building mechanism is suitable for the dynamic environment. The results also indicate that firm's IT capabilities are greatly dependent on the nature of IT infrastructure, technologic and managerial IT resources, and relationship resource of IT department under two different environmental dynamics.

Key Words: strategic value of information technology; information technology re-source; information technology application capability; information system capability; com-petitive strategy; core capability; environmental dynamics; firm performance

信息技术引致的吸收能力和组织的竞争优势 *

彭泽余 [1]　糜仲春 [2]　孙永强 [1]

（1. 中国科学技术大学管理学院，江苏苏州 215123；2. 中国科学技术大学管理学院，安徽合肥 230026）

【摘　要】从吸收能力和基于资源理论角度解释了信息技术资源和组织竞争优势之间关系的内在作用机制，并提出了相应的假说。研究结果表明，组织通过将信息技术资源转化为信息技术能力，从而影响组织的吸收能力，并进而帮助组织获得竞争优势。此外，还探讨了潜在吸收能力和实现吸收能力对竞争优势的不同作用机制，并基于环境权变理论讨论了两种吸收能力和竞争优势之间关系受环境变化的影响。最后，根据研究结果，就企业如何利用信息技术资源增强企业吸收能力和竞争优势提出了建议。

【关键词】信息技术；吸收能力；竞争优势；环境动态性

如何利用信息技术提高吸收能力，进而帮助企业获取竞争优势，已经成为理论界面临的一个紧迫问题。本文拟对这一问题进行初步的探讨，并对企业如何配置和使用信息技术提高吸收能力，进而获取竞争优势给出一些建议。

---

* 本文选自《中国科技论坛》2011 年 3 月第 3 期。

作者简介：彭泽余（1981—），男，安徽滁州人，博士研究生，研究方向为信息技术和组织竞争优势的关系。

一、研究命题的提出

（一）吸收能力和组织的竞争优势之间的关系

吸收能力的概念最早是由 Cohen 和 Levinthal 提出的，他们从组织学习能力的角度，将吸收能力定义为组织评价、同化并且将外部知识应用于商业化目的的能力。在 Cohen 和 Levinthal 研究的基础上，Zahra 和 George 对吸收能力的概念进行了发展，提出了潜在 (Potential) 吸收能力和实现 (Realized) 吸收能力的概念[1]。在这里，"潜在"和"实现"的区别在于这两种吸收能力对于外部知识的"吸收"程度不同。潜在吸收能力所强调的是对于外界知识的获取和理解，而这些知识可以潜在地对现有的业务流程及模式产生影响。在这一过程中，并没有涉及新知识的产生以及新的业务流程和模式的出现。而实现吸收能力强调的是对于从外界获取的知识进行加工处理，而这些新产生的知识可以实现新的业务模式和流程[1]。在这个过程中，有新知识的产生，并出现新的业务流程和模式。

具体地讲，潜在吸收能力包括组织对外部知识的获取能力和同化能力，其中，获取能力指组织识别和获得外部知识的能力，而同化能力是指组织分析、处理和理解外部知识的能力；实现吸收能力包括组织对已获取的外部知识的转化和应用能力，其中，转化是指组织把已有知识和新获得的知识组合在一起，应用是指组织把获得和转化的知识应用到商业活动中，提炼、利用和扩展现有能力或创造新的能力。潜在吸收能力能够影响实现吸收能力，而且这种影响会受到社会整合机制 (Social Integration Mechanisms) 的影响[1]。

虽然有研究认为潜在吸收能力和实现吸收能力是一个过程的两个阶段[2]，但基于相关的研究，我们认为这两种吸收能力都能够影响企业竞争优势，而且相对应的影响机制是不同的。对于潜在吸收能力而言，首先，潜在吸收能力强的企业对外界环境的变化会更敏感一些，从而更容易从环境中获得所需要的知识，并通过同化作用以发现行业的现状和发展趋势，进而调整企业的资源配置和业务流程以获得竞争优势[3]。其次，潜在吸收能力强的企业，能够及时地根据外部环境的变化修补其内部的知识库存[1]，扩展其技术和知识基础[2]，从而为企业在激烈的市场竞争中取得竞争优势准备好重要的战略资源。由此，我们认为潜在吸收能力引致竞争优势的机制是通过不断地调整 (Adaptation) 以及时地适应市场变化。当然，在这里，我们并不是说在调整的过程中，实现吸收能力不起作用。我们旨在说明，在调整的过程中，潜在吸收能力起主导作用。因为企业在调整的过程中，并没有涉及深度的知识挖掘，只是根据外界环境的变化对现状做出正确的改进。或者说，在行业中所有企业的实现吸收能力大致相当的情况下，潜在吸收能力强的企业更有机会取得竞争优势。

实现吸收能力反映的是一个企业将从外部获取并同化了的知识进行转化和应用的过

程。首先，实现吸收能力强的企业更容易将新知识和已有知识结合，从而帮助组织开发出新的业务模式和概念框架或应用新的知识到已有的过程[1]。其次，实现吸收能力强的企业，挖掘和应用知识的能力也更强一些，从而更容易把知识转化为新的产品和服务，进而为组织带来竞争优势[1]。由此，我们认为实现吸收能力引致竞争优势的机制是通过创新（Innovation）以在市场中取得领先地位。同理，我们在这里并不是说在创新的过程中，潜在吸收能力不起作用。我们意在说明，在创新过程中，实现吸收能力起主导作用。因为创新的过程就是知识的重构和利用过程，而实现吸收能力恰好反映了这个过程。企业在创新过程中，对已经获取和同化了的知识进行了深度的挖掘和应用，从而将知识转化为新的产品和服务。同样，我们也可以认为，在行业中所有企业的潜在吸收能力大致相当的情况下，实现吸收能力强的企业更容易取得竞争优势。

基于以上的论述，我们提出命题1：

命题1a：组织的潜在吸收能力有利于组织获取竞争优势。

命题1b：组织的实现吸收能力有利于组织获取竞争优势。

（二）权变因素的影响

根据环境动态性的权变观点，组织在不同的环境下需要采取不同的策略以应对出现的机会和不确定性。具体说来，在稳定的环境下，组织对知识的吸收主要集中于对知识的利用[4]。因为外部环境变化不大，组织从环境中获取的知识与其竞争者之间并无显著差异。这个时候，只有靠内部挖掘潜力，把以前从外部环境中获得并同化的知识转化为新的知识，进而利用这些新的知识创造出不同于竞争者的新的产品和服务，在市场中取得领先地位。由此，我们认为，在稳定的环境下，组织的实现吸收能力能更为有效地为组织带来竞争优势。

相反，在多变的环境下，组织对知识的吸收主要集中于对知识的探索上[4]。因为外部环境变化剧烈，此时贸然进行创新，会受到太多不确定因素的影响，风险会很高。这个时候，组织需要及时监测外部环境的变化，并迅速调整现有的业务流程和资源配置，从而比竞争者更快地适应环境的变化，进而在市场中获得比较有利的位置。在多变的环境下，组织的潜在吸收能力能更为有效地为组织带来竞争优势。

基于以上的论述，我们提出命题2：

命题2a：在多变的环境下，潜在吸收能力能更有效地为组织带来竞争优势。

命题2b：在稳定的环境下，实现吸收能力能更有效地为组织带来竞争优势。

（三）信息技术引致的吸收能力

之前关于信息技术对组织影响的相关研究中，出现了很多相互矛盾的结论。有的研究认为信息技术对组织没有影响[5]，而有的研究则认为信息技术对组织是有影响的[6,7]。Devaraj和Kohli的研究表明，这些不一致结论的原因在于这些研究只测度了信息技术的最终作用，而忽略了特定的信息技术为什么以及如何为组织创造价值[8]。基于这样的理论观点，研究人员提出了一种多阶段方法（Multistage Approach）来测度信息技术对于组织的影响，即信息技术带来组织的动态能力的增强，进而提高组织的绩效[9,10]。

作为组织的高层次能力，组织的动态能力是一种能够根据外界环境变化适时地合理配置资源以及采取相应竞争性活动的能力。正是因为这样的特性，组织的动态能力对组织具有重要的战略意义[3]。在战略管理领域，组织的动态能力有很多种，如组织的学习能力（Organizational Learning Capability）[10]，跨职能部门的能力（Cross-functional Capability）[11]，以及组织的应变能力（Organizational Agility）[9]。在本研究中，我们将集中关注信息技术带来组织吸收能力的变化和竞争优势。

1. 组织信息技术能力和吸收能力

基于实物期权理论（Real Options Theory），Sambamurthy 等将信息技术视为电子化期权的孵化器[9]（Digital Options Generator），进而从战略层面定义了组织的信息技术能力，即电子化期权（Digital Options），意为"一系列由信息技术引致（ITenabled）的以电子化的组织工作流程和知识系统形式存在的能力"。因为信息技术能够增强组织的流程和知识系统，Sambamurthy 等为电子化期权包括电子化流程资本（Digitized Process Capital）和电子化知识资本[9]（Digitized Knowledge Capital）。在这里，流程是指企业将现有的资源转化为产品或服务以及将产品或服务转化为企业利润的一系列活动；而知识反映的是一种组织资源，能够帮助企业有效率地进行生产和商业活动。具体而言，电子化流程资本是指由信息技术引致的组织内部和组织之间用以实现业务自动化、信息化和集成化的工作流程，包括客户搜索，订单处理，供应链管理，生产流程，以及信息的无缝传递等。电子化知识资本是指由信息技术引致的知识存储以及组织成员之间用以共享专业知识和观点的交互系统[9]。

此外，Sambamurthy 等还认为，电子化流程资本和电子化知识资本在广度（Reach）和深度（Richness）上存在差异[9]。在这里，广度所反映的是企业流程和知识的广泛程度。流程广度（Process Reach）是指在企业的生产和商业活动中，流程所涉及的范围（如更多的员工以及商业伙伴被包含在流程中）；知识广度（Knowledge Reach）是指公司的知识资产的全面性和可获得性（如员工可以在公司内部的知识系统中找到更多的对生产活动有用的知识）。而深度所反映的是企业流程和知识的深入程度。流程深度（Process Richness）反映的是企业流程在实际的商业和生产活动中的有效性（如公司通过更好的市场反馈机制提升了企业的利润）；知识深度（Knowledge Richness）反映的是知识的共享以及知识的重构（如研发人员通过讨论提出了更好的产品设计方案）。

具体地讲，广度主要用来描述信息技术能够帮助组织扩大知识边界，增强组织知识和信息的全面性和可获得性的能力；深度主要用来描述信息技术能够帮助组织分析和挖掘已获取的信息和知识，并应用到实际的业务活动中去的能力[9]。这样，基于电子化流程资本/电子化知识资本和广度深度两个维度，组织的信息技术能力可以被划分为四个方面，即电子化的流程广度（Digitized Process Reach），电子化的流程深度（Digitized Process Richness），电子化的知识广度（Digitized Knowledge Reach），电子化的知识深度（Digitized

Knowledge Richness）。表 1 总结了 Sambamurthy 等的信息技术战略能力四个维度的定义。

表 1　信息技术战略能力的定义

信息技术战略能力	定义
电子化的流程广度 (Digitized Process Reach)	公司使用共同的、集成的以及相互联系的信息技术主导的流程来连接不同部门、不同职能、不同区域、不同价值网络伙伴之间的活动和信息流
电子化的流程深度 (Digitized Process Richness)	公司在业务流程中使用某种信息技术所搜集到的信息的质量，这些所搜集的信息对于连接到该业务系统的其他流程和系统的透明度，以及利用这些搜集的信息进行流程重组的能力
电子化的知识广度 (Digitized Knowledge Reach)	公司知识库中所存储知识的全面性和可获得性，以及用以连接公司员工以实现知识传递和共享的网络和系统的全面性和可获得性
电子化的知识深度 (Digitized Knowledge Richness)	公司使用能够增强组织成员之间交流的信息系统来增进了解，分享观点，以及开发隐性知识

Sambamurthy 等关于电子化期权（Digital Options）的描述强调了基于信息技术的组织能力对于推动知识管理的战略意义[11]。因为它在理论上将信息技术和组织对知识及信息的处理过程联系在一起，即它潜在地揭示了信息技术帮助企业处理知识及信息的内在作用机制，亦即信息技术能够增强企业获取、吸收、理解、转化和利用知识的能力。

基于 Sambamurthy 等的研究，Lee 和 Lim 提出了一个探索信息技术战略能力的框架[12]，即把信息技术战略能力和相关的任务以及相应的应用系统对应起来。表 2 列出了信息技术战略能力所对应的主要任务及应用系统。

表 2　信息技术战略能力所对应的主要任务及应用系统

信息技术战略能力	包括的主要任务	对应的相关应用系统例示
电子化的流程广度 (Digitized Process Reach)	业务处理 Transaction Processing 网络和连接 Networking and Connecting 操作流程管理 Operational Process Management	客户关系管理 CRM 网络系统 Networking System 组织资源计划 ERP 供应链管理 SCM
电子化的流程深度 (Digitized Process Richness)	分析 Analytical 决策支持 Decision Making Support 信息处理和追踪 Information Processing and Tracking	分析系统 Analytic System 决策支持系统 DSS 追踪系统 Tracking System
电子化的知识广度 (Digitized Knowledge Reach)	信息/知识的 Information/Knowledge 上传 Uploading 打包 Packing 存储 Storing 传递 Transferring	数据库 DB 内部互联网 Intranet 知识存储系统 Knowledge Repository System 办公系统 Office Systems
电子化的知识深度 (Digitized Knowledge Richness)	高级分析 High-level Analysis 知识共享 Knowledge Sharing 交互式通信 Interactive Communication 协作 Collaboration	高级通信技术 Advanced Communication Technology 协作工具 Collaboration Tool 知识共享系统 Konwledge Sharing System 视频会议系统 Video Conference Systems

基于 Sambamurthy 等、Lee 和 Lim 的研究，我们将组织的信息技术能力定义为企业使

用信息技术完成相关工作任务的能力。同时，根据 Sambamurthy 等的观点，即组织的信息技术能力在广度和深度上存在差异[9]，我们将信息技术能力划分为广度导向的信息技术能力（Reach-oriented IT Capability）和深度导向的信息技术能力（Richness-oriented IT Capability）。具体说来，广度导向的信息技术能力是指企业利用相关信息技术完成如下工作任务的能力，即业务处理，网络和连接，操作流程管理，知识的上传、打包、存储和传递等；深度导向的信息技术能力是指企业利用相关信息技术完成如下工作任务的能力，即分析，决策支持，信息处理和追踪，高级分析，知识共享，交互式通信和协作等。

我们认为，在组织中，相关任务的完成过程，即既有知识的传递和利用过程，同时也是新的知识重构和获取的过程。具体说来，广度导向的信息技术能力所涉及的工作任务，主要体现了企业在知识的广泛性和可获得性上所具备的能力。比如说，通过处理业务，企业可以了解到相关的客户信息；通过参与网络，企业可以了解行业的最新发展情况；通过知识存储，企业可以在内部实现知识的扩散。因此，广度导向的信息技术能力有助于企业获取和理解外部知识，亦即广度导向的信息技术能力有助于增强组织的潜在吸收能力。

深度导向的信息技术能力所涉及的工作任务，主要体现了企业对知识的挖掘和应用的能力。例如，通过分析客户端的信息，新的业务模式和工作方法可能会被发现；通过处理和追踪生产流程中的信息，有助于企业开发出新的生产流程；通过知识共享，有助于创新性思维的发展。因此深度导向的信息技术能力有助于企业转化和利用知识，亦即深度导向的信息技术能力有助于增强企业的实现吸收能力。

基于以上的论述，我们提出命题3：

命题3a：组织的广度导向的信息技术能力有助于增强组织的潜在吸收能力。

命题3b：组织的深度导向的信息技术能力有助于增强组织的实现吸收能力。

2. 信息技术资源和组织信息技术能力

在现有的文献中，信息技术资源（IT Resources）主要被划分为三个方面[6]，即技术资源（Technology Resources）、人力信息技术资源（Human IT Resources）、隐性的信息技术资源（Intangible IT Resources）。其中，技术资源包括组织内部的软件、硬件和数据等；人力信息技术资源包括技术技能和信息技术管理技能等；隐性的信息技术资源则包括信息技术部门和业务部门之间的相互关系等。根据 Lee 和 Lim 的研究，我们将信息技术资源按照其支撑的工作任务的不同划分为广度导向的信息技术资源（Reach-oriented IT Resource）和深度导向的信息技术资源（Richness-oriented IT Resource）。具体说来，广度导向的信息技术资源（Reach-oriented IT Resource）主要支撑组织完成如下工作任务，即业务处理，网络和连接，操作流程管理，信息/知识的上传、打包、存储和传递等；深度导向的信息技术资源（Richness-oriented IT Resource）主要支撑组织完成如下工作任务，即分析，决策支持，信息处理和追踪，高级分析，知识共享，交互式通信和协作等。根据相关的研究[6,9,11]，结合本文所提出的信息技术资源的概念，我们重新对信息技术资源进行了分类，并总结了其对应的特点（见表3）。

表 3　信息技术资源的分类及特点

	广度导向	深度导向
技术资源	此类信息技术具有较强的规范性，强调信息和知识的标准化输入和输出，如订单处理等	此类信息技术具有较强的灵活性，主要用于相关业务的辅助性支撑，如决策支持等
人力信息技术资源	员工具备熟练的信息技术知识和相关的业务知识	除了信息技术知识和相关业务知识，员工还要具备较强的创新能力
隐性的信息技术资源	不同部门之间有广泛的联系	不同部门之间有深入的联系

　　Grant 在其能力层级理论中提出，组织的具体资产是低层次的资源，这些资源的有机组合能够形成较高层次的组织能力，进而为组织带来竞争优势[11]。基于这个理论，我们认为企业的信息技术资源（如公司的信息技术基础设施和相关应用）构成了组织的信息技术能力的基础，从而潜在地为组织带来竞争优势。具体说来，企业使用相关的信息技术资源来支撑相应的工作任务，从而使组织具备了相应的信息技术能力。所以我们认为，企业的信息技术资源构成了组织信息技术能力的基础。

　　因此，我们提出命题 4：

　　命题 4a：组织的广度导向的信息技术资源越丰富，其广度导向的信息技术能力越强。

　　命题 4b：组织的深度导向的信息技术资源越丰富，其深度导向的信息技术能力越强。

二、结　论

　　从基于资源的观点和吸收能力这两个视角出发，本文从理论上探讨了信息技术资源和企业竞争优势之间的关系。根据基于资源的观点，本文提出信息技术资源本身并不能为企业带来竞争优势，它需要通过转化为企业的战略性动态能力以帮助企业获取竞争优势。而动态能力包括两个方面，即组织的信息技术能力和吸收能力。通过相关的理论论证工作，本文提出信息技术资源通过转化为信息技术能力，从而影响组织的吸收能力，并进而帮助企业获得竞争优势。而且，在论及吸收能力和组织竞争优势的关系时，本文还探讨了外部环境的权变作用。战略管理的理论认为，企业的战略能力能够为企业带来竞争优势。考虑到当前知识经济时代的背景，作为企业的一种重要战略能力，吸收能力对企业获取竞争优势起着至关重要的作用。基于之前的相关研究，本文从理论上界定了潜在和实现的含义，并提出了潜在吸收能力和实现吸收能力作用于组织竞争优势的不同机制，即潜在吸收能力主要通过适时的调整以帮助企业及时对外界环境变化做出反应，从而获取竞争优势，而实现吸收能力主要通过创新以帮助企业获得竞争优势。根据基于资源的观点、Sambamurthy 等及 Lee 和 Lim 的研究，本文将组织的信息技术能力和信息技术资源根据广度和深度进行了划分，而且从理论上探讨了信息技术能力、信息技术资源、组织吸收能力之间的关系。在这里，广度反映的是信息技术能够帮助组织扩大知识边界，增强组织知识和信息的全面性和可获得性；深度是指信息技术能够帮助组织分析和挖掘已获取的信息和知识，并应用到实际的业务活动中。根据"资源—战略能力—竞争优势"这个战略管理的理论观点，本文具体地提出：广度导向的信息技术资源有助于形成广度导向的信息技术能力，而广度导向的信息技术能力通过影响企业的潜在吸收能力从而帮助企业获取竞争优势；相应地，深度导向的信息技术资源能够帮助企业形成深度导向的信息技术能力，而深度导向的信息技术能力能提高企业的实现吸收能力进而帮助企业获得竞争优势。此外，考虑到两种吸收能力和竞争优势之间的不同作用机制，根据环境权变的观点，本文从理论上提出了外部环境变化对于吸收能力和组织竞争优势之间的调控作用，即在动荡的环境下，潜在吸收能力更有利于企业获得竞争优势，而在稳定的环境下，实现吸收能力更有助于企业获取竞争优势。基于相关的理论论证工作，这个研究提出了一个探索信息技术资源所引致的组织吸收能力和竞争优势的理论框架（见图1），并有待于进一步的实证研究。

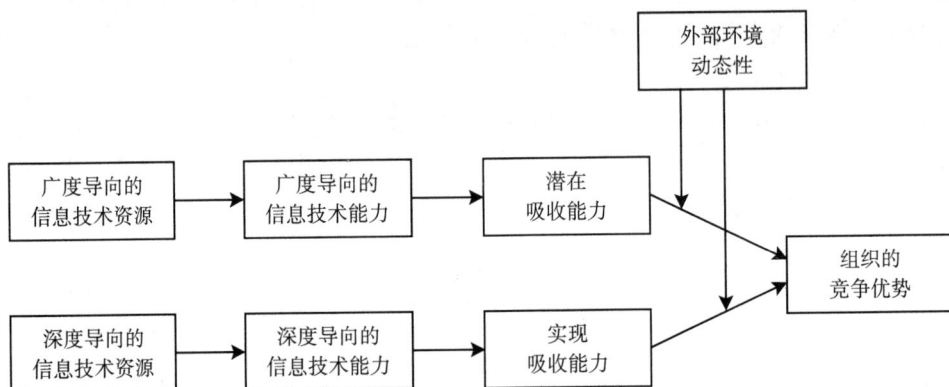

图1　信息技术引致的组织吸收能力和竞争优势

另外，本研究对于企业而言也有一些有益的启示。首先，在当今的知识经济时代，信息技术已经成为企业的战略资源，它能够增强企业的吸收能力进而帮助企业获取竞争优势，因此企业需要在信息技术资源上进行投资，这是企业获取竞争优势必不可少的条件。其次，不同的信息技术会影响到不同的吸收能力，而不同的吸收能力对于企业获取竞争优势的机制是不一样的，所以需要考虑信息技术资源和相应工作任务的搭配问题，用合适的信息技术资源去支撑相应的工作任务，才能从对信息技术资源的投入上获得尽可能大的回报。具体到企业的内部来说，对于潜在吸收能力强的部门（如市场营销部门），可以考虑在广度导向的信息技术资源上多做投入，而对于实现吸收能力强的部门（如研发部门），可以考虑在深度导向的信息技术资源上多投入。此外，因为吸收能力和竞争优势之间的关系会受到外界环境变化的影响，所以企业需要根据外界环境的变化，在相对应的信息技术资源上进行投入，这样才能从中获取更多的收益。具体说来，当企业处于动荡的环境中时，潜在的吸收能力更有助于获取竞争优势，企业需要更多地投资于广度导向的信息技术资源以帮助企业获取竞争优势；相反，当企业处于稳定的环境中时，实现吸收能力更有助于获取竞争优势，企业可以考虑更多地投资于深度导向的信息技术资源以帮助企业获取竞争优势。

参考文献

［1］Zahra S. A., George G. Absorptive Capacity：a Review, Reconceptualization, and Extension ［J］. Academy of Management Review, 2002, 27（2）：185-203.

［2］赵永彬，弋亚群. 企业闲置知识与技术创新的关系探讨［J］. 科学学研究，2007，25（1）：173-177.

［3］Teece D. J., Pisano G., Shuen A. Dynamic Capabilities and Strategic Management ［J］. Strategic Management Journal, 1997, 18（7）：509-533.

［4］张龙，刘洪. 企业吸收能力影响因素研究述评 ［J］. 生产力研究，2003（3）：292-294.

［5］Carr N.G. IT Doesn't Matter? ［J］. Harvard Business Review, 2003, 81（5）：41-49.

［6］Bharadwaj A. S. A Resource-based Perspective on Information Technology Capability and Firm Performance：an Empirical Investigation ［J］. MIS Quarterly, 2000, 24（1）：169-196.

［7］Ross J. W., Beath C. M., Goodhue D. L. Developing Long-term Competitiveness Through IT Assets ［J］. Sloan Management Review, 1996, 38（1）：31-42.

［8］Devaraj S., Kohli R. Performance Impacts of Information Technology：is Actual Usage the Missing Link? ［J］. Management Science, 2003, 49（3）：273-289.

［9］Sambamurthy V., Bharadwaj A., Grover V. Shaping Agility Through Digital Options：Reconceptualizing the Role of Information Technology in Contemporary Firms ［J］. MIS Quarterly, 2003, 27（2）：237-263.

［10］Tippins M. J., Shoi R. S. IT Competency and Firm Performance：is Organizational Learning a Missing Link? ［J］. Strategic Management Journal, 2003, 24（8）：745-761.

［11］Grant R. M. The Resource-based Theory of Competitive Advantage：Implications for Strategy Formulation ［J］. California Management Review, 1991, 33（3）：114-135.

［12］Lee O. K. D., Lim K. H. Redefining Organizational Information Technology-Based Capabilities with An Integrative Framework for Multiple Levels of Analysis ［C］. the Proceedings of the Ninth Pacific Asia Conference on Information Systems （PACIS）, Bangkok, Thailand, 2005：1132-1145.

IT–enabled Absorptive Capacity and Organizational Competitive Advantages

Peng Zeyu[1], Mi Zhongchun[2], Sun Yongqiang[1]

(1. School of Management, University of Science and Technology of China, Suzhou 215123, China; 2. School of Management, University of Science and Technology of China, Hefei 230026, China)

Abstract: This article theoretically explains the internal mechanism of IT –enabled absorptive capacity and organizational competitive advantages, and some propositions are proposed. The research results show that firms can transform IT resources into organizational IT capability so as to impact on organizational absorptive capacity, and finally help firms obtain competitive advantages. Besides, this study also explores the distinct mechanisms between potential and realized absorptive capacity and organizational competitive advantages, and discusses the external environment's impacts on the relationships between the two absorptive capacities and organizational competitive advantages based on environmental contingency perspective. Finally, according to the research findings, this article gives some suggestions as to how can firms enhance absorptive capacity and competitive advantage by utilizing IT resources.

Key Words: information technology; organizational absorptive capacity; competitive advantage; environmental dynamism

国内外政府信息化建设经验及
对北京市的启示 *

李　辉[1]　李海丽[2]

（1. 北京市科学技术情报研究所，北京 100048；2. 北京科学学研究中心，北京 100089）

【摘　要】从全球政府信息化发展形势入手，针对北京市实际情况，重点分析国内外政府信息化建设方向性的先进理念、主要做法与特点，提出合理推进北京市政府信息化工作的启示和相关对策建议。

【关键词】政府信息化；经验；北京市；启示

一、引言

　　信息化是世界城市经济社会发展的显著特征，信息资源的整合利用、信息的质量，以及信息传递的速度和规模在很大程度上决定了一座城市经济和社会的发展水平和未来发展的潜力。政府信息化建设作为信息化建设的有机组成部分，已成为城市争得经济和社会发展先机的关键。经过多年努力，北京市政府信息化建设取得了长足发展，在全国一直处于领先水平。目前，北京市政府信息化建设正面临着发展的新形势：国际上信息化的新技术、新趋势和新成果提供了新的参照和追赶目标；"世界城市"、"三个北京"、"低碳城市"、"城乡一体化数字城市"建设战略部署提出了新的客观需求和新任务。那么，站在首都经济社会发展新的更高的历史阶段，如何进一步适应新形势，着眼新方向，立足新需求和新任务，重新审视政府信息化发展的方向，落实其建设的管理措施，确保始终保持在全国前

---

* 本文选自《科技管理研究》2011 年第 18 期。

作者简介：李辉（1975—），女，硕士，助理研究员，研究方向为科技情报研究；李海丽（1974—），女，硕士，副研究员，研究方向为软科学研究。

列，国内外部分国家或省市政府多年形成的先进理念和积累的有益经验为我们提供了有意义的启示。

二、全球政府信息化发展形势

（一）北欧三国成为全球政府信息化建设新的引跑者

联合国经济和社会事务部《2008 年度全球电子政府调查报告：从电子政府到整体治理》显示，北欧国家电子政府发展水平较高，瑞典在电子政府方面的完善程度居全球首位，超过了美国成为全球电子政府发展的领导者，丹麦和挪威分别占据了第二、第三位。北欧三国渐趋成为世界范围内电子政府潮流的新引跑者。世界经济论坛 2010 年 3 月发布报告进一步指出，北欧国家是 2010 年世界上信息化程度最高的经济体，瑞典则在排名中位居首位，其他北欧国家均跻身前十。

表 1　2008 年全球电子政府完备度主要国家排名

排名	国家	电子政务完备度指数
1	瑞典	0.9157
2	丹麦	0.9134
3	挪威	0.8921
4	美国	0.8644
5	荷兰	0.8631
6	韩国	0.8317
7	加拿大	0.8172
8	澳大利亚	0.8108
11	日本	0.7703
65	中国	0.5017

（二）战略规划不断推陈出新

很多国家推出了新的信息化和电子政务规划，如 2009 年 7 月，日本在原有的 e-Japan 计划、u-Japan 计划、新 IT 改革战略基础上，推出了新一代的 i-Japan2015 计划。同时，提出了一些新的战略理念，如英国的"变革型政府"、新加坡的"整合型政府"、澳大利亚的"响应型政府"、韩国的"开放型政府"等。随着低碳经济在全球兴起，环境文化构成了国际政治关系中新的因素，打造"绿色政府"成为一大重点。加拿大、美国、英国、澳大利亚等纷纷推出绿色政府计划。韩国政府于 2009 年投入巨资通过十大绿色 IT 项目，开展"绿色 IT 战略"。打造"绿色电子政务"将是今后全球电子政府建设的重点方向。

（三）将物联网、云计算等新技术引入政府信息化建设

近年来，信息网络、应用系统和信息安全等方面的新技术层出不穷：融合数据、语音、视频的三网合一逐步成为现实；物联网技术取得突破性进展，能够把各类物品与互联网相连接，实现智能化识别、定位、监控和管理；云计算技术提供了安全可靠的计算资源和数据资源，实现不同设备间的硬件、软件、数据资源共享；地理信息系统得到全面发展，成为信息产业重要组成部分；知识库系统伴随计算机科学技术和人工智能技术的迅速发展，在国民经济的许多领域得到广泛应用；数字证书和电子签名技术进一步发展，为统一身份管理和安全认证提供了有效保证；宽带和无线技术不断发展完善和更加普及，获取信息更加方便快捷。在这样的背景下，政府信息化也面临着更大的挑战，以适应进一步发展的新形势。

（四）向互联整合成为新趋势

政府信息化建设目前正面临着阶段性转变，越来越显示出跨组织的业务协同和信息共享的重要性：①很多国家积极搭建顶层设计框架，不断地完善相关的技术和服务标准，指导和保障跨部门服务的统一、无缝链接，并引申出一系列后台服务项目的整合。②建设统一的政府应用系统和业务协同平台。在统一的基础设施、组织架构和标准、政策指导下，将政府各部门处于运行状态的业务系统进行协同和整合，成为今后"无缝链接"的关键。③建立数据资源管理平台，对信息源进行整合。依据统一的数据采集、交换、发布标准，将需要共享和交换的数据集中到数据资源管理中心，实现数据的整合、内容的整合，以及后续应用的整合。④对信息和服务传递渠道进行整合。根据用户需求将各部门的功能和服务集成起来，通过多种渠道提供给用户，是未来几年公共服务整合方面的热点和难点。

三、国外部分政府信息化建设先进性理念和有益经验

（一）更加强调"以公众为中心"

发达国家和城市始终都把"以公众为中心"作为电子政务公共服务的核心价值观，也是最为强调的理念，把为社会公众提供优质、有效服务的目标作为跨部门业务联动的主要方向。例如，瑞典政府提出政府信息化要达到的第一目标，就是为公民和企业服务，还要求政府网站不仅应该提供信息服务，还要在网上帮助居民办理就业、助学金、缴税、失业和养老保险等事务；德国政府提出"让数据而不是公民跑路"，"帮助弱势群体上网"；新加坡的"电子公民网站"按照居民于生命全过程的各个阶段所可能遇到的、需要

与政府打交道的全部问题来设计，完全以居民为中心设立政府服务网站；韩国提出了"面向公众、清廉"的服务理念；日本则坚持"高效、统一、迅速应变，与国民关系和谐、满足公众需求"的理念，2009 年 7 月，新一代的 i-Japan2015 信息化战略更加强调为公众服务。

（二）打造公开透明的政府成为各国共识

近年来，各国政府不约而同地将电子政务作为深化政府行政改革的重要手段和措施，以电子政务促进民主建设，提高政府行为透明度。越来越多的国家和组织开始在电子政务建设中增加民意调查内容，利用在线方式让民众更多地参政议政，澳大利亚、美国、欧盟等国家和组织更是纷纷将博客应用到电子政务建设中。如美国政府门户网站 USA. gov 上新增了政府博客栏目 Our Blog，欧盟电子政务政策门户网站 ePractice 也增加了博客栏目。2008 年，奥巴马借助互联网宣传成功竞选美国总统也再一次证明了网络渠道在政府与公众交流中的地位和作用。

（三）关注政府流程重构、注重"效能"、推进政府创新成为热点

从国外情况看，政府信息化建设模式主要是根据轻重缓急逐一实现政府业务流的信息化，再通过部门业务协同整合资源和提供一站式服务，避免固化现有政府结构，并借此梳理政府职能，同时通过政府门户网站整合资源。

另外，随着电子政务的不断深化发展以及全球经济、气候大环境的变化，电子政务建设在"效能"和推进政府创新方面都有着新的发展和方向：①推行云计算，提高效能。美国通过云计算帮助解决电子政务建设中的三个关键性问题，即安全性、性能和成本。如美国政府网站 USA. gov 的改版，以传统做法，政府需耗费 6 个月时间，且一年需要 250 万美元预算。改用云计算，只要一天就能完成升级，一年的费用只需 80 万美元。②重视绩效评估。许多国家都越来越重视对电子政务项目和公共服务的绩效评估。比如，欧盟专门出台了《2007~2010 年提升电子政务效率和效能的关键行动计划》，作为指导欧盟提升电子政务效率和效能的里程碑式文件。美国采用"电子政务记分卡"制度，并推行企业界广泛采用的"挣值"管理方法，加强政府信息化建设的评估和绩效管理。日本建立了"电子政务评估委员会"，并引入了 PDCA（Plan-Do-Check-Act）循环工程管理体制（见图 1），使政府信息化的建设发展成为一个系统工程，在不断的改进中得到完善。

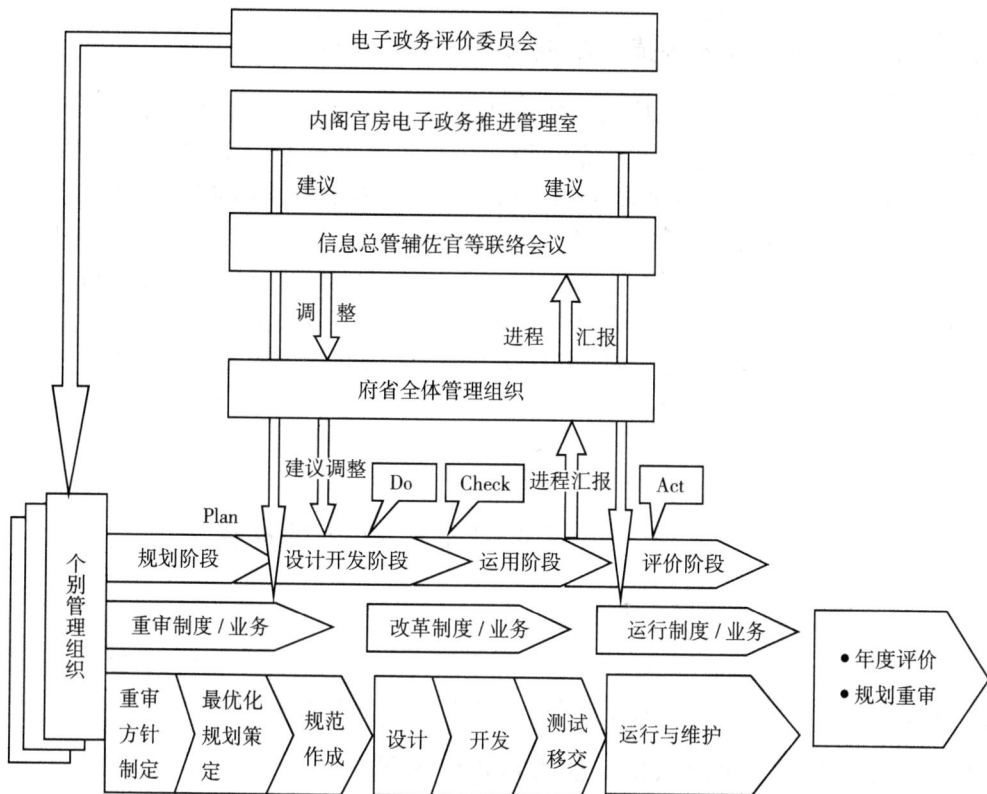

图 1　日本电子政务最优化推进体制与流程

（四）加强组织领导，建立首席信息官（CIO）及 CIO 辅助人员培训机制

各国政府为了推动政府信息化的目标，都建立了与之相适应的组织机构来领导、规划和建设。同时，世界上已有 100 多个国家和地区确立了 CIO 制度，各国正在积极推进的政府信息化实际上是"一把手"+CIO 工程。美国总统亲自倡导、领导联邦政府信息化建设，并为此建立了上下一致的组织管理体系。总统管理委员会负责宏观协调，管理和预算办公室专门成立了电子政府和信息技术办公室，具体负责建设，联邦政府各个部委也都设立了 CIO，相当于副部级领导，全权负责本部门政府信息化建设。日本政府在各府省设立了 CIO（大多由各省的官房长官担当）。i-Japan2015 计划还明确规定，在政府层面首次设立副首相级的 CIO 职位负责监督执行工作。并引入了"CIO 辅助官员"制度辅助 CIO 推进建设。为加强人才培养，日本政府于 2007 年末制定了"行政机关 IT 人才培养、确保实施计划"；总务省还制定实施了"信息系统统一进修"课程；高等院校也根据需要，设置了培养 CIO 专业人才的课程，为政府信息化建设培养和输送人才，如东京早稻田大学从 2005 开始设置了 CIO 硕士课程。如此形成了一套政府、学校、企业、社会四位一体的培养机制，为促进政府信息化的发展提供了人才保障。

（五）制定统一的标准规范，重视加强信息安全保护

制定统一的标准规范，加强信息安全保护，已成为世界各国政府信息化建设的共识。美国通过出台标准和指南相结合的方式，规范政府部门信息安全管理。主要有《联邦雇员和合同商个人身份认证标准》、《个人身份认证加密算法和密钥长度标准》、《联邦信息系统安全控制评估指南》、《密钥管理指南》、《传输层安全实施和选择指南》等。此外，美国联邦事务框架程序管理办公室还制定了电子政务所需的软硬件平台标准，各种信息编码、信息交换、文件格式标准、认证标准等相关的技术标准，并通过联邦政府发送各地区、行业系统统一贯彻执行。日本总理府办公厅网络信息安全中心则制定了《政府机关关于信息安全的统一基准》，为政府部门开展信息交互和服务提供了安全保障。

四、国内兄弟省市的主要做法和特点

广东、浙江、上海、青岛、厦门等省市作为经济发展和改革开放的前沿地区，政府信息化建设起步较早，多年建设过程中，形成了各自的特点和优势，值得借鉴。

（一）加强领导、建设队伍，保障可持续发展

各省市都非常重视信息化工作，均成立由政府主要领导任组长的领导小组，青岛、厦门市均由市政府副秘书长直接领导电子政务建设，部分省市参照国办做法组建了副局级的电子政务办公室。同时，广东省还将电子政务绩效评估纳入机关工作效能考核和领导干部考核。上海市的电子政务建设以市政府办公厅为主导，成立了信息技术处、信息处理中心、中国上海门户网站编辑室和外网管理中心四个处级单位。由于办公厅系统对于业务数据的产生过程非常了解，又是政府部门最核心的一个，有利于其组织和协调相关资源。

另外，各省市均把加强队伍建设作为推进政府信息化建设的重要保障。通过扩大人员规模，壮大工作力量。如广东省建立了100人左右的省级信息化队伍，负责政府应用系统开发、网络建设和技术支持服务。明确指出市、区、县级市人民政府各部门设立首席信息主管，负责本部门信息化的统筹规划、指导协调和监督管理工作。通过加强培训提升工作人员的信息化能力和水平。如厦门市近年坚持开展全市机关工作人员电子政务培训工作，参训人员已达数万人；广东省委规定2009~2011年，用三年时间在全省范围内实施干部信息能力提升工程，建设网络培训平台（见图2），共培训120万名干部。

图 2　广东省信息中心网站

（二）注重规范、统一标准，促进有序发展

浙江省注重以规范化、标准化保障电子政务建设，先后制定并发布了《浙江省政府网站 12 类信息发布规范》、《浙江省电子政务网络技术规范》、《浙江省电子政务网络安全技术规范》、《省长信箱邮件处理工作规则》、《中国浙江政府门户网站考核办法》等一系列政策文件；上海市制定了电子政务地方标准《上海市电子政务协同工作数据标准》以及多项应用、运行和维护的规范和制度。推行电子政务管理规范化、技术服务标准化，有效地促进了电子政务工作的健康、有序发展。

（三）业务协同、应用整合，实现整体推进

广东省在全国率先开展电子政务统一网络平台建设，至 2010 年已经建成了横向连通 110 个省直单位，纵向连通 21 个地市、121 个县区的省、市、县三级网络体系，网络接入充分，促进资源共享，避免了重复投资。浙江省非常重视加强政务门户资源整合，如宁波市 2009 年 6 月开始建设基于统一用户体系的市委、市政府、市人大、市政协的政务外网资源整合门户，实现对政务外网、互联网和现有应用系统的资源整合，并实现了基于统一身份认证的授权访问和单点登录。厦门市注重加强政府部门信息共享和协同办公，依托政务内、外网运行办公 OA 系统、公文交换系统、市民基础数据库和网上审批等 50 多个系统，收到良好成效。

（四）创新模式、集中统一，推动集约化进程

青岛市是我国电子政务试点示范城市，最突出的特点是形成了以集中统一为主要特点的集约化发展模式，实行一网式协同办公，网上一站式政务公开，收到了低投入建设、大规模应用、低成本运行、高水平服务的成效。在电子政务建设中，打破了传统组织机构中的部门和层级界限，建立并坚持了"四统一分"管理模式，即统一机构、统一规划、统一网络、统一软件、分级管理。将电子政务办公室作为全市统一的机构，从而解决了管理体制造成资源难以共享的问题；形成了独特的"861"核心技术支撑体系（8个平台、6个中心、1套目录，见图3），成为全市机关共享的信息化基础设施。

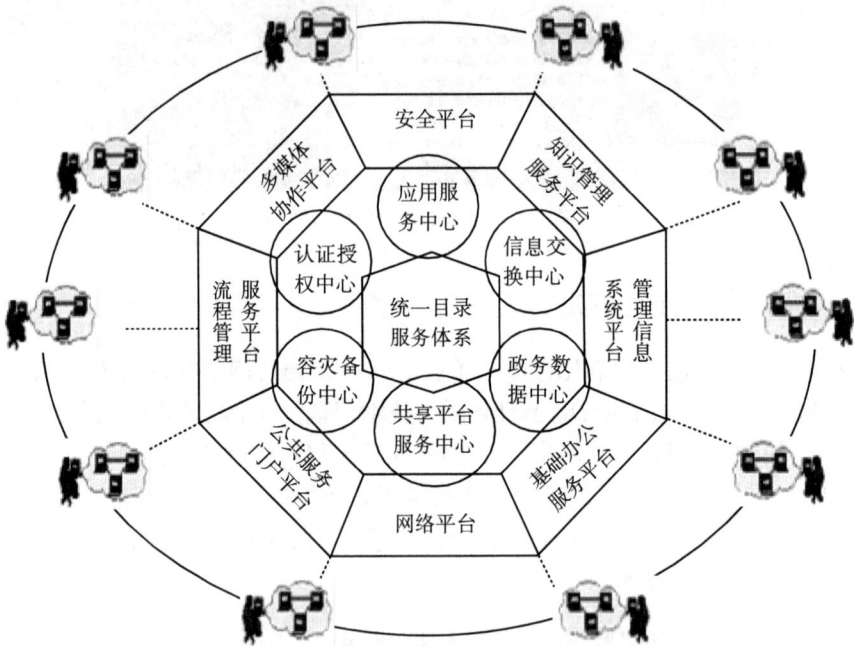

图3 青岛市"861"核心技术体系

（五）加大投入、降低成本，提高资金利用效率

浙江省实施了"百亿信息化建设"工程，进一步加大电子政务建设资金投入。广东省近年信息化建设资金投入超过100亿元。同时采取有效方式降低成本，提高资金利用效率。如青岛市在2008年、2009年建成了全市机关共享机房，规定各部门不再建设新机房，不再建设新的平台级的信息系统，不再成立信息中心，逐步把所有部门的应用系统都整合到统一的平台上。通过共用平台建设，节省了电子政务系统50%~80%的建设投资。厦门市大力推行服务器等设备的集中托管，保证系统正常运行，降低运行维护成本，提高了工作绩效。

（六）面向社会、服务公众，将政府信息公开作为重点

上海市强调"从政府视角到百姓视角"的转换，非常重视通过信息化手段实施政府信息公开，通过立法予以强制，并以闭环式管理做保障。出台《上海市政府信息公开规定》，提出了"公开为原则，不公开为例外"的总要求，并责成监察和法制部门组织监察和评议，赋予公民和社会组织以举报、行政复议和行政诉讼的权利。上海政府网站强调其业务内容和相关形式紧密结合公众需求，把门户网站建设成为真正为公众服务的平台。2010年，门户网站又添加了一个"无障碍浏览"工具条（见图4），使视障人士和老人从中受益。厦门市建立由多媒体触摸屏展示系统、主动公开和依申请公开系统、信息公开手机网组成的政府信息公开系统，并建立全市统一的政府信息公开管理平台，进一步健全了发布机制，畅通了公开渠道，更好地保障了公众获取政府信息的权利。

图4 "中国上海"门户网站增加"无障碍浏览"工具条

五、对北京市的工作启示及对策建议

（一）侧重为公众服务是发展趋势

为公众提供高效、便捷的服务是落实政府公共服务职能的重要体现和要求。国内外政府信息化建设在这方面进行了有益的探索。今后随着北京经济社会发展进入新的阶段，政

府信息化建设总的趋势是越来越侧重于为公众服务。依托政务外网的政府信息公开和行政审批、基层民生服务等直接面向社会公众和法人的信息化服务广度和深度将会不断扩展，政务内外网之间在确保安全的基础上，也应尽快研究更为快捷的连通手段和方式。

（二）加强组织领导是首要前提

梳理成功经验不难发现，"一把手"的高度重视对信息化工作的顺利开展起到了关键作用，主责部门的层级、地位的提升加大了协调推进信息化建设的力度。北京市信息中心为处级单位，协调全市政府机关信息化建设的手段不足，力量相对薄弱。建议在市信息化工作领导小组的统一领导下，成立市委市政府电子政务办公室，由市委办公厅、市政府办公厅牵头负总责，统筹协调解决全市信息资源共享问题。

（三）完善工作机制是必要基础

北京市虽然实施了党政统一的规划，但由于各种原因，各系统之间信息化资源有效整合、统一管理仍待加强，各区县、部门政府机关信息化建设工作主责部门不统一，管理模式各异，对全市横边纵底、自上而下地统筹、指导、督促检查等工作造成了一定影响，需要进一步整合机构资源，理顺工作机制。

（四）健全政策规范是重要手段

北京市在信息化建设方面制定了很多政策文件，但从政府信息化建设角度看，内部管理性、具体操作性的规定多，从宏观上对推进政府信息化建设进行总体部署，有实质政策性内容的不多，相关地方标准建设仍相对滞后。应当学习外省市经验，由市委、市政府办公厅与市经济和信息化委、市科委等职能部门进一步密切合作，共同研究，针对统筹政务内网和外网建设出台全市性政策文件，并着手制定和完善相关地方标准，切实起到指导工作、推动建设、规范管理的作用。

（五）加强信息安全是可靠保障

在政府信息化建设过程中，重视和强化信息安全问题已经成为共识。北京市应该坚持建设、管理并重，加强防范措施。努力营造有利于信息安全的法制环境。严格执行国家信息安全法规和政策，同时加强电子政务建设地方条例和政策研究工作，对信息安全保护做出强制规定。按照"先试点后推开"的方式，出台信息安全标准和规范，规范电子文件管理，解决基于电子政务的行政行为和电子政务信息的法律效力问题，加强技术防范。按照涉密网的标准建设政务内网，并根据保密等级和业务要求在政务内网上划分不同的安全域，进一步强化采用身份认证和密钥管理、内外网数据交换管理、系统安全备份等措施，提高安全防御能力。引入包括网络层实名认证、统一威胁管理、电子标签、传感器监控网络等在内的多项信息系统安全新技术，解决仍存在的安全风险及问题。加强信息安全管理。制定信息安全管理规范，提高管理水平，实行业务分级、分层、分域处理和管理。加强信息安全监控，跟踪修补技术漏洞，提升信息安全整体水平。

（六）抓好队伍建设是重要依托

注重加强信息化人才培养和信息化队伍建设，提高全体工作人员的信息化水平。加大培训力度，形成培训机制。可借鉴广东成功经验，建设网络培训平台。重点加强信息安全方面的培训，提高人员的安全保密意识。重视信息安全专门技术人才引进工作，提升安全管理能力。建立信息化工作联络员制度，不断提高政府部门各处室信息化业务水平。

参考文献

[1] 李传军. 电子公共服务：电子政府发展的方向 [J]. 行政管理改革，2010（3）：60-63.

[2] 邱中慧. 美国电子政务建设的借鉴与启示 [J]. 贵阳市委党校学报，2009（6）：57-59.

[3] 刘健. 从上海电子政务建设实践谈：信息化助推服务型政府建设 [J]. 信息化建设，2009（3）：20-22.

[4] 刘惠军. 青岛经验：怎样提高电子政务绩效 [J]. 中国信息界，2008（10）：49-52.

[5] 邱慧，陈琳. 北京市信息服务业现状与发展对策分析 [J]. 现代商贸工业，2008（10）：83-84.

[6] 高梁. 日本电子政府发展研究：经验与启示 [J]. 电子政务，2008（6）：115-118.

Research on the Valuable Experiences of Domestic and International Government Information Construction and its Enlightenment to Beijing

Li Hui[1], Li Haili[2]

(1. Beijing Municipal Institute of Science and Technology Information，Beijing 100048，China；2. Beijing Research Center for Science of Science，Beijing 100089，China)

Abstract：For the actual situation in Beijing，this paper started from the study of the global situation，and analyzed advanced concepts，main practices and features of domestic and foreign government information construction，finally it put forward the enlightenments and the related development countermeasures and proposals to reasonably promote the work of government information construction in Beijing.

Key Words：government information；experience；Beijing；enlightenment

中美农村信息化建设的特点比较研究 *

贺洪明 [1]　肖友国 [2]

(1. 中共贵州省委党校图书馆，贵州贵阳 550028；2. 中共四川省委党校图书馆，
四川成都 610071)

【摘　要】在当今世界，各国都是从国家经济发展与国家安全的战略高度重视加强农村信息化建设。通过对中国和美国农村信息化建设的特点进行比较分析，从中借鉴美国成功的经验来加快我国农村信息化建设，以市场信息体系建设带动整个信息服务体系建设，以农业信息化带动农业现代化。

【关键词】美国；中国；农村信息化；信息服务

在当今信息社会，无论是发达国家，还是发展中国家，都从国家经济发展与安全的战略高度重视加强本国的农村信息化建设。通过对中美农村信息化建设的特点进行比较分析，从中总结出美国农村信息化建设的经验对我国的启示，即从我国的国情出发，走多元化发展道路，形成多元化的服务主体、服务对象和发展模式，是我国发展现代农业、繁荣农村经济、解决"三农"问题最有效的途径。

---

* 本文选自《图书与情报》2011 年第 1 期。

　作者简介：贺洪明（1958—），男，中共贵州省委党校图书馆馆员；肖友国（1976—），男，中共四川省委党校图书馆馆员。

一、中美农村信息化发展特点的比较分析

（一）起步基础和背景比较

（1）美国的起步基础和背景。①农村现代化、信息技术、市场经济高度发达[1]。美国以高度商业化的家庭农场为基础，世界领先水平的农业现代化和农业生产率、农业产销实现"从田间到餐桌"的一体化、占据世界农业贸易最大份额的外向型农业，已积累并形成了一整套市场农业的运作经验，是典型的农业市场化运行机制。②已进入农村工业化阶段。农村工业化水平的高低是衡量一个国家国民经济与农村经济发展程度的综合反映。美国在"二战"后到 20 世纪 70 年代，进入了工业化的快速发展阶段，目前美国的农村工业化平均发展水平在全球处于领先地位。③与整个社会的信息化发展同步。美国的农村信息化的发展是在农业现代化、信息技术高度发达、市场经济高度发达的背景下与其整个社会的信息化和其他产业的发展同步发展的[2]。④强大的信息化基础实施。美国政府的"信息高速公路"计划出台后，计算机网络的应用在美国农业领域得到迅速普及，广泛采用先进的农业信息化关键技术，极大地提高了农业生产率，精准农业技术正在美国农业领域得到广泛的推广和应用。

（2）中国的起步基础和背景。①处于传统农业向现代农业的转变期，农业产业化程度不高。中国农业信息化建设起步较晚，农业基础脆弱、农村发展滞后、农民增收缓慢的问题比较突出。目前，最根本的是要促进农业技术集成化、劳动过程机械化和生产经营信息化[3]。这才有利于传统农业向现代农业迈进，农业产业化的程度才能有效提高。②农村信息基础设施有待完善，信息化关键技术应用不普及。目前已建成的网络质量远远不能满足信息技术应用的需求，网站缺乏高质量的数字化农业信息资源，所建数据库不能共享。立足于我国农村目前在文化技术等方面比较落后的客观情况，建立传统媒体与现代信息网络优势互补的信息服务网络，鼓励、组织建立行业的或综合性的农产品专业网站，开发和整合国际国内信息资源，实现涉农数据的兼容和共享。③农民文化素质较低，对网络认识程度低。我国农村人口多、基础差、底子薄，农村教育相对落后，农民文化素质偏低，同时传统的生产方式和交易方式也禁锢着农民的思想，从而导致农民学习和掌握网络信息技术难度极大。这就需要开展对农户的教育和培训，实现通过网络收集所需要的信息和知识，借助网络进行知识和技术的传播和交流，有利于农民树立注重知识和信息的观念。④农业产品市场初步形成。我国农产品市场化程度逐步提高，基础设施逐步改善，初步形成多层次、多主体、多类型的农产品市场流通新格局。现在我国的农产品批发市场已发展到4500 多个，承担着近70%以上的农副产品流通任务[4]。

（二）发展动力比较

美国农村信息化的发展动力主要来自于市场的需求[5]。由于美国农业商品率高和出口比重大，极易受到国内外市场的影响，因此，离开了信息，农业将无所适从。而且农民、农产品经销商和广大消费者也需要从宏观角度掌握世界农产品市场的变化情况，从微观角度了解农产品市场的价格和供求信息，不断寻找开发新的海外市场，为美国农产品生产的增长创造机遇。

中国农村信息化的发展动力来自于推进现代农业建设、促进农村经济繁荣和农民富裕[6]。当前，我国的传统农业正在向现代农业转变。立足于我国基本国情，以保障农产品有效供给、增加农民收入、实现农业可持续发展为主要目标，广泛运用现代农业科学技术、物资装备、新的生产要素和现代经营管理等手段，充分发挥市场的基础性作用和政府的支持调控作用，全面提高农业的土地产出率、资源利用率和劳动生产率，将传统农业逐步发展成农工贸紧密衔接、产加销融为一体、多功能、可持续发展的现代农业。

（三）战略模式比较

美国农村信息化发展的战略模式是以电子信息技术的全面发展支撑农村信息化的高速发展，广泛采用先进的农业信息化关键技术。

中国农村信息化发展的战略模式是以市场信息体系建设带动整个信息服务体系建设，以农业信息化带动农业现代化。

（四）战略重点比较

美国农村信息化发展的战略重点是从农业信息技术应用、农业信息网络建设、农业信息资源开发利用等技术阶段上全方位推进[7]。

中国农村信息化发展的战略重点是因地制宜地从农业信息技术应用、网络建设、信息资源开发、信息服务多样化上全面和局部推进。

（五）投入模式比较

美国农村信息化发展的投入模式是政府投入与市场运营相结合[8]。政府围绕市场建立起了强大的政府支撑体系，通过政府辅助、税收优惠和政府担保等提供一系列优惠政策，刺激资本市场的运作，推动农村信息化的快速发展。政府对农业的补贴和财政转移支付，不是大量的直接用于补贴农产品生产，而是通过加强农村信息化建设让农业和农民受益。

中国农村信息化发展的投入模式是政府主导。从总体来看由于中国农村信息体系的建设尚属起步阶段，政府作为事实上的主要投入主体，在中国大多数农村信息化建设中占绝对比重，其原因是政府的职能及其财力不相匹配，以致资金来源渠道相对单一，对社会资本的有效利用不足，最终直接导致资金投入量的不足。

二、中美农村信息服务主体、内容及信息的采集和发布方式比较

（一）信息服务主体和内容比较 [9]

美国已经形成了多元化信息服务主体共存的局面，他们在服务内容上有所侧重，服务对象和群体规模各有不同，具有良好的互补性。首先，美国的农村信息服务主体由联邦农业部门、大学、县推广部门、农业院校和科研单位、私人公司以及民间服务组织、农会、合作社、专业协会组成。其次，国家政府部门主要负责向社会定期或不定期地发布政策（法规）信息、统计数据、市场动态信息等，并建立农业信息服务平台和信息采集的指标体系，规范农业信息资源标准；农业科技信息的研究、开发和应用主要由教学科研机构、当地大学和地方农业推广中心及私人公司来完成，不仅进行基础性的生产技术应用研究，还开发创新技术，提供技术性很强的种子、种苗和农产品加工品，集科研、推广、经营于一体；各种行业组织不仅收集对本组织会员有用的技术、市场、法规、政策信息，而且在农业金融、教育、灾害以及生产、销售、运输加工的合作方面为农户提供咨询、联络服务，在基层农业信息服务主体中占有重要位置。

中国农业信息服务主体在形式上也是多元化信息服务主体共存，但是在服务内容和服务对象上没有明确的分工，侧重点也不分明，不能形成互补。首先，中国的服务主体由农业部、各专业司局和直属事业单位共同参与的信息组织机构、科研院校，以及行业协会、专业合作社等组成。其次，地方农业局和农业推广部门只进行数据统计、汇报、下达国家农业指标等工作，为领导服务的信息较多，而直接为市场、为农民服务的信息较少，不能满足广大农民对生产、科技、供求等方面的信息需求；农业教育以及农业科技信息的研究、开发和应用主要由教学科研机构和公司来完成，科研机构的农业成果转化缺乏合理的市场机制，难以将农业高新技术产品转化为生产力；各种行业组织和专业虽然能够为会员提供技术、市场和政策信息，并能够在生产、销售、运输加工的合作方面提供联络服务，但是在农业金融、灾害以及农民的健康和教育方面却很少涉足，农民的抗灾害以及抵御风险的能力很低，不敢尝试种植创新性品种。

（二）信息服务方式及渠道比较

第一，美国农村信息是由联邦农业部门以官方的统计报告形式通过媒体、网络发布。第二，大学和县推广部门主要以合同方式为用户服务，具有盈利性质。第三，农业院校和科研单位以社会性、公益性和非盈利性为原则，通过全国农业网站、信息中心或以图书资料形式予以传播。第四，私人公司采用完全的市场化行为，获取利润。第五，民间服务组织、农会、合作社、专业协会则是收费和免费两种形式并存。

我国农村信息首先是农业部、各专业司局和直属事业单位共同参与的信息组织机构以农业部门与电视、广播、报刊、网络等媒体合作建立固定的信息发布窗口;其次是科研院校负责书籍、报刊、培训等方式;最后是行业协会、专业合作社负责报刊、媒体等渠道。

(三) 信息的采集和发布方式比较

(1) 美国的信息采集与发布方式[10]。一是农业部市场营销局、各地农产品市场 (调查员) 利用电话询问交易场所,观察交易过程,会见买主,查看交易记录等。收集的内容主要是微观信息:有关产品的数量、质量、价格、供应量等方面的信息,预测变化趋势。借助于通信卫星网络传到 100 多个地面接收站,通过广播、电视、报刊等播发信息。二是国家农业统计署的抽样调查和统计。收集的内容主要是宏观信息:对主要农作物的跟踪调查、农业环境调查、接受委托的有关农业调查。以固定的时间对外正式发布官方的统计报告,通过出版与种植业和养殖业有关的生产报告。三是与国外和各个国家的农业参赞联系沟通国家农业局的收集方式,主要是收集和提供世界各地的农业政策、农作物长势和收获、市场价格和供求情况等农业信息,经过统计分析后以报告方式对外公布。

综上所述,美国农业信息的采集与发布方式具有以下特点:信息内容全面,指标体系健全,信息内容客观真实,信息收集及时有效,信息能够得到深层次的开发和利用。

(2) 中国的信息采集与发布方式。一是农业部、各专业司局和直属事业单位共同参与的信息组织机构采取普查、抽样调查统计等方法,收集农村政策、科技、生产动态和农民收入、经济形势预测等信息,通过农业部门与电视、广播、报刊、网络等媒体合作建立的固定信息发布窗口发布。二是科研院校召开座谈会,通过互联网等采集信息。收集的内容有理论研究、新产品和新技术创新、推广信息。发布方式有书籍、报刊、培训等。三是行业协会、专业合作社通过问卷调查汇总农业部门发布的信息、研讨等。收集的内容有新技术、新产品信息,生产指导性信息等。发布方式有广播、各种纸媒体、板报、小喇叭等。

与美国比较,我国的农村信息服务内容在全面、准确、及时、有效等方面存在一定的差距:一是在信息采集方面,指标体系还不健全,信息采集的方法不够科学、准确性不足;二是在信息处理方面,多数基层农业部门信息处理的技术手段落后,信息分析加工能力较低;三是在信息发布方面,现有农业信息发布的渠道不畅,缺少连接信息网络与农户的有效载体,新闻媒体在市场信息服务方面的作用还不够,信息发布、传播的覆盖面过窄。

三、美国农村信息化发展的经验对我国的启示

通过对中美农村信息化建设的特点比较分析,美国成功的经验与做法,为我国农村信息化发展提供了借鉴和启示。但我们不可照搬照抄美国的模式,应有所选择并结合我国农

村实际，用美国先进的农业信息成果和经验来提高我国农业现代化水平，实现农村信息化稳步快速发展，促进我国"三农"问题的解决。

（一）确立政府在农村信息化建设中的主导地位

从美国农村信息化的情况看，政府部门是国家信息化体系高效运作的基础，它在实现农村信息化的过程中，起到集中统一领导的重要作用。美国有一个高效的农业行政管理系统，从联邦政府到各州、各县政府都十分注重在组织上加强对农业信息工作的协调与管理，形成了以农业部及其所属的国家农业统计局、经济研究局、海外农业局等机构为主的信息收集、分析、发布体系。只有政府及其农业管理部门有能力促进、管理、协调农村信息化建设，减少农村信息化建设中的重复建设和浪费，才能获得最大的产出和效益。在信息传播上，政府部门是农业信息最主要的传播主体之一。农业信息产品中多数具有公共产品性质，需要由政府提供，才可能建立权威性的农产品市场信息统计、分析与报告制度，为农民提供及时、全面、精确的市场信息和参考资料。因此，中国政府作为农业信息服务的主体，要加强农村信息化建设的领导和组织，建立强有力的完善的组织管理体系，确定各部门的职责并分工协作。

（二）加大财政投入，加强农村信息化基础设施建设

从美国的情况看，政府应明确将农业信息网络建设列为基础性体系建设内容，这种基础投入包括农业信息系统网络建设和配套软件开发所需的资金及农业信息系统日常运行所需的费用。美国政府对农村信息化建设的投入比例非常高，在投入大量资金加强和完善农村信息系统硬件建设的基础上，还拨付充足的系统运行经费，每年的农业信息经费支出高达10亿美元，占农业行政事业经费的10%。对于我们这样一个农业大国的农村信息化建设来说，农村信息化是一项高效工程和长效工程，考虑到我国农业以分散的小规模农户经营为主的格局短期内难以根本改变，农村信息服务的公益性特征尤为突出，为此，我国应加大财政对农村信息化及其服务体系建设的投入。在政策和资金上，政府部门有责任和义务保证农业和农村信息化发展的需要，围绕农业科研体制、投资结构、经费投入和实用技术研究进行政策调整，明确投资主体并保证基本投入。

（三）建立健全农村信息化法规，实现信息资源共建共享

建立健全的农村信息化法制、法规并注重立法、监督，依法保证信息真实性、有效性及知识产权等，维护农村信息化主体的权益并积极促进信息的共享。如美国从第一次颁布农业法开始，就对农业技术信息服务做出了规定。在农业信息管理上，从信息资源采集到发布都进行立法管理，并不断加以完善，形成体系；为了保障市场信息的准确性和标准化，美国市场信息的运行统一采用农业部颁发的标准、格式和规范的术语，定时收集和发布信息；在资源的共建共享上，美国既限制对机密资料的传播，同时反对信息资料的垄断，积极促进信息资料的共享。一旦信息资料经农业部公开发布，该资料就为全社会共

享。我国应借鉴美国的经验，尽早立法，在依法保证信息真实性、有效性及知识产权，维护信息化主体的权益的同时，实现农业信息资源的共建与共享。

（四）打造多层次的农村信息服务体系

从美国农业和农村信息化工作推广中我们可以清楚地看到，生产者、经营者的信息需求多种多样，这就需要信息服务主体多元化，信息服务形式多样化，服务内容上有所侧重，服务对象和群体规模上各有不同，具有良好的互补性。不同层次、不同部门设立的农业信息服务机构（部门），应根据各自的职能和服务对象，确定信息服务的领域和范围。在服务内容上，农业和农村信息服务涵盖农业产前、产中、产后各个环节，包括国家宏观决策、生产者微观决策，法规、政策、市场、技术、气象、灾害等信息。要为政府、企业和农户提供全方位的信息服务，需要建立和完善政府、协会、企业、院校共同参与、多层次的农业信息服务体系，政府部门与各种专业协会和决策咨询机构形成民间农业社会化服务体系。

（五）注重农业科研、教育和推广三结合

从美国的实践中发现，在推动农业和农村信息化过程中，必须加强科研、教育和推广的相互结合、紧密协作，为涉农经济的发展提供基本保证。美国政府对于各级农业研究所、试验站、学校等部门从事农业信息服务高度重视，每年给予大量的资金支持；它们有专业的农业科技推广队伍，并有完善的人员培训制度，使得各种农业科技成果可以及时地推广应用，并很快转化为经济效益。这种农业科研、教育、推广三结合的管理体制，非常值得我们借鉴。我国也应积极探索新形势下的农业科研教育和推广工作，让信息用户真正得到有用的信息，同时，应进一步做好农业信息人员的培训工作，强化队伍素质，增强其对知识和信息的接受与分析能力。促进信息的有效利用，还必须提高农民素质。怎样解读政策信息和市场信息，恰当地进行农业生产等各项经济活动，还取决于农民自身的理解与分析能力。可以通过学校式的传统教育和各种培训，提高农民的认知能力；还可以通过各种农业项目示范区和典型示范户，帮助农民更新观念，增强对知识和信息的接受与分析能力。

参考文献

[1] 广东省农业厅农业机械化管理办公室.国外主要国家农业信息化发展现状及特点的比例研究［EB/OL］. http://www.gdnj.gov.cn: 8080/1000_78_1001_2553.html，2018-07-10.

[2] 中国农机互联网.国外主要国家农业信息化发展现状及特点［EB/OL］. http://www.nongji.com.cn/news/viewNews.action? newsId=4275，2007-04-24.

[3] 宗锦耀.加快发展农业机械化大力促进传统农业向现代农业转变［EB/OL］. http://www.qqhrkjj.gov.cn/list.asp? id=118，2010-03-30.

[4] 赵洁.市场与信息：多层次多主体多类型农产品市场流通新格局初步形成［N］.农民日报，2009-08-24.

［5］卢丽娜. 国外农业信息化发展现状及特点［J］. 中国农村小康科技，2007（4）：23-26.

［6］杜青林. 强化社会主义新农村建设的产业支撑［N］. 人民日报，2006-04-07.

［7］Information Gaps in Rural America：Telecommunications Policies for Rural Development［J］. Telecommunications Policy，1990，14（3）：193-205.

［8］贺文慧. 国外农村信息化投资发展模式对中国的启示［EB/OL］. http://www.lcvlcv.com/stuVillage.do? method=queryNewsInfo&id=10043&count=64，2010 -03 -15.

［9］温继文. 我国与美国农业信息服务体系建设的比较研究［J］. 南方农村，2006（1）：49-53.

［10］李雪. 黑龙江省农村信息化发展模式的研究［D］. 中国农业科学院博士论文，2008.

China and the United States, the Characteristics of Rural Informatization Comparative Study

He Hongming[1], Xiao Youguo[2]

(1. CPC Guizhou Provincial Committee Party School Library, Guiyang, Guizhou 550028;

2. CPC Sichuan Provincial Committee Party Schoof Library, Chengdu, Sichuan 610071)

Abstract：In today's world, countries are from the national economic development and national security strategy attaches great importance to strengthening the information construction in rural areas. China and the United States through the information construction in rural areas to compare and analyze, learn from the successful experience of the United States to speed up construction of rural information, market information system to promote the information service system; to agricultural information technology to stimulate agricultural modernization.

Key Words：United States; China; rural information; information services

会计信息化标准体系构建研究 *

杨周南 [1]　刘梅玲 [2]

(1. 财政部财政科学研究所，北京 100142；2. 中国矿业大学管理学院，江苏徐州 221116)

【摘　要】 本文探讨了我国会计信息化标准体系构建的理论和方法学基础，提出了会计信息化标准体系的概念框架，以此为指导，从会计信息系统的生命更迭和会计信息在信息化环境下的运动两个主视角出发，结合会计信息化综合支持与控制、会计信息化评价等辅视角，构建了我国会计信息化标准体系的框架结构模型，并对该体系中的对象和对象间关系进行了分析，以期为我国会计信息化标准体系的构建和理论研究提供有益参考。

【关键词】 会计信息化；标准体系；标准；标准化

作为国家标准化体系建设工程的重要组成部分，会计信息化标准体系的构建问题一直是业内关注的焦点之一。为全面推进我国会计信息化工作，财政部于 2009 年 4 月 12 日发布了《关于全面推进我国会计信息化工作的指导意见》，《指导意见》描述了我国会计信息化发展的蓝图，指出了构建会计信息化标准体系的重要性。2010 年 10 月 19 日，我国发布可扩展商业报告语言（XBRL）技术规范系列国家标准和企业会计准则通用分类标准，它们的发布为构建科学完善的会计信息化标准开创了先例，成为我国会计信息化领域发展的又一个里程碑和新起点。

我国学者对会计信息化标准展开了一系列研究，取得了一些成果。本文作者曾根据企业会计信息化的不同层次，先后枚举了企业整体信息化环境下和价值链信息化环境下的会计信息化标准，并将会计信息化标准体系的研究纳入会计信息化 TMAIM（Theory Methodology Application Implementation Management）体系中；胡仁昱等（2008）将会计信息化标准体系划分为会计信息表达形式的标准（元数据）、中间过渡和终极输出标准（XBRL）、会计信息数据交换的标准（数据接口）和会计信息安全控制标准四个要素，并指出该体系

---

* 本文选自《会计研究》2011 年第 6 期。

基金项目：江苏省教育厅 2009 年度高校哲学社会科学基金项目（09SJD880080）。

作者简介：杨周南，财政部财政科学研究所博士生导师，中国会计学会会计电算化专业委员会主任委员，在青岛海洋大学、杭州电子工业学院、安徽工业大学等任兼职教授，北京市第一批咨询师；刘梅玲，中国矿业大学管理学院教师。

尚处于构架阶段；孙凡（2010）从会计信息化的一些基本特征出发，认为我国会计信息化标准制定应关注会计信息资源和会计信息化的利益相关方两部分标准。本文将以会计信息化标准体系相关的理论和方法学为指导，从会计信息系统的生命更迭和会计信息在信息化环境下的运动两个主视角出发，结合会计信息化综合支持与控制、会计信息化评价等辅视角，对会计信息化标准体系的构建问题进行系统的研究和探讨。

一、会计信息化标准体系构建的理论和
方法学基础

（一）标准化理论

标准化理论是对标准化的全过程及其规律进行的科学总结和理论概括。它源于标准化实践，又反作用于标准化实践。标准化理论包括标准化的概念和原理、标准化过程和形式、标准分类、标准体系、标准系统的管理等内容（桑德斯，1972；松浦四郎，1972；李春田，2005）。其中，标准化、标准、标准体系是基本的"标准化概念"，会计信息化标准化的基本概念衍生于此；"标准化原理"是对标准化领域内具有普遍意义的基本规律的总结，是会计信息化标准体系的构建原则之源；"标准分类"是按不同的分类依据对标准进行区分和归类，据此可以对会计信息化标准进行合理分类；"标准体系"是会计信息化标准体系构建的主要参照和依据。

（二）会计信息化基础理论

会计信息化基础理论是指基于会计信息化实践活动，对实践活动中的规律、规则、经验等进行总结、概括、抽象、认识所形成的理论。其主要目标是，正确识别会计信息化的内涵和外延，以指导和推动会计信息化的实践和创新活动（杨周南，2009）。本文继承会计信息化内涵和外延的研究成果，把会计信息化的过程概括为会计信息系统的构建、会计信息资源的开发和利用、会计信息资源的共享、会计信息资源产业的发展四个核心内容，该四核心为后文会计信息化标准体系五要素的提炼提供了直接的理论依据。

（三）一般系统论

一般系统论是贝塔朗菲创立的一门运用逻辑和数学的方法考察一般系统的理论。其主要目的是把对象作为有机整体（系统）来加以专门研究，识别适用于系统和系统运动的一般原则，寻求适用于一切综合系统与子系统的模式、原则和规律（Bertalanffy，1968）。系统论的主要原则包括整体性、相关性、有序性、动态性和最优化，为本文会计信息化标准体系构建原则的确立提供了理论依据。

（四）信息论

信息论是申农（1948）创立的一门揭示通信过程的复杂性运动规律的理论，后被应用到广义的通信过程。信息论为通信过程的识别和控制提出了被称为"信息方法"的基本机理。本文采用信息方法，将会计信息化的核心内容抽象为会计信息在信息化环境下的运动，并沿着其运动轨迹，逐一考虑其中需要予以标准化的方面和需要制定的具体标准。

（五）耗散结构论

耗散结构论是普利高津创立的一种系统理论。该理论指出，开放系统必须要通过不断输入负熵流来维持其有序状态或称平衡状态。会计信息化标准体系是一个开放系统，要想维持其有序状态，必须不断为其输入负熵流，以实现对会计信息化标准体系的科学管理和完善构建。

（六）软件工程理论

软件工程是指采用工程的概念、原理、技术和方法来开发和维护软件，把经过时间考验而证明正确的管理技术和当前能够得到的最好的技术方法结合起来，以经济地开发出高质量的软件并有效地维护它。为此，软件工程是指导计算机软件开发和维护的一门工程学科（张海藩，2003）。软件工程最常采用的开发模型是生命周期模型，该模型把系统的开发划分为系统分析、系统设计、编程测试、系统维护和系统评估五个阶段（杨周南、赵纳晖、陈翔，2006），该五阶段论是后文会计信息化标准体系中会计信息系统生命更迭视角抽取的方法学依据。

二、会计信息化标准体系的概念框架

概念框架是指将客观事物抽象映射为主观认知后，所产生的可理解理论体系。本部分界定会计信息化标准化的基本概念，并围绕概念定义，建立会计信息化标准体系的概念框架，以规范其内容，解析其结构，为会计信息化标准体系框架结构模型的构建提供理论支撑。

（一）会计信息化标准化的基本概念

概念是由相关特征的唯一组合界定的知识单元，概念与特定语言无关，但可能受社会或文化背景的影响（ISO1807-1，2000）。

1. 标准化相关概念

标准化相关概念源于标准化理论及国内外现有标准。标准化是指为在一定范围内获得最佳秩序，而建立可供共同使用或重复使用的关于实际已存在或潜在问题标准的活动（ISO/IEC Guide 2，2004）。其目的是总结以往的经验或教训，选择最佳方案，作为今后实践的目标和依据。这样既可以最大限度减少不必要的重复劳动，又能扩大最佳方案的重复利用范围。

标准是指，为在一定范围内获得最佳秩序，经协商一致制定并由公认机构批准，共同使用和重复使用的关于活动或活动结果的规则、导则和特征的一种规范性文件（ISO/IEC Guide 2，2004；GB/T13016，2009）。标准是标准化活动的结果，是对重复性事物和概念所作的统一规定。它以科学、技术和实践经验的综合成果为基础，以特定形式发布，作为共同遵守的准则和依据（条文解释，1990）。

体系是相互联系或相互作用的一组要素的集合（ISO9000，2005）。标准体系是一定范围内的标准按其内在联系形成的科学的有机整体（GB/T13016，2009），它体现了人们对客观规律的认识，又反映了人们的意志与愿望，是一个人造系统。

2. 会计信息化标准化相关概念

本部分在借鉴标准化相关概念的基础之上，结合会计信息化基础理论，给出会计信息化标准化的相关概念。

会计信息化标准化是指，对在会计信息化过程中出现的重复性事物和概念制定和实施标准，以获得会计信息化过程的最佳秩序和社会效益。其目的是，充分总结会计信息化以往的经验和教训，选择最佳会计信息化方案，作为今后会计信息化实践的目标和依据。

会计信息化标准是指，为在会计信息化范围内获得最佳秩序，经协商一致制定并由公认机构批准，共同使用和重复使用的关于会计信息化活动或活动结果的规则、导则和特征的一种规范性文件。会计信息化标准是对会计信息化过程中出现的重复性事物和概念所做的统一规定，它是会计信息化标准化活动的结果。

会计信息化标准体系是指，会计信息化标准按其内在联系形成的科学的有机整体。会计信息化是一个历史过程，应以该过程为中心，构建会计信息化标准体系的概念框架和框架结构模型，以规范影响会计信息化进程的诸因素，有效促进会计信息化进程。

（二）会计信息化标准体系的概念框架

借鉴财务会计概念框架（FASB，1978），会计信息化标准体系的概念框架，是由一系列说明会计信息化标准体系并为该体系所应用的基本概念所组成的理论体系，是评价现有的会计信息化标准体系、指导和发展未来会计信息化标准体系的理论依据。此框架以会计信息化标准化的基本概念为指导，在明确会计信息化标准体系定位和构建目标的基础之上，提炼基本要素，确立构建原则，建立框架结构模型，实现标准体系固有内在结构的形象表示和明细列示，制定具体标准并形成标准体系，解析其对象和对象间的关系，详见图1。抽象的概念框架将为研究和构建会计信息化标准体系及其框架结构模型提供直接的理论指导。

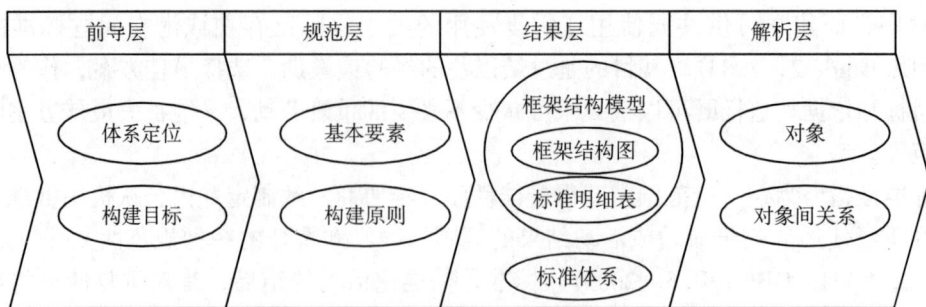

图1　会计信息化标准体系的概念框架

由图1可见，会计信息化标准体系的概念框架分为四个层次：前导层、规范层、结果层和解析层，并在不同层次的内容之间建立有机联系。

1. 前导层

体系定位和构建目标，构成概念框架的第一个层次。此二者是会计信息化标准体系构建的前导性根基，均受所处的内外部环境影响，并随着环境的变化而动态调整。

（1）会计信息化标准体系的定位。

体系定位，是确定会计信息化标准体系在国家信息化标准化体系中所处的地位，以及其与该体系内其他信息化标准化体系的关系。它与会计信息的特殊性息息相关：首先，会计信息是其他多种信息的基础，如审计信息、税务信息、海关信息、工商行政管理信息、财政信息、统计信息等；其次，会计信息的交换涉及多方，如投资者、债权人、供应商、客户、各方监管者等；再次，会计信息被广泛使用，包括企业内部的管理层和普通员工，也包括企业外部的各交换方及社会公众等。可见，会计信息化标准体系是国家信息化标准体系的重要组成部分，同时也是该体系内其他信息化标准体系的基础，其构建的合理性、科学性尤为重要。

（2）会计信息化标准体系的构建目标。

会计信息化标准体系的构建目标是，充分总结会计信息化以往的实践经验，根据会计信息化需求抽象和提炼出会计信息化标准体系的框架结构模型，以此为基础，对会计信息化过程中出现的重复性事物和概念制定标准，并使这些标准按其内在联系形成科学的有机整体（标准体系）。该标准体系可作为今后会计信息化实践的目标和依据，为选择最佳会计信息化方案提供基础性的指导，为实现会计信息化目标提供重要的参照系，以有序推进我国会计信息化工作的开展。

2. 规范层

会计信息化标准体系的基本要素和构建原则，构成概念框架的第二个层次。此二者衍生于体系定位和构建目标，并与其共同筑成构建会计信息化标准体系及其框架结构模型的基础。

（1）会计信息化标准体系的基本要素。

基本要素，是会计信息化标准化对象（会计信息化过程中出现的重复性事物和概念）的具体化，其抽取过程详见图2。首先，根据会计信息化基础理论，将会计信息化的内涵概括为会计信息化的4个核心内容；其次，借助软件工程方法和信息方法，从会计信息化的核心内容中抽取出会计信息系统的生命更迭和会计信息在信息化环境下的运动两个主视角，以及会计信息化综合支持与控制、会计信息化评价等辅视角；最后，在标准化理论的指导下，基于会计信息化的主辅视角，提炼出信息化标准体系的五个基本要素，该五要素是会计信息化标准体系框架结构模型中五板块结构的构筑依据。

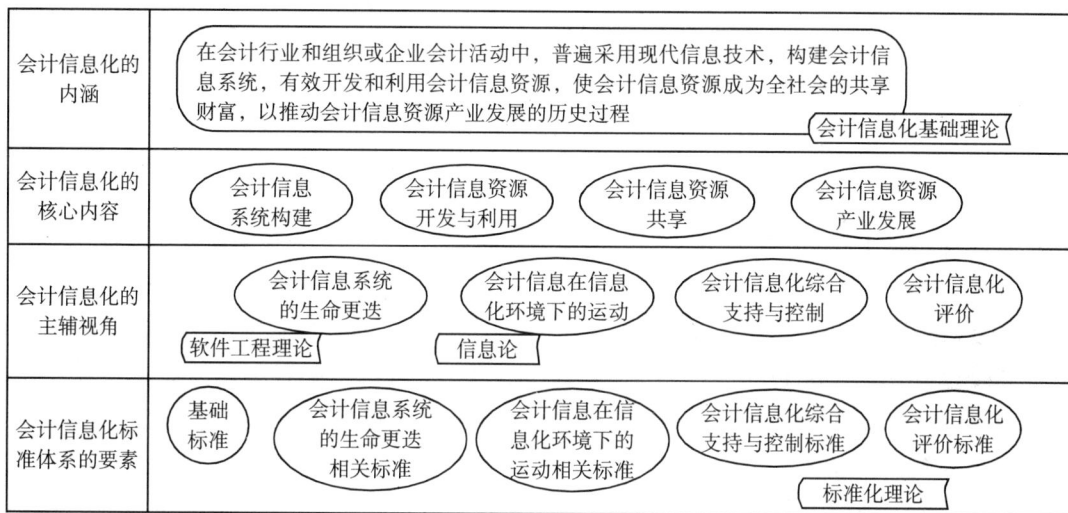

图2　会计信息化标准体系的基本要素抽取过程

（2）会计信息化标准体系的构建原则。

构建原则是构建会计信息化标准体系应遵循的基本准则，是对体系构建的质量要求和规范保障。根据《标准体系表编制原则和要求》（GB/T13016，2009），会计信息化标准体系的构建应遵循目标明确、全面成套、层次适当和划分清楚四项一般原则。根据综合标准化工作指南（GB/T12366，2009），标准体系中的标准数量应当适中，应充分选用现行标准，必要时可对现行标准提出修订或补充要求，应积极采用国际标准和国外先进标准。除此之外，根据标准化理论、会计信息化基础理论、一般系统论和耗散结构论，会计信息化标准体系的构建还应遵循如下5项特殊原则：

1）整体性原则。整体性是指，会计信息化标准体系是由一整套相互联系、相互制约的会计信息化标准组合而成的有机整体。为此，要研究其基本要素、各要素之间的关系，以及如何保证该体系的内在一致性和持续稳定性等，以达到系统的整体效益最佳（GB/T 12366，2009）。

2）结构性原则。结构性是指，会计信息化标准体系具备一定的结构形式。结构是各要素在会计信息化标准体系中的位置或次序以及它们之间的联系，表现为各要素空间排列组合的次序和各要素随时间变化重新排列组合的次序。为此，要研究会计信息化标准体系的结构形式，以服务于其框架结构模型的构建。

3）一致性原则。一致性是指，同一事物或过程中不能出现矛盾现象。在会计信息化标准体系的众多会计信息化标准之中，难免存在相互重叠乃至相互矛盾的内容，这就需要我们高度重视该体系的内在一致性。为此，不仅需要严格规范各标准的具体覆盖范围，而且要规定矛盾发生时的详细协调原则。

4）动态性原则。动态性是指，会计信息化标准体系是一个动态的不断变化的系统。伴随信息技术在会计工作中应用的持续深入，会计信息化的发展过程中会不断涌现新问题、新方法，这些问题的解决以及方法的运用，需要对标准体系加强管理和不断更新，为其输入负熵流以确保其长期稳定性。

5）分类原则。分类是指，按照事物间相似程度进行组合的过程，是人类认识自然事物的重要途径。对于标准而言，人们常用的分类方法有层级分类法、对象分类法、性质分类法等（北京市信息化工作办公室和北京市质量技术监督局，2009）。本文采用性质分类法，将会计信息化标准划分为基础标准、技术标准、管理标准和工作标准。

3. 结果层

框架结构模型和标准体系构成概念框架的第三个层次，是对第一、第二层规范后的成果。框架结构模型（ISO22111，2007）是会计信息化标准体系固有内在结构的抽象表达，用于体系的构建、分析和确认。它以标准体系框架结构图和标准明细表的形式，提供给标准体系的构建方，指导标准的制定、修订计划的编制，指导对现有标准体系的健全和改造，从而使标准体系的组成由重复、混乱走向科学、合理和简化，辅助会计信息化标准体系构建目标的实现，进而有利于加强对标准化工作本身的管理。

标准体系是会计信息化标准按其内在联系形成的科学的有机整体，这些标准是对会计信息化过程中出现的重复性事物和概念所做的统一规定，是会计信息化标准化活动的最终结果。

4. 解析层

对会计信息化标准体系中所涉及的对象，以及对象之间关系的解析，是概念框架的第四个层次。该层是对结果层——框架结构模型和标准体系的深入理解和认识，有助于标准体系构建的科学性、合理性和完整性。

总之，会计信息化标准体系的概念框架是一个复杂的、系统的、前后一致的理论体系，它为下文会计信息化标准体系框架结构模型的构建提供直接的理论指导。

三、会计信息化标准体系的框架结构模型

会计信息化标准体系的框架结构模型是标准体系框架构建阶段的结果，主要以标准体系框架结构图的形式呈现，并辅以标准明细表。

（一）会计信息化标准体系的框架结构图

标准体系框架结构图，是标准体系固有内在结构的形象表示，是标准体系框架结构模型的主要组成部分。它反映了标准体系的构成要素、各要素之间的相互关系，以及体系的框架结构全貌，从而使标准体系形象化、具体化。根据标准化理论，标准体系的框架结构关系一般可分为上下层之间的层次关系，或按一定的逻辑顺序①排列起来的序列关系，或用板块表示的组成关系，也可以是以上几种关系相结合的组合关系（GB/T13016，2009）。相对应地，标准体系的框架结构分别借助层次结构图、序列结构图、板块结构图和组合结构图予以展现。根据会计信息化基础理论，会计信息化是一个渐进的历史过程，其标准体系的框架结构理应采用序列结构。而根据上文概念框架中对"基本要素"的分析，会计信息化标准体系由相互联系而又相互制约的五要素组合而成，该五要素继而演绎为该体系框架的五板块结构，宜用板块结构图予以展现。为此，本文采用序列结构和板块结构相结合的组合结构，绘制出会计信息化标准体系的框架结构图，详见图3。

1. 会计信息化标准体系框架结构模型的结构板块

如图3所示，会计信息化标准体系的框架结构模型由相互联系而又相互制约的五个板块组合而成，此五板块是会计信息化标准体系五要素在其框架结构模型中的具体映射，板块间的关系反映了要素间的关系。

（1）基础标准。

基础标准是指，在一定领域内，覆盖范围广或包含通用条款的标准（GB/T 13017，2008）。它可以作为一个标准直接加以应用或作为该领域内其他标准的依据和基础（ISO/IEC Guide 2，2004）。在会计信息化标准体系当中，基础标准主要包括会计信息化标准化工作指南、会计信息化术语标准、会计信息资源元数据标准等，这些标准是制定其他板块中标准的依据和基础，从而对它们具有普遍的指导意义。

（2）会计信息系统的生命更迭板块。

会计信息系统的生命周期历经开发、使用、评审和审计阶段，参与者分别为会计信息系统开发者（以软件供应商为例）、开发工程监理师、使用者（以企业为例）、评审部门和

---

① 通常是指围绕产品（或服务）、过程的标准化建设，按生命周期阶段的序列，或空间序列。

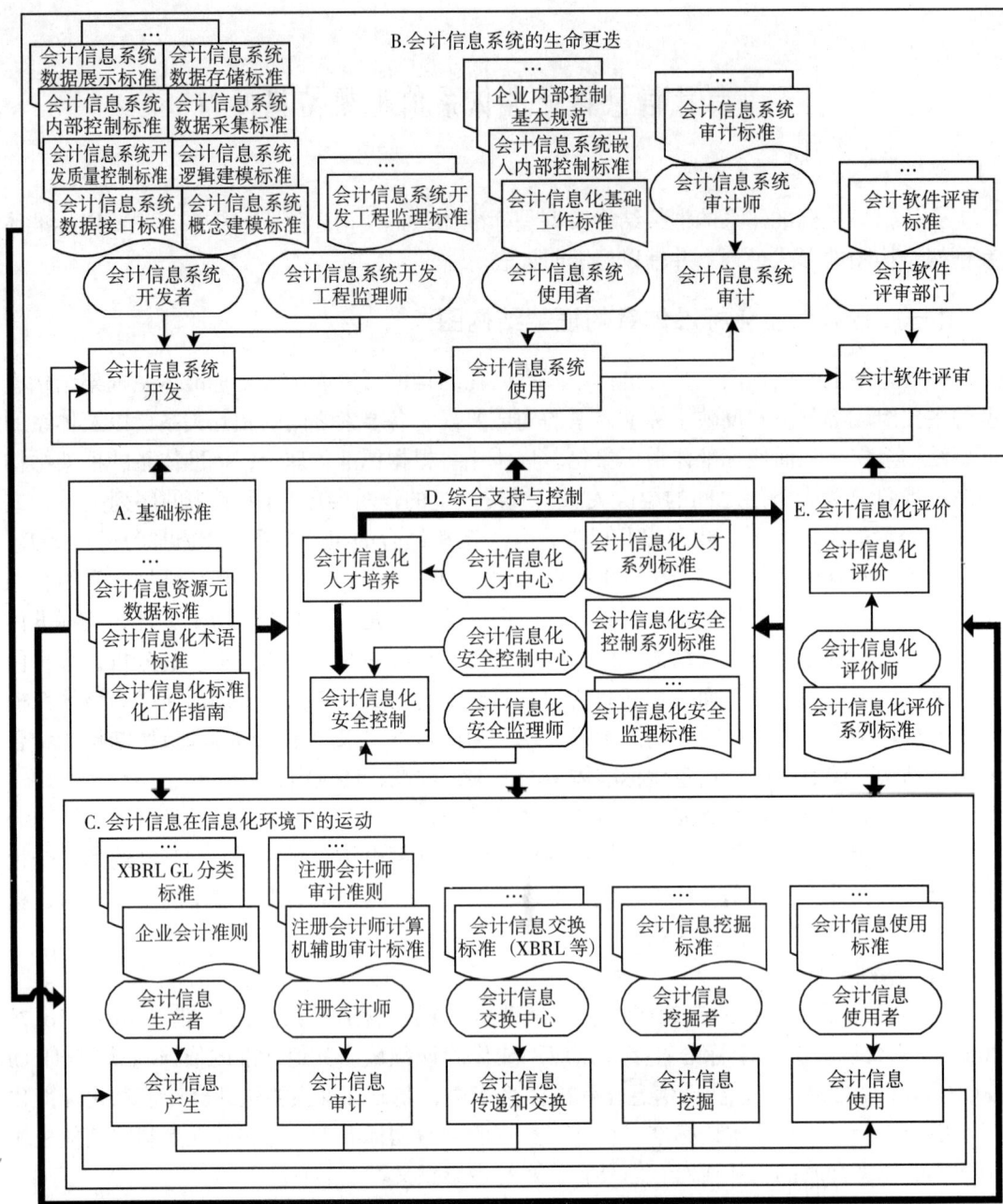

图 3　会计信息化标准体系的框架结构①

----

① 严格来讲，企业会计准则、注册会计师审计准则和企业内部控制基本规范不属于会计信息化标准体系的内容，因为其存在与会计信息化本身无关，但为保持会计信息系统生命更迭和会计信息运动路径的完整性，特将其纳入会计信息化标准体系框架结构图当中。这三者均属相对成熟的已颁布规范，不作为本文讨论的重点。

审计师，他们所遵循的标准分别如图 3 所示，如会计信息系统审计师要遵循会计信息系统审计标准。需要指出的是，会计信息系统的开发采用前文所述的五阶段论。当会计信息系统不能满足使用者需求，或其使用成本远大于使用收益时，使用者会考虑其更新换代，这种更新需求又会促使会计信息系统进入新一轮的生命周期，循环往复，以至无穷，此谓之会计信息系统的生命更迭。此外，会计软件的评审主要针对其合法合规性，该合法合规性评测也将促进会计信息系统的生命更迭。该板块为会计信息在信息化环境下的运动提供了重要的平台支撑。

（3）会计信息在信息化环境下的运动板块。

会计信息在信息化环境下的运动轨迹如下：产生于会计信息生产者，经由注册会计师审计，抵达交换中心，再由专业的挖掘者进行深度加工和深层次挖掘，先后到达使用者手中，对这些信息的使用会影响他们对经济资源的配置，进而反作用于会计信息的产生。在此过程当中，各参与者所遵循的标准亦如图 3 所示。

（4）综合支持与控制板块。

会计信息系统的生命更迭和会计信息在信息化环境下运动的每个环节，都伴有安全问题，也都需要会计信息化人才的支持，因此要有一系列的安全控制标准和人才培养标准予以规范和引领，这些标准构成了会计信息化综合支持与控制板块的主要内容，分别由安全控制中心和人才中心予以执行。而安全控制的执行情况，又需要安全监理师依据安全监理标准予以监督。此外，会计信息化安全控制同样也离不开会计信息化人才的支持。

（5）会计信息化评价板块。

会计信息化评价是一个综合的概念，既包括对会计信息系统生命更迭和会计信息在信息化环境下运动过程中每个环节的评价，也包括对会计信息化综合支持与控制的评价。评价的内容主要涉及会计信息系统的质量、会计信息系统开发者质量控制能力成熟度、会计信息化的 IT 价值、会计信息的质量等方面，而评价工作则由评价师依据系列评价标准开展。

2. 会计信息化标准体系框架结构模型内各板块之间的关系

图 3 中已用粗线箭头展现了会计信息化标准体系框架结构模型内各板块之间的关系，但为清晰起见，本文进一步引入关系矩阵，并将"综合支持与控制"拆分为"会计信息化人才培养"和"会计信息化安全控制"两个子板块，对结构模型内各板块之间的关系予以具体化，详见表 1。

表 1　会计信息化标准体系框架结构模型内各板块之间的关系矩阵

作用方 ＼ 受作用方	会计信息系统的生命更迭	会计信息在信息化环境下的运动	会计信息化安全控制	会计信息化人才培养	会计信息化评价
基础标准	指导	指导	指导	指导	指导
会计信息系统的生命更迭	—	平台支撑	—	—	—
会计信息化安全控制	安全保障	安全保障	—	—	—
会计信息化人才培养	人才支持	人才支持	人才支持	—	人才支持
会计信息化评价	评价	评价	评价	评价	—

据表 1 可知，基础标准仅为作用方，是其他标准制定的依据和基础，对它们具有普遍的指导意义；会计信息系统的生命更迭为会计信息在信息化环境下的运动提供平台支撑；安全控制为会计信息系统的生命更迭和会计信息在信息化环境下的运动提供安全保障；人才培养为除自身之外的诸受作用方提供人才支持；会计信息化评价则针对除自身之外的诸受作用方。

（二）会计信息化标准明细表

标准明细表是标准体系中所包含标准的明细列表，是标准体系框架结构模型的辅助组成部分。根据会计信息化标准体系框架结构图，结合性质分类法对会计信息化标准进行分类后，可编制简化的会计信息化标准明细表，详见表 2。

表 2　会计信息化标准明细[①]

序号	标准名称	标准子项	标准类别
1	AIn 标准工作指南		基础标准
2	AIn 术语标准		基础标准
3	AIR 元数据标准	通用部分、一般企业部分、商业银行部分、保险公司部分、证券公司部分、行政事业部分、小企业部分等	基础标准
4	AIS 数据接口标准	通用部分、一般企业部分、商业银行部分、保险公司部分、证券公司部分、行政事业部分、小企业部分等	技术标准
5	AIS 开发过程质量控制标准		管理标准
6	AIS 内部控制标准	一般控制部分、应用控制部分等	管理标准
7	AIS 概念建模标准		技术标准
8	AIS 逻辑建模标准		技术标准
9	AIS 数据采集标准		技术标准
10	AIS 数据存储标准		技术标准
11	AIS 数据展示标准		技术标准
12	AIS 开发工程监理标准		工作标准
13	AIn 基础工作标准		管理标准
14	AIS 嵌入内部控制标准		技术标准
15	ASw 评审标准	ASw 合法合规性测评等	管理标准
16	AIS 审计标准	AIS 内部控制的审计、AIS 内部控制执行的审计等	工作标准
17	XBRL GL 分类标准		技术标准
18	GPA 计算机辅助审计标准	通用软件部分、专用软件部分等	工作标准

[①] 表中 AIS 表示会计信息系统，ASw 表示会计软件，AIR 表示会计信息资源，AIf 表示会计信息，AIn 表示会计信息化，CPA 表示注册会计师。

序号	标准名称	标准子项	标准类别
19	AIf 交换有关标准 （XBRL 分类标准等）	通用部分、与银行部分、与审计单位部分、与税务部门部分、与工商部门部分、与统计部门部分、与海关部分、与财政部门部分等	技术标准
20	AIf 挖掘有关标准		技术标准
21	AIf 使用有关标准		技术标准
22	AIn 安全控制系列标准	通用部分，AIS 开发部分、使用部分、评审部分、审计部分，会计信息产生部分、审计部分、交换部分、挖掘部分、使用部分等	管理标准
23	AIn 安全监理标准		工作标准
24	AIn 人才系列标准	职业道德部分、职业资格部分、职业技能部分、职业技能培训部分、职业技能鉴定部分等	管理标准
25	AIn 评价系列标准	通用部分、AIS 的质量评价、AIS 开发者质量控制能力成熟度评价、AIn 的 IT 价值评价、AIf 的质量评价等	工作标准

四、会计信息化标准体系中的对象及对象间关系分析

会计信息化标准体系的构建过程涉及主体、客体和受体三个对象。这些对象之间存在有机联系，本文关注客体与受体之间的关系，以进一步明确标准制定时所需的各参与方。

（一）主体、客体与受体

主体，与客体相对应地存在，哲学上是指对客体有认识和实践能力的人或组织，是客体存在意义的决定者。在会计信息化标准体系中，主体是指会计信息化标准化工作的组织者——财政部及相关部委，协调者——会计信息化委员会，研究者——中国会计学会会计信息化专业委员会及相关会计信息化学术团体等，制定者——会计信息化标准化技术委员会。

客体，与主体相对应地存在，哲学上是指主体以外的客观事物，是主体认识和实践的对象。在会计信息化标准体系中，客体是指会计信息化标准。在本文所构建的会计信息化标准体系中，共涉及 25 个会计信息化方面的标准或系列标准，详见表 2。

受体，是与客体建立一定使用关系的人或组织。没有受体的存在，客体则形同虚设，主体作用于客体的实践活动也将失去意义。在会计信息化标准体系中，受体如图 4 中圆角矩形所示，如沿着会计信息系统的生命更迭，会计信息化标准的受体分别为会计信息系统的开发者、开发工程监理师、使用者、评审部门和审计师。

（二）客体与受体的关系分析

在会计信息化标准体系中，受体对客体的作用通常可分为遵循和参照两种，如会计信息系统审计师在审计会计信息系统时，主要遵循会计信息系统审计标准和会计信息化安全

控制系列标准，同时主要参照会计信息系统内部控制标准。各受体与各客体的主要遵循和参照关系如图4所示。

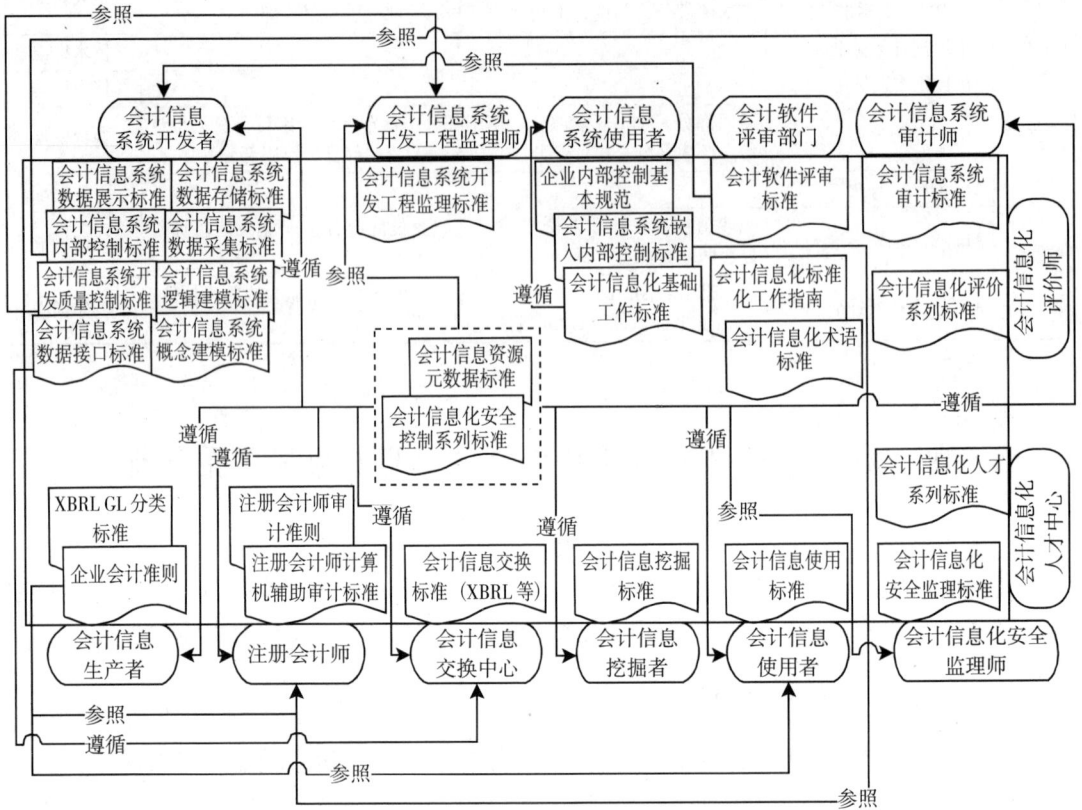

图4　会计信息化标准体系中客体与受体对应关系[①]

五、结束语

本文探讨了我国会计信息化标准体系构建的理论和方法学基础，包括标准化理论、会计信息化基础理论、一般系统论、耗散结构论、信息论中的信息方法和软件工程理论中的软件工程方法；提出了会计信息化标准体系的概念框架，包括前导层的体系定位和构建目

---

① 图中标准的遵循关系以两种形式展现，其一是相切关系，即与某一受体相切的标准或标准组是该受体应遵循的标准；其二是图中连线中表示的遵循关系；参照关系均如图中连线所示。此外，会计信息化标准化工作指南和会计信息化术语标准是所有受体都要遵循的标准，为保持图的清晰性，未能将此遵循关系予以展现。

标、规范层的基本要素和构建原则、结果层的框架结构模型和标准体系、解析层的对象和对象间关系；以概念框架为指导，从会计信息系统的生命更迭和会计信息在信息化环境下的运动两个主视角出发，结合会计信息化综合控制与支持、会计信息化评价等辅视角，构建了我国会计信息化标准体系的框架结构模型，包括框架结构图和标准明细表，并对该体系中的对象和对象间关系进行了分析，以期为我国会计信息化标准体系的构建和理论研究提供有益参考。本文所构建的概念框架和结构模型，可能在完整性、规范性方面尚存缺憾，其合理性、科学性尚待进一步验证。此外，限于时间和篇幅，本文未能对会计信息化标准体系中各项标准的具体内容以及标准之间的相互关系展开研究，此部分内容将在后续相关论文中予以探讨。

参考文献

[1] 北京市信息化工作办公室，北京市质量技术监督局. 信息化标准化工作指南 [M]. 北京邮电大学出版社，2006.

[2] 胡仁昱，孙士英，褚彦淑. 会计信息化标准体系的演变过程及发展趋势 [C]. 中国会计学会高等工科院校分会 2008 年学术年会（第十五届年会）暨中央在鄂集团企业财务管理研讨会论文集（下册），2008 (11)：834-844.

[3] 李春田. 标准化概论（第四版）[M]. 中国人民大学出版社，2005.

[4] 松浦四郎. 工业标准化原理 [M]. 技术标准出版社，1972.

[5] 孙凡. 从会计信息化的一些基本特征看我国会计信息化标准制定 [J]. 财会月刊，2010 (4)：33-35.

[6] 杨周南，赵纳晖，陈翔. 会计信息系统（第二版）[M]. 东北财经大学出版社，2006.

[7] 杨周南. 从会计电算化到会计管理信息化 [J]. 会计师，2004 (3)：24-28.

[8] 杨周南. 价值链会计管理信息化的变革 [J]. 会计研究，2005 (11)：36-40.

[9] 杨周南. 论会计信息化的 TMAIM 体系架构 [J]. 会计之友，2009 (2)：23-36.

[10] 张海藩. 软件工程导论（第四版）[M]. 清华大学出版社，2003.

[11] 中华人民共和国标准化法条文解释 [J]. 国家技术监督局令第 12 号，1990 (7)：1-10.

[12] C. E. Shannon. A Mathematical Theory of Communication. The Bell System Technical Journal, 1948, 27 (7)：379-423，1948 (10)：623-656.

[13] FASB. Statement of Financial Accounting Concepts No. 1：Objectives of Financial Reporting by Business Enterprises, 1978 (12)：8.

[14] 中国标准出版社. 综合标准化工作指南 [M]. 北京：中国标准出版社，2009.

[15] 中国标准出版社. 标准体系表编制原则和要求 [M]. 北京：中国标准出版社，2009.

[16] 中国标准出版社. 企业标准体系表编制指南 [M]. 北京：中国标准出版社，2008.

[17] Ludwing Won Bertalanffv. General System Theory：Foundations, Development, Applications (Revised Edition) [J]. George Braziller, 1976 (3)：1-295.

[18] Sanders T. R. B. The Aims and Principles for Standardization [J]. Geneva：International Organization for Standardization, 1972：1-115.

Research on Construction of Accounting Informatization Standard System

Yang Zhounan[1], Liu Meiling[2]

(1. Research Institute for Fiscal Science, Ministry of Finance, Beijing, 100142; 2. School of Management, China University of Mining & Technology, Jiangsu, Xuzhou, 221116)

Abstract: This paper discusses theoretical and methodological basis of the construction of Accounting Informatization Standard System (AISS), and brings forward a conceptual framework of AISS. Under its guide, from two leading viewpoints of accounting information system's change and accounting information's trajectory in informatization environment, combined with subsidiary viewpoints of comprehensive support and control, and evaluation of accounting informatization, this paper constructs a structural model of AISS' frame, and analyzes its objects and their relationships, in order to provide a useful reference for theoretical research and the construction of China's AISS.

Key Words: accounting information; standard system; standard; standardization

工业化与信息化发展的优先度研究 *

俞立平

（宁波大学，现代高端服务业发展研究中心，浙江宁波 315211）

【摘　要】本文将改革开放以来中国信息化发展分为传统信息化与现代信息化两个阶段，然后用格兰杰因果检验研究这两个阶段工业化与信息化的因果关系，并用 Logistic 成长曲线模拟二者发展规律的特点。结果发现，信息化与工业化之间的互动关系较弱，信息化仅在滞后一年的情况下对工业化有促进作用，而工业化对信息化的促进作用则被大大滞后了，信息化的发展滞后于工业化的发展，信息化进入成长期的时间要晚于工业化，但进入成熟期的时间又早于工业化，成长曲线属于典型的"晚熟早衰"型，原因可能有信息产业缺乏核心技术、信息化的发展到了相对平稳阶段、信息化投入不足、信息资源的利用效率有待提高等。

【关键词】工业化；信息化；优先度；格兰杰因果检验；Logistic 曲线

一、引 言

著名发展经济学家钱纳里（H.B.Chenery）[1] 在其《工业化与经济增长的比较研究》一书中对工业化做了如下定义："工业化是指以各种不同的要素供给组合去满足类似的各种需求增长格局的一种途径。"一般认为，工业化是一个长期的、不断变化的经济结构演变过程，在这个进程中，工业部门持续扩张，特别是制造业增长迅速，使得农业部门净产值和劳动力比重持续下降，而工业部门尤其是制造业部门比重持续上升，而服务业部门的比重大体保持不变，其结果是工业部门在国民经济中逐渐占据优势。新中国成立以来尤其是改革开放以来，我国工业化发展进程大大加快，取得了长足的进步，2009 年国内生产总

* 本文选自《中国软科学》2011 年第 5 期。

基金项目：国家社会科学基金后期资助项目（10FTQ003）。

作者简介：俞立平（1967—），男，江苏泰州人，博士，宁波大学商学院教授，研究方向为信息经济、科学计量。

值（GDP）335353 亿元，比上年增长 8.7%。其中第一产业为 35477 亿元，增长 4.2%；第二产业为 156958 亿元，增长 9.5%；第三产业为 142918 亿元，增长 8.9%。第二产业产值占 GDP 的比重为 46.8%，第三产业产值占 GDP 的比重为 42.6%，第二、第三产业的比重占 89.4%。

1978~2009 年，第二产业占 GDP 的比重如图 1 所示。总体上处于锯齿状的波动状态，但是幅度在逐渐减小，1978~1990 年，由于农村改革的快速发展和城市改革的起步，第二产业所占比重总体呈下降趋势，到 1990 年到达波谷的 41.2%。1991 开始逐步回升，到 1996 年到达一个小波峰 48.2%。此后基本在 45%~50%波动，一般认为，中国已经进入工业化社会的中期。

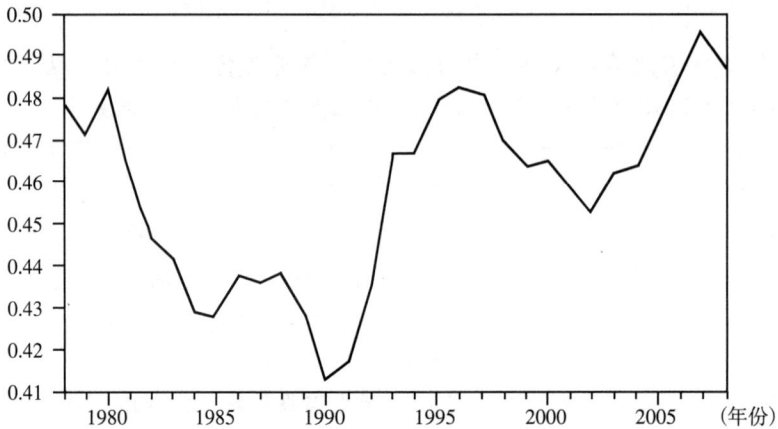

图1 第二产业占 GDP 的比重

1967 年，日本科学技术和经济研究协会首次提出"信息化"一词，对信息化的理解并没有过多分歧。信息化是国民经济或社会结构框架的重心从物理性空间向信息或知识性空间转移的过程，它以高科技的信息技术为手段，对社会经济结构、产业结构等进行改造、改组或重新定向，通过提高产品与经济活动中信息与知识的含量，推动全社会达到更高级、更有组织、更高效率的经济发展水平。信息化是个动态过程，国民经济和社会信息化意味着国民经济从工业经济向信息经济的演进，社会从工业社会向信息社会演进。

中国信息化水平发展很快，2009 年邮电业务总量 27313 亿元，比上年增长 14.6%。固定电话年末用户 31369 万户。移动电话年末达到 74738 万户，电话总数达到 106107 万户，电话普及率达到 79.9 部/百人。城镇百户居民拥有彩电数量 132.89 台，拥有电脑数量 59.26 台。截至 2010 年上半年，互联网上网人数 4.2 亿人，网民数为全世界第一，普及率 31.8%。网站总数为 2590000 个。

作为信息化发展水平重要指标的邮电业务额，其占 GDP 的比重如图 2 所示。1978~1991 年，基本维持在 0.94%的水平，从 1992 年开始，邮电业务额占 GDP 的比重一直处于上升状态，说明进入了信息化的高速发展阶段。

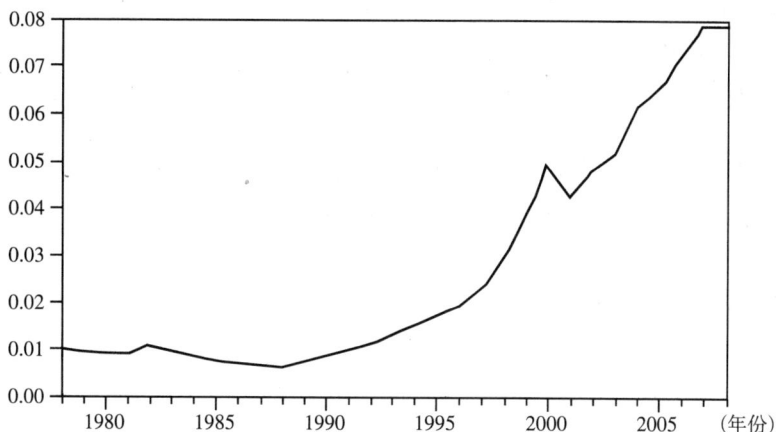

图 2　邮电业务额占 GDP 的比重

关于工业化与信息化之间关系的理论研究较多，主要集中在机制、模式、互动关系等领域。在实证研究领域，谢康[2]提出了条件趋同与无条件趋同模型，建立信息化带动工业化、工业化促进信息化的规范研究模型。刘伦武[3]通过协整理论与误差修正模型研究发现，短期内中国信息化萌发度对工业化成熟度影响的力度与强度均较弱，而长期来看，中国信息化萌发度对工业化成熟度具有较为显著的调整作用。俞立平、潘云涛等[4]的研究发现，信息化波动是影响工业化波动的主要原因，但工业化的波动不是影响信息化波动的主要原因。工业化对信息化的影响速度要大于信息化对工业化的影响速度，并且工业化对信息化的影响更为稳定。黄永兴[5]利用主成分分析测度工业化和信息化指标，并且研究了二者的相关系数，发现二者有很高的相关性。

信息化与工业化之间的互相促进关系已经得到了公认，那么，中国在工业化和信息化高速发展阶段二者哪个更为优先发展？其内在双向因果关系的特点如何？这方面的研究比较缺乏。本文采用格兰杰因果关系检验[6,7]和成长曲线对这个问题进行深入研究，进而进一步探讨其深层次原因。

二、研究方法

（一）单位根检验与格兰杰因果检验

理论分析认为，工业化与信息化之间是互为因果关系的。信息化本身催生了一个庞大的产业——信息产业，这也是工业化的一部分。信息化能够促进工业技术的改良和升级，加快知识和信息资源的传播，提高技术创新的效率，从而加快工业化的发展。而工业化的快速发展，必然带来一个国家或地区财力的增加，从而为信息化带来更多的资金投入。那么如何用实际数据验证有没有这种双向关系呢？格兰杰因果关系检验是主要的方法。格兰杰因果关系检验并不能改变变量之间理论上存在的因果关系，但是可以对实际数据是否存在这种关系进行检验，进而分析深层次的原因。

若时间序列的均值或自协方差函数随时间而改变，则该序列就是非平稳时间序列。对非平稳的时间序列进行时间序列分析会产生"伪回归"问题，为使回归有意义，可对其进行平稳化，然后对差分序列进行回归。单位根检验就是一种检测时间序列是否平稳的方法，它是格兰杰因果检验的前提条件，也就是说，只有平稳时间序列才能进行格兰杰因果关系检验。

考察随机过程 $\{Y_t, t=1, 2, \cdots\}$，若 $Y_t=\delta Y_{t-1}+\varepsilon_t$，其中，$\delta=1$，$\varepsilon_t$ 为一稳定过程，且 $E(\varepsilon_t)=0$，$Cov(\varepsilon_t, \varepsilon_{t-s})=\mu_t<\infty$，$s=0, 1, 2\cdots$，则称该过程为单位根过程（Unit Root Process）。

若 $Y_t=Y_{t-1}+\varepsilon_t$，其中，$\varepsilon_t$ 独立同分布，且 $E(\varepsilon_t)=0$，$D(\varepsilon_t)=\sigma^2<\infty$，即 $\varepsilon_t\sim iid(0, \sigma^2)$，则称 $\{Y_t, t=1, 2, \cdots\}$ 为一随机游动（Random Walk）过程。

若单位根过程经过一阶差分成为平稳过程，即 $Y_t-Y_{t-1}=(1-B)Y_t=\varepsilon_t$，则时间序列 Y_t 称为一阶单整序列，记作 I（1）。一般地，如果非平稳时间序列 Y_t 经过 d 次差分达到平稳，则称其为 d 阶单整序列，记作 I（d），其中，d 表示单整阶数，是序列包含的单位根个数。进行单位根检验有多种不同的方法，如 DF 法、ADF 法、PP 法，本文主要采用 ADF（Augmented Dickey-Fuller）检验法。

格兰杰因果关系检验的基本原理是：如果利用 X 和 Y 的过去值一起对 Y 进行预测比单用 Y 的过去值来进行预测所产生的预测误差更小的话，就存在着从 X 到 Y 的因果关系，此时称 X 以 Granger 方式引致 Y，一般用 X→Y 表示。同理，如果利用 Y 和 X 的过去值一起对 X 进行预测比单用 X 的过去值来进行预测误差更小的话，就存在着从 Y 到 X 的因果关系，此时称 Y 以 Granger 方式引致 X，一般用 Y→X 表示。

无条件限制模型：

$$Y_t=\alpha+\sum_{i=1}^{m}\alpha_i\Delta Y_{t-i}+\sum_{j=1}^{k}\beta_j\Delta X_{t-j}+\mu_t \qquad (1)$$

有条件限制模型：$Y_t=\alpha+\sum_{i=1}^{m}\alpha_i\Delta Y_{t-i}+\mu_t \qquad (2)$

其中，μ_t 为白噪声序列，α、β 为系数。n 为样本量，m、k 分别为 Y_t、X_t 变量的滞后阶数，令（1）式的残差平方和为 ESS_1，（2）式的残差平方和为 ESS_0。

原假设为 $H_0: \beta_j=0$；备择假设为 $H_1: \beta_j\neq0$（j=1, 2, $\cdots$, k）。若原假设成立则：

$F=\dfrac{(ESS_0-ESS_1)/m}{ESS_1/(n-k-m-1)}\sim F(m, n-k-m-1)$，即 F 的统计量服从第一自由度为 m，第二自由度为 n-(k+m+1) 的 F 分布。若 F 检验值大于标准 F 分布的临界值，则拒绝原假设，说明 X 的变化是 Y 变化的原因。

（二） Logistic 曲线

Logistic 函数，也被称为成长曲线函数，由美国生物学家和人口统计学家珀尔（R. Pearl）、利德（J. Reed）[8] 首先在生物繁殖研究中发现，后被广泛应用于生物生长过程和产业成长过程的描述。工业化与信息化发展，本质上也是一个逐渐成长的过程，因此用 Logistic 成长曲线函数来分析其阶段特征，有较高的相似性和可行性。像美国、日本等经济发达国家，近几年来的经济增长缓慢，已经处于工业化和信息化的成熟期，而中国改革开放以来，工业化和信息化一直在高速增长，处于成长期。

Logistic 函数曲线略呈拉长的 S 形，如图 3 所示。在 A 点之前（0~t_1）称为引入期，其特点是增长缓慢；然后在 A 点和 C 点之间（t_1~t_2）迅速增长，称为成长期；在 A 点和 C 点之间有一拐点 B，在 A 点和 B 点之间增长速度越来越快，在 B 点和 C 点之间增长速度越来越慢，但均属于高速增长，因此 B 点是成长期的鼎盛时期；在 C 点以后（t_2~∞）增长速度变慢。

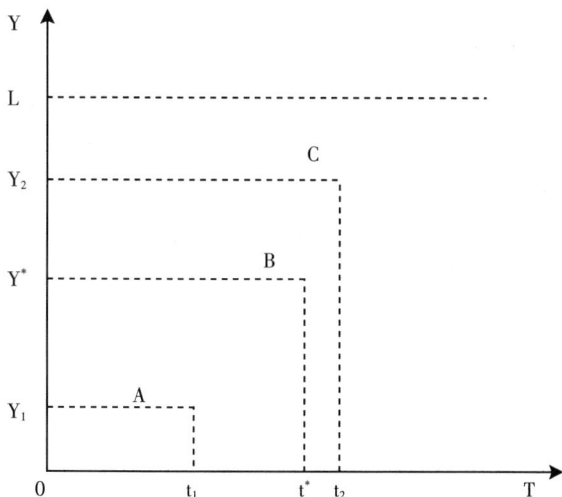

图 3　Logistic 函数曲线

Logistic 函数方程一般为：

$$Y = \frac{L}{1 + ae^{-bt}} \tag{3}$$

其中，t 为时间，Y 为因变量，本文中 Y 表示工业化或信息化水平，L 为 Y 的最大极限值。a、b 分别为可控参数，它们的取值大小是由 Y 成长自身特征和扩散中的环境所决定的。

求 Logistic 函数的一阶导数，并令其为 0：

$$\frac{dy}{dt} = \frac{Kabe^{-bt}(abe^{-bt} - b)}{(1 + ae^{-bt})^3} = 0 \tag{4}$$

得到 t=ln（a）/b，该点即为 B 点。继续求 Logistic 函数的二阶导数，并令其为 0：

$$\frac{d^2y}{dt^2} = \frac{Kab^3e^{-bt}(1 - 4abe^{-bt} + a^2e^{-2bt})}{(1 + ae^{-bt})^4} = 0 \tag{5}$$

解这个方程，得到：

$$t_1 = \frac{\ln(a) - 1.317}{b} \tag{6}$$

$$t_2 = \frac{\ln(a) + 1.317}{b} \tag{7}$$

即得到 A 点和 C 点的横坐标时间 t 的值。

分别计算出工业化成长曲线和信息化成长曲线的 A、B、C 三点的时间值，就可以比较二者的成长阶段特点，从而进行优先度的比较。

三、变量与数据

国际上工业化测度方法有很多种，第一种是钱纳里等人提出的人均 GDP 指标；第二种是霍夫曼提出的以消费资料工业净产值与生产资料工业净产值比例作为标准；第三种是库兹涅茨、克拉克主张的以第二产业与第一产业产值比重作为衡量标准；第四种方法是根据克拉克定律推演的，用第二产业从业人员与第一产业从业人员之比作为衡量标准。此外国内有许多学者还采用指标体系来衡量中国的工业化进程。现在看来，用人均 GDP 来测度工业化水平已经不合适了，以消费资料和生产资料的工业净产值之比来测度工业化数据获取和处理有困难，采用第二产业与第一产业的产值或人口之比是比较科学的做法。由于本文在信息化测度中采用了绝对指标的做法，因此本文用第二产业产值作为中国工业化水平的度量。

关于信息化水平测度的方法也比较多，F. Machlup[9]主要是从宏观上测算信息产业在国民生产总值中所占的比重、信息部门就业人数的比例以及信息部门的收入占国民总收入的比重大小，间接描述信息资源的作用与贡献。M. Porat[10]用信息活动的产值占国民生产总值（GNP）或国内生产总值（GDP）的比例大小、信息劳动者人数占就业人口的比例大小和信息部门就业者收入占国民收入的比例大小来衡量社会信息化程度。日本学者小松清崎[11]提出的信息化指数法，主要采用指标体系进行测度。国家信息化评测中心会同相关部门，研究提出了 20 项反映国家信息化水平的统计指标体系，在 2001 年确定了国家信息化指标构成方案，以《关于印发〈国家信息化指标构成方案〉的通知》（信部信 ［2001］434 号）发布。

采用指标体系进行信息化测度存在指标选取复杂、评价方法多元、结果不一致的问题，因此本文采用邮电业务额作为信息化发展水平的替代变量。理由有三：第一，信息化的本质是信息传递范围和效率的提高，而邮电业务额是最能衡量信息量传递水平的。第二，由于指标间是相关的，采用指标体系计算容易出现重复计算问题，而用邮电业务额不会出现这个问题。第三，2009 年我国邮电业务额 27313 万亿元，占 GDP 的比重高达

8.14%，具有很强的代表性。

本文所有数据来自于《中国统计年鉴》和《中国统计公报》(2009)，数据为 1978~2008 年的时间序列数据。

四、实证结果

（一）中国信息化的阶段划分

从图 2 可以看出，1978-1991 年，中国邮电业务额占 GDP 的比重基本维持不变。根本原因是改革开放以来，我国信息产业的发展尚处于起步阶段，而且信息产业中的关键技术如计算机、网络还处于试验研究和探索阶段，远远没有投入应用。因此早期的信息化应用，主要是普及电话、电视等最基本的信息设备。到 20 世纪 80 年代末期，微机才开始逐步在国内普及，随着 1992 年互联网由军用转向商业化，才真正进入了信息化的高速发展和繁荣期。

中国 20 世纪 80 年代中期才开始引入信息化的概念，1989 年中国信息经济学会成立，1990 年中国信息学会成立，互联网真正在中国开始普及是 1996 年。因此本文将中国信息化分为两个阶段进行研究：第一阶段为传统信息化阶段，时间是 1978~1991 年，这是中国信息化的引入期，其特点是以传统信息设备的普及应用为主；第二阶段是现代信息化阶段，时间是 1992 年至今，其特点是电脑、互联网、移动通信的普及应用。

（二）工业化与信息化的格兰杰因果检验

用 EViews 6.0 软件，对工业化（X1）和信息化（X2）进行 ADF 单位根检验，结果如表 1 所示。经过二阶差分，发现两个变量已经没有单位根，是平稳时间序列，符合格兰杰因果检验的前提条件。

表 1　单位根检验

变量	ADF 检验值	各显著性水平下的临界值			检验结果
		1%	5%	10%	
X1	15.05	−3.96	−2.67	−2.02	不平稳
X2	3.76	−3.72	−2.99	−2.63	不平稳
ΔX1	3.90	−3.75	−2.95	−2.64	不平稳
ΔX2	2.04	−3.68	−2.97	−2.62	不平稳
$\Delta^2 X1$	−7.57	−3.69	−2.97	−2.63	平稳 ***
$\Delta^2 X2$	−3.39	−3.69	−2.97	−2.63	平稳 **

注：*** 表示在 1% 的水平上通过统计检验；** 表示在 5% 的水平上通过统计检验。

格兰杰因果检验的结果如表2所示，总共进行了1~6年滞后的格兰杰因果检验，结果在滞后1年的情况下信息化是工业化的格兰杰原因，其他所有滞后期信息化都不是工业化的格兰杰原因，说明信息化对工业化的影响是浅层次的。

表2　工业化与信息化关系的格兰杰因果检验

滞后期	0 假设	F 检验值	概率	接受或拒绝
1	X2 不是 X1 的格兰杰原因	8.12	0.008	拒绝
1	X1 不是 X2 的格兰杰原因	2.04	0.165	接受
2	X2 不是 X1 的格兰杰原因	1.05	0.365	接受
2	X1 不是 X2 的格兰杰原因	0.81	0.457	接受
3	X2 不是 X1 的格兰杰原因	2.32	0.104	接受
3	X1 不是 X2 的格兰杰原因	0.59	0.624	接受
4	X2 不是 X1 的格兰杰原因	1.73	0.188	接受
4	X1 不是 X2 的格兰杰原因	1.07	0.399	接受
5	X2 不是 X1 的格兰杰原因	1.76	0.183	接受
5	X1 不是 X2 的格兰杰原因	5.32	0.005	拒绝
6	X2 不是 X1 的格兰杰原因	1.45	0.273	接受
6	X1 不是 X2 的格兰杰原因	4.57	0.012	拒绝

在滞后5年和6年的情况下，工业化才是信息化的格兰杰原因，说明工业化的高速发展带来信息化水平的提高，这种效应被严重滞后了，总体上，虽然中国信息化取得的成绩是举世公认的，工业化的发展并没有充分保证信息化的发展。

（三）工业化与信息化发展两阶段的成长曲线模拟

如果分别模拟出工业化与信息化发展的成长曲线，就可以得知两者生命周期曲线的特点以及当前状况，从而可以横向比较各自的优先度情况。成长曲线可以用 EViews 6.0 方便地进行估计，在进行估计前，要确定工业化和信息化的最佳理想值。本文参照美国 GDP 和中国 GDP 倍数来进行设定，美国 2008 年 GDP 为 14.33 万亿美元，折合人民币约 100 万亿元，中国 2008 年 GDP 为 300670 亿元，约为中国的 3 倍。按照年均 8% 的增长速度，大概需要 15 年的时间，我们用这个倍数作为中国工业化与信息化的理想值，第一阶段的结束期是 1991 年，第二阶段的结束期是 2008 年，分别用这两年的第二产业值和邮电业务额的 3 倍表示未来发展的理想值。

首先对第一阶段即传统信息化阶段进行成长曲线模拟，利用 EViews 6.0 进行估计，得到 a、b 参数的值，然后再计算主要时间特征点，结果如表3所示。总体上拟合优度 R^2 较高，工业化的拟合优度为 0.982，信息化的拟合优度为 0.918。

工业化在 1990 年开始进入成长期，然后将在 1998 年到达拐点，在此之前，工业化增长速度递增，在此之后，工业化增长速度递减，然后到 2005 年进入成熟期，在此之后，

表 3　传统信息化阶段工业化与信息化的成长曲线模拟

变量	a	b	R^2	$T_1\dfrac{\ln(a)-1.317}{b}$	$T^*\dfrac{\ln(a)}{b}$	$T_2\dfrac{\ln(a)+1.317}{b}$	成长期开始年度	鼎盛期年度	成熟期开始年度
X1	32.588***	0.178***	0.982	11.88	19.57	22.27	1990	1998	2005
X2	93.300***	0.242***	0.918	13.08	18.74	24.40	1991	1997	2002

注: 数据来自《中国统计年鉴》(1978~1991)。

工业化增长速度变缓。

信息化在 1991 年进入成长期，比工业化滞后 1 年，在 1997 年到达拐点，比工业化到达拐点的时间滞后 1 年，但是在 2002 年过早地进入成熟期，比工业化提前 3 年，也就是说，信息化比工业化起步迟，衰退早，属于"晚熟早衰"型，或者说，在传统信息化阶段，信息化是滞后于工业化发展的。

下面对第二阶段即现代信息化阶段进行成长曲线模拟，结果如表 4 所示。总体上拟合优度 R^2 较高，工业化的拟合优度为 0.969，信息化的拟合优度为 0.996。

表 4　现代信息化阶段工业化与信息化的成长曲线模拟

变量	a	b	R^2	$T_1\dfrac{\ln(a)-1.317}{b}$	$T^*\dfrac{\ln(a)}{b}$	$T_2\dfrac{\ln(a)+1.317}{b}$	成长期开始年度	鼎盛期年度	成熟期开始年度
X1	32.815***	0.165***	0.969	12.85	21.16	29.46	2005	2013	2021
X2	174.106***	0.280***	0.996	13.53	18.43	23.32	2006	2010	2015

注: 数据来自《中国统计年鉴》(1992~2008)。

工业化在 2005 年开始进入成长期，然后将在 2013 年到达拐点，在此之前，工业化增长速度递增，在此之后，工业化增长速度递减，到 2021 年进入成熟期，在此之后，工业化增长速度变缓。

信息化在 2006 年进入成长期，比工业化滞后 1 年，在 2010 年到达拐点，比工业化到达拐点提前 3 年，但是在 2015 年过早地进入成熟期，比工业化提前 6 年，也就是说，信息化比工业化起步迟、衰退早，同样属于"晚熟早衰"型，或者说，在现代信息化阶段，信息化同样是滞后于工业化发展的。

无论是传统信息化阶段还是现代信息化阶段，信息化的发展都是滞后于工业化的，这个结果与格兰杰因果检验的结果基本相同，可以互相验证。

信息化比工业化滞后发展的原理如图 4 所示。AC 曲线为工业化发展曲线，A'C' 曲线为信息化发展曲线，信息化进入成长期的始点 A' 时间比工业化进入成长期的始点 A 要迟，但是信息化进入成熟期始点 C' 的时间又比工业化进入成熟期始点 C 的时间要早，属于一种典型的"晚熟早衰"型曲线。

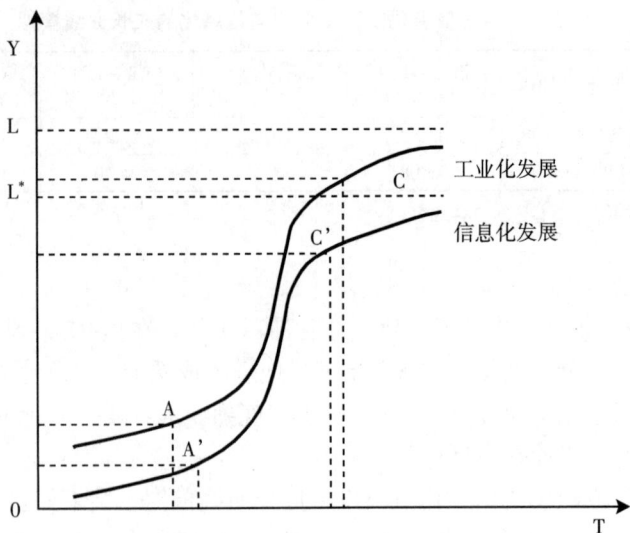

图4　工业化与信息化发展的优先度

（四）信息化落后于工业化的原因分析

1. 信息产业缺乏核心竞争力是信息化滞后于工业化发展的根本原因

从构成信息产业的几个领域来看，在知识集成的基础研究与开发领域，具有知识产权的基础或核心技术多为国外研发机构或 IT 厂商所拥有；在技术集成的产品生产和应用开发领域，产品的关键部件或软件开发的基础平台多由国外厂商提供，国内厂商只完成组装和属地化的应用开发；在产品集成的系统建设和应用领域，高性能的计算机和网络设备由国外品牌产品所垄断，国内厂商的产品只能处于拾遗补缺的地位。中国成为国外发达国家信息产业发展的最大市场，除极少数领域外，总体上缺少核心竞争力。不管设备和产品是多么现代化，没有核心竞争力的信息产业从事的只能是相对低级的劳动，和传统的低端产业并没有多少区别。近几年来，国家已经意识到这个问题，提出了建设创新型国家的目标，但是在信息产业领域里的技术创新尚有很长的路要走。

2. 信息化发展到了一个相对稳定的平台期

2008 年，中国互联网普及率已经达到了 31.8%，网民占 14 岁以上人口的 55.3%。电脑、电视、固定电话、移动电话等已经基本普及，报刊发行量 2.12 亿份，在这些领域市场已经相对饱和，对普通人而言，信息沟通相当方便。作为现代信息化标志的互联网技术、芯片技术、3G 手机技术等也进入了发展的平稳期，增长速度减慢。

3. 信息化投入相对不足

在工业化高速发展的同时，如果信息化投入不足，必然会导致信息化的发展滞后于工业化的发展。由于信息化基础设施的投入带有公共物品的性质，因此不能完全进行市场调节。政府在推进工业化的同时，应该继续加大信息化投入尤其是信息基础设施投入。近年来国家广电总局的村村通工程、政府家电下乡工程、电子政务建设等都是很好的举措。

4. 信息资源的利用效率有待提高

虽然改革开放以来，信息资源建设取得了很大的进步，但是依然存在着不少问题，比如地区间、人群间的数字鸿沟问题，垃圾信息泛滥问题，信息资费水平过高问题等，这些问题的存在降低了我国信息化的效率，从而弱化了工业化的进程。

5. 信息化悖论与信息化成熟是深层次的原因

在信息化初期，或者在我国信息化的第一阶段，当时我国主要学习消化国外信息化最新应用成果，难免要走一些弯路，加上企业市场化进程也刚刚开始，出现了"信息化悖论"的现象，即从理论上分析，信息化是能够给企业带来效益的，但实际数据却无法支撑这个结论。随着第二阶段信息化进程的高速发展，到现在已经进入了成熟期，信息化基础设施已经打下了良好的基础，各种信息化应用已经比较普及，在这种情况下，信息化已经难以成为企业竞争的有效手段，期待新的革命性的信息技术产生。

五、结论与讨论

（一）信息化与工业化互动关系较弱

本文的实证研究发现信息化与工业化的因果关系较弱，信息化仅在滞后1年的情况下对工业化有促进作用，而工业化对信息化的促进作用滞后了5年以上，工业化的发展并没有保证信息化的发展，但这并不改变二者之间互相促进关系。出现这个问题的主要原因有：我国信息产业缺乏核心技术，信息产业自身的发展进入了平台期，信息化的投入相对不足以及信息资源的利用效率不高等，政府应该继续在信息化建设领域加大宏观调控力度，因地制宜地制定我国的信息化发展政策。

（二）信息化的发展滞后于工业化的发展

工业化与信息化应该同步发展，但本文研究发现，无论是传统信息化阶段还是现代信息化阶段，信息化均滞后于工业化发展，这和最近10多年来信息化高速发展给人们带来的感觉完全不同，深层次反映了我国信息化的发展必须从原来重视量的增长到重视质的提高进行转变。

（三）信息化的发展必须区分不同阶段进行研究

由于时代背景不同，信息化与工业化发展的规律和特点也不同，本文之所以将改革开放以来的信息化发展进程分为传统信息化与现代信息化两个阶段，就是这两个阶段的发展特点、关键技术、信息化内涵等不一样，一些研究将新中国成立后的工业化与信息化发展放在一个阶段进行研究是值得商榷的。

参考文献

［1］H. Chenery S., Robinson M. Syrquin. Industrialization and Growth：A Comparative Study［M］. NewYork：Oxford University Press，1989.

［2］谢康. 系统不确定性、趋同与优化——论非系统中的管理科学问题［J］. 中山大学学报（社会科学版），2005（2）：90-96.

［3］刘伦武. 中国工业化成熟度与信息化萌发度的关系［J］. 统计与决策，2006（9）：96-97.

［4］俞立平，潘云涛，武夷山. 工业化与信息化互动关系的实证研究［J］. 中国软科学，2009（4）：34-40.

［5］黄永兴. 我国工业化与信息化关系的量化分析［J］. 安徽工业大学学报，2003（7）：236-239.

［6］Granger C. W. J. Investigating Causal Relations by Econometric Models and Cross-Spectral Methods［J］. Econometrica，1969（37）：424-438.

［7］Granger C. W. J. Testing for Causality：A Personal Viewpoint［J］. Journal of Economic Dynamics and Control，1980（2）：329-352.

［8］R. Pearl，L. J. Reed. On the Rate of Growth of the Population of the United States since 1790 and Its Mathematical Representation［J］. Proc Nat Acad Sci，1920（6）：275.

［9］Machlup F. The Production and Distribution of Knowledge in the United States［M］. Princeton University Press，New Jersy，1962：33.

［10］Porat M. U. The Information Economy［M］. Washington，DC，Government Printing Office，1977：47.

［11］小松清崎. 信息化与经济发展［M］. 李京文等译. 北京：社会科学文献出版社，1994.

Study on Priority of Industrialization and Informatization

YU Liping

(Business School，Ningbo University，Ningbo 315211，China)

Abstract：This paper analyzes the relation between industrialization and informatization based on Grange causality test and Logistic curve after classifying informatization into two periods. The results show the relation between industrialization and informatization is very weak. A year lag of informatization is useful to industrialization and industrialization's contribution to informatization lags greatly. Informatization growth period lags industrialization and informatization maturation stage is earlier than industrialization. Lack of core technology，invest, lower efficiency may be the main reason.

Key Words：industrialization; informatization; priority; grange causality test; Logistic curve

基于 SOA 与云计算融合的
企业信息化战略规划 *

李 琦 [1,2]　朱庆华 [1]

（1. 南京大学信息管理系，南京 210002；2. 南京市劳动保障计算机信息管理中心，
南京 210002）

【摘　要】针对企业信息化技术的发展趋势，提出一种 SOA 与云计算融合的企业信息化战略方案。采用了云计算和 SOA 等信息化热点技术手段，对企业信息化战略的制定做了详细分解，能够在企业信息化战略过程中广泛运用。有助于解决企业信息化战略制定过程中遇到的相关问题。

【关键词】企业信息化；战略规划；SOA；云计算

一、引 言

企业信息化 [1] 就是企业利用现代信息技术，通过信息资源的开发和利用，不断提高生产、经营、管理、决策的效率和水平，进而提高企业经营效益和企业竞争力的过程，其核心就是降低成本和提高管理水平。企业信息化建设是一项系统工程，它的产生和发展是个循序渐进的过程，是与企业原有的产权结构、组织形式、运作方式、利益分布等诸多因素互为基础和条件的。因此要保证信息化建设符合企业发展的需求，必须从战略的角度出发对信息系统的建设进行规划和设计。

企业信息化战略规划 [2] 是指为满足企业经营需求、实现企业战略目标，由企业高层领

---

* 本文选自《情报杂志》2011 年 3 月第 30 卷第 3 期。

基金项目：江苏省高校哲学社会科学研究重点项目 "SSME 视角下江苏省创新型电子服务模式与对策研究"（2010ZDIXM022）。

作者简介：李琦（1976—），男，博士研究生，研究方向为信息资源管理；朱庆华（1963—），男，教授，博士生导师，研究方向为信息资源管理、信息分析与评价、信息政策与法规等。

导、信息化技术专家、信息化用户代表根据企业总体战略的要求，对企业信息化的发展目标和方向所制定的整体框架和指导体系。企业信息化战略规划就是对企业信息化建设的一个战略部署，最终目标是推动企业战略目标的实现，并实现以较低的成本产生更高的效益。

中国经济正在进入一个转型期，从过去的低端加工制造业到基于流程管理的服务管理一条龙，在新的环境下需要企业有更大的创新，有更大的发展动力。如何提高企业的效率，提升企业的价值是企业面临的一个重要问题。企业信息化战略应着眼于企业长远目标和经营战略的实现，所以要综合考虑在经济转型过程中，由于内外部环境的改变而引起的一系列在信息化过程中出现的难题：如何应对企业面临的各种挑战；如何对内外环境进行准确、全面地分析，从而确定需要满足的业务目标；如何制定优秀的企业架构来支撑业务流程；如何使企业架构适应不断变化的业务需求和信息技术等。经过十多年的信息化进程，支持部门导向的业务过程的垂直整合在企业内部扎下了根，但是伴随着业务转型，业务流程开始发生变化，需要提高部门之间的协作效率，以提升整个企业的效能，更快地满足客户的需要和响应外界变化，这就需要将各个部门的业务贯穿起来，对企业的资源进行垂直整合，同时随着企业规模的扩大，业务流程的增多，原有的信息平台不能支撑未来业务的需求，怎样让企业以较低的成本来满足业务激增而导致的信息资源的匮乏是企业在转型过程面临的又一难题。为了能适应企业需求的变化，为企业制定合适的信息化战略，下面的章节将对过去企业信息化过程中遇到的问题及相应的对策进行分析，并根据已有的成果和现有的信息技术，提出了基于 SOA 和云计算融合的企业信息化战略制定方向，并提出一种融合框架。

二、企业信息化战略规划的制定

信息化战略作为企业战略的一个有机组成部分，必须服从并服务于企业总体战略及长远发展目标。企业的信息化规划不再是以前的简单网络架构搭建问题，它有很强的总体规划的行为，包括对软件体系结构，硬件体系结构，网络架构设计、设备的载荷，架构的安全，相应的投资等因素都有一个详尽而周全的考虑和规划。并最终为企业业务的发展提供一个安全可靠的信息技术支撑策略。本节首先从信息化战略缺失导致的问题入手，分析了由于缺乏信息化战略规划而导致的一系列问题，然后据此问题，总结了进行战略化规划需要考虑的要素，最后提出了进行企业战略化规划的整体思路。

（一）信息化战略规划缺失导致的问题

当前，国内不少企业的信息化开发和应用陷入了不同程度的困境，致使企业的信息化项目处于上下两难的尴尬局面。造成这种现象的原因很多，但最主要的原因在于对信息化缺乏科学的战略规划。其表现可概括为以下几个方面：①信息系统的集成度不高：企业内信息共享度较低。形成很多信息孤岛，信息交换困难，系统整合与运行维护的成本高，系统修补工作繁重。②信息系统建设成熟度不高：在进行信息化设计时，没有制定相应的指标评价体系。企业只有加强对信息化建设效率的测评控制，才能从总体上对其进行统筹规划。③信息技术投资结构不合理：我国信息化建设过程中，大部分信息化投资都用在购买硬件上，在软件和服务方面投入较少，从而导致硬件设施功能低效。④信息系统对业务支持不足：软件开发过程中将软件的最佳开发流程直接生搬到企业中，导致用户使用系统非常不方便和信息系统不能有效地落实企业发展的需要，企业资源的低效配置与优化缺失导致信息系统的各种功能得不到有效利用。⑤信息系统模块的重复建设：这是企业信息化建设中经常存在的问题，系统或模块不能复用，导致对类似的业务流程进行重复开发及企业信息化投资的大量浪费。

（二）规划的实践探索

企业信息化不再是一个空壳子或面子工程，而是一项促进企业提升竞争力的工具。企业的信息化战略就是保证企业能采用合适、合理的信息化技术来实现企业效益的最大化。现代企业要想成功，就必须制定一个清晰的支持商业创新的信息化战略。在制定企业的信息化战略时，要把握信息技术、信息组织、企业文化、业务流程四个方面。

信息技术是企业信息化的基础，它包括信息感知与识别技术、信息传递技术、信息处理技术及信息现实技术，对这些技术的实现要借助硬件设备及软件设备。信息组织是指在企业信息化的过程中，刻画如何选择信息，如何对信息进行分析，如何对信息进行描述以及如何对信息进行存储。信息技术和信息组织是技术层面，是企业信息化的实现方式。企业文化则是一个企业的核心，属于企业中的"软件"，一个企业要想发展壮大，要想立于世界之林而不倒，必有其过人的企业文化，只有在企业信息化的过程中，融入了企业的文化要素，企业的信息化才能促进企业的发展，提高企业的效率。业务流程是指企业在运作过程中，对办事流程的刻画，也是一个企业效率的体现，只有对企业业务流程进行创新，才能最大地提升企业的效益，因此业务流程模块是企业信息化过程中的重中之重。企业文化和业务流程属于企业信息化的第二层，是企业信息化的最主要的表现形式。企业信息化的最高层次就是企业信息化战略的制定，它不仅要考虑上述四个方面的实现，还应考虑在企业信息化过程，如何使企业的成本降低，使信息化系统可靠、安全，如何对企业信息化过程实施风险控制等。图1揭示了在企业信息化过程中要考虑的要素，如何据此来制定企业信息化战略，进而实施是本文的重点，本文在多种信息化架构研究的基础之上，分析了SOA和云计算的优缺点，提出了基于SOA及云计算融合的信息化战略方案。

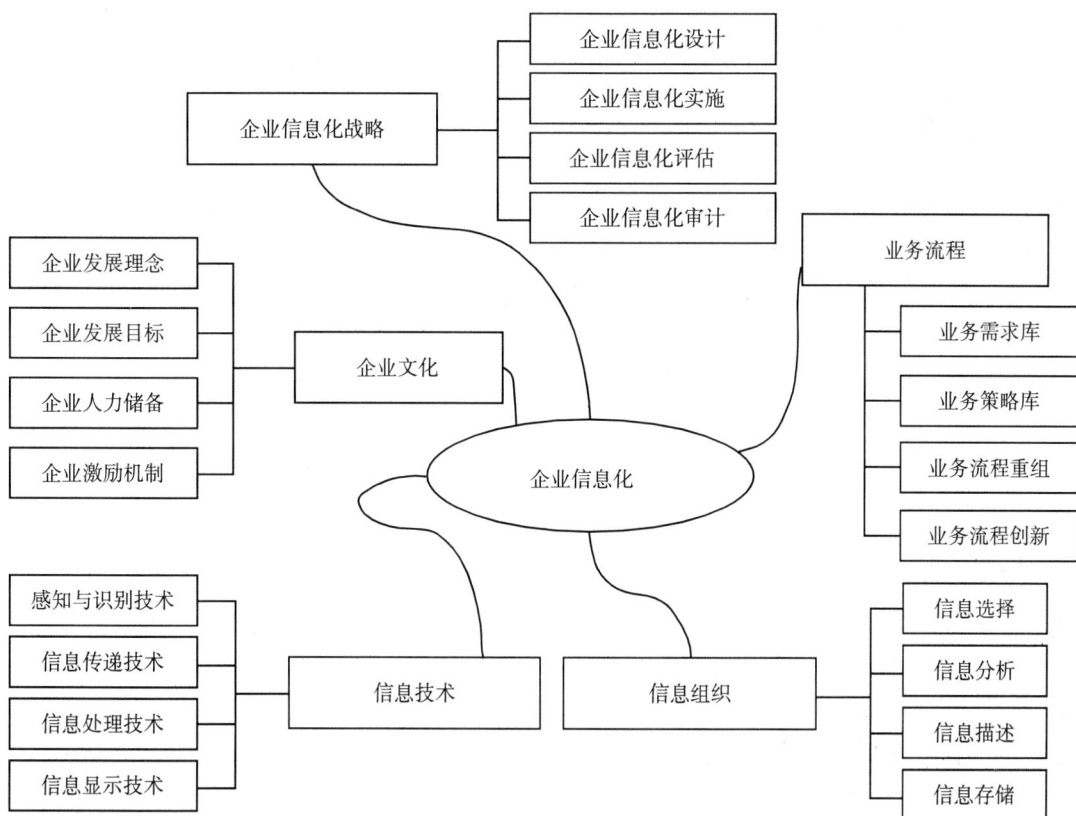

图 1　企业信息化要素示意

三、SOA 在企业信息化中的优势和局限

　　SOA（Service Oriented Architecture）[3,4] 产生于信息"整合"的需求。SOA 的一个重要思想就是使得企业应用摆脱面向技术的解决方案的束缚。SOA 更强调信息技术与业务流程紧密结合在一起，因而能够更加精确地表示业务模型、更好地支持业务流程，从而轻松应对企业服务变化、发展的需要。SOA 的优点可概括为：可以更好更快地提供以业务为核心的服务流程、快速应变能力、业务的重用性。SOA 方法将功能方面涉及的对象、数据、组件、业务流程、界面等从服务提供者和服务消费者的角度进行层次化，与此同时，将安全架构、数据架构、集成架构、服务质量管理等共用的设施提取出来形成不同的层次，为所有的服务所共有。因此 SOA 架构很好地契合了企业信息化过程中企业业务创新的需要，同时也可以使开发的业务重用，充分地降低了企业的成本。但是 SOA 在企业化过程中仍有一些不足，其表现为：①标准仍不完备。Web 服务是实现 SOA 最好的方式，但 Web 服

务本身还有很多不成熟的方面。除了 SOAP 和 WSDL 协议相对成熟外，在可靠消息传递、安全 Web 服务、Web 事务处理等方面的标准还有待完善，无论是统一描述、发现和集成还是通用商业语言等在定义业务方面都还需提高。②服务颗粒度粗细的问题。就 SOA 架构来说，"服务"颗粒大小问题，在某种程度上决定着整个系统的灵活性和效率，要在灵活和效率之间找到一个平衡点，而平衡点需由实践来检验。③服务的质量不能保证。服务是灵活多变的，如何自动地发现服务的来源，如何快速地组装服务，如何以最快的速度生成服务以及调整服务，如何保证服务的质量等，这些方面还有待进一步研究。

四、云计算在企业信息化中的优势和局限

云计算[5]是网格计算、分布式计算、并行计算、效用计算、网络存储、虚拟化、负载均衡等传统计算机技术和网络技术发展融合的产物。它旨在通过网络把多个成本相对较低的计算实体整合成一个具有强大计算能力的完美系统，并借助服务的方式，通过商业模式把这强大的计算能力分布到终端用户手中。云计算的一个核心理念就是通过云内部强大的处理能力，以较低的代价为用户终端提供服务，最终使用户终端简化成一个单纯的输入输出设备，并能按需享受"云"提供的服务。云计算不是一种技术，而是多种技术的复合体[6-9]。云计算模式的共性可概括为：简单易用、超大规模、虚拟化、高可扩展性、高可靠性、服务费用极其低廉。云计算的优势可概括为：①云计算可以解决企业在信息化过程中遇到的来自技术方面的危机，云计算是各种技术的结合体，同时，云计算是个载体，它上面的各种服务才是实质。云计算平台就是要整合已经有的 IT 服务，提供了一个免下载、免安装、即插即用的服务，也可以为用户提供量身定做的个性化服务。②云计算可以使企业减少购买硬件设备和降低 IT 运营维护成本，从而降低企业的信息化的成本，实现个性化、提高自由度。在大幅节省了软件费用的同时，还能节省硬件、人力和运行成本。③云计算在技术上解决了大规模并行计算、数据分布存储、数据实时备份、应用高度集成以及安全可靠和个性化应用等问题，因此企业可以随时使用、随时扩展按使用付费的云服务。通过云计算方式构建企业的信息化系统，能使其性能达到前所未有的最佳状态，系统会将用户每一次事务的细分任务、定向解析和自动调度都拿到云计算平台的服务器集群中共同响应完成，因此能以最快的速度为客户提供应用服务。云计算存在的问题可概括为：①云计算的安全问题就是企业信息化需要考虑的首要问题。②网络带宽的限制是目前企业需要关注的问题。③现在不同云服务之间的交互能力非常弱。

五、基于 SOA 和云计算的信息化战略方案

（一）企业信息化融合方案

SOA 主要是解决企业中不同历史时期、不同技术标准、不同供应商开发的软件系统如何能继续协同工作的问题，同时也引入了商业流程模块来支持业务流程的创新，从而提高企业的效率。云计算的出现是随着信息和数据级数级的增长，对支持业务的数据和业务处理的需求出现了爆炸式的增长，导致了能源消耗量的激增以及对数据中心容量需求的增长及人们对在海量数据中快速信息检索的需求以及对信息化建设维护成本降低的要求。对现在企业信息化来说，SOA 和云计算都能很好地部分契合企业信息化战略的需要。所以本文提出了如下融合方案，如图 2 所示。

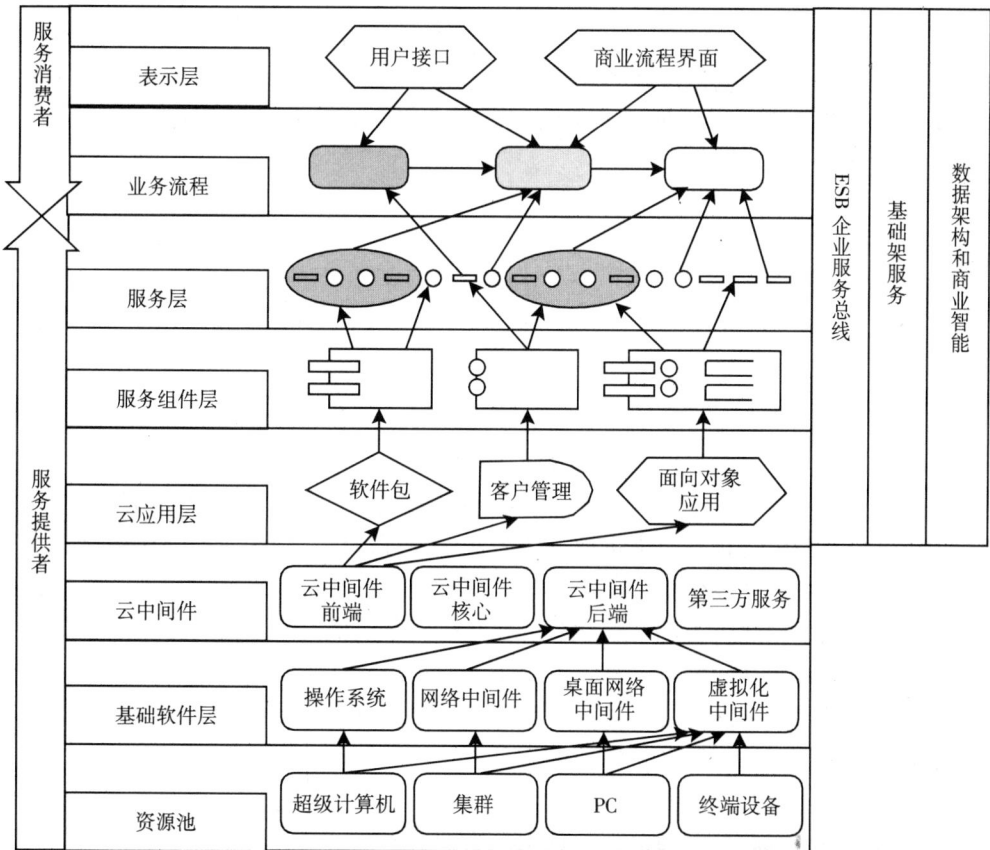

图 2　SOA 和云计算融合结构示意

图 2 中的结构是充分利用 SOA 和云计算之优点来构建企业的信息化战略方案。云计算保证了使用基础设施以较低的成本，可以保证级数级的服务以实例的模式并发执行。SOA 保证了用户在调用服务的时候可以按照自己的企业文化来定制自己的商业流程，保证信息化能促进企业的效率。云计算融合基于 SOA 的标准应用商业服务，包括客户关系管理（CRM）、营销线索生成、产品生命周期管理、供应链管理。从而在降低用户的成本基础上，发挥信息化的作用，促进企业的效率。

（二）融合方案的意义

通过 SOA 和云计算的融合，可以使企业：①在变化环境中建立适应性，从而制定可操作性强的业务策略；②通过持续创新能力，通过信息化，建立业务竞争优势；③实现资源及人员生产效率最大化；④优化产业及成本结构，满足战略及市场机遇的要求；⑤形成可执行及可持续发展计划；⑥建立灵活的、敏捷的 IT 基础设施，面向服务、动态开通及调整；⑦提高业务价值—服务快速进入市场，关注服务的可用性及质量；⑧持续优化运营成本及管理成本；⑨建立可变成本模式，打破原有固定成本模式；⑩保障绿色 IT 计划的实施。因此，IT 的关键目标是成为实现企业业务转型和创新及高效运营的催化剂。

采用云计算和 SOA 融合的信息化战略方案，可以保证充分利用现有的硬件资源和软件资源，充分降低企业信息化过程中的成本。云计算的加入可以保证企业信息化过程中服务的质量，因为云计算的服务是基于 SOA 的。而企业可以通过业务流程的创新来实现创新，从而大大提高企业的效率。

六、 结 束 语

企业信息化可以使企业避免因企业内部信息不明、经营状况信息紊乱而导致企业生产管理不规范、组织流程混乱；可以避免因企业规模变大、管理机构日益增大、管理层次过多而导致的信息沟通渠道不畅，从而使市场反应速度变慢；可以避免由于信息化水平低，导致企业市场信息不灵、预测不准进而导致企业在制订计划、组织生产、实施经营等方面的盲目性。可以避免因企业运行中各个环节的数字化管理和信息孤岛，导致企业资金运行效率严重低下，简而言之企业的信息化是势在必行。制定信息化战略可以使企业提高效率的同时降低重复建设，从而降低成本，保证企业取得市场信息快、决策快、生产快、结算快、反馈快，从而最大限度地提高效率。制定信息化战略可以使企业与时俱进，使企业处于合理正确的规划下建设，避免重复建设，也更利于加强企业的内部沟通。

SOA 的出现契合企业对信息系统整合、对业务流程重组的愿望，可以减少企业内部的信息系统重复建设，消除信息孤岛。云计算的出现，契合了企业降低成本、提高服务质量的要求，同时云计算的出现可以使企业轻松面对因规模扩张、业务流程增加而带来的一系列的难题。而 SOA 的融合的信息化战略可以为企业在规模扩张、业务流程剧增、信息系统膨胀、业务流程时时创新等方面提供强有力的保证，从而可以使企业信息化建设以较低的成本获得最大化的效益。

参考文献

［1］蒋录全. 企业信息化：企业发展的新机遇［J］. 情报杂志，2001（1）：69-70.

［2］周辉. 中国中小企业发展战略研究［M］. 北京：中国财政经济出版社，2001.

［3］Mamdouh H. Ibrhaim, Kerrie Holley, Nicolai M. Josuttis, Brenda Michelson, Dave Thomas, John deVadoss. The Future of SOA：What Worked, What Didn't, and Where is it Going From Here? 22nd ACM SIGPLAN Conference on Object-oriented Programming Systems and Applications Companion, 2007：1034-1038.

［4］Ricky E. Sward. Service Oriented Architecture（SOA）Concepts and Implementations. Ada Lett. 29, 3 November, 2009：15-16.

［5］Luis M. Vaquero, Luis Rodero-Merino, Juan Caceres, Maik Lindner. A Break in the Clouds：Towards a Cloud Definition. SIGCOMM Comput. Commun. December, 2008：39, 1.

［6］Shuai Zhang, Shufen Zhang, Xuebin Chen, Xiuzhen Huo. Cloud Computing Research and Development Trend . Second International Conference on Future Networks, 2010：93-97.

［7］Foster I., Zhao Y., Raicu I., Lu S. Cloud Computing and Grid Computing 360-degree compared. In：IEEE Grid Computing Environments, 2008：1-10.

［8］Ling shang, Sergepetiton, Nahidemad, Xiaolin Yang. YML-PC：A Reference Architecture Based on Workflow for Building Scientific Private Clouds［M］. "Cloud Computing：Principles, Systems and Applications" 1st Edition, Springer-Verlag in August 2, 2010：145-162.

［9］Amazon Elastic Cloud Computing（EC2）. http://aws. amazon.com /ec2 /, 2009.

Strategic Planning of Enterprise Information System Based on Fusion of SOA and Cloud Computing

Li Qi[1,2], Zhu Qinghua[1]

（1. Department of Information Management, Nanjing University, Nanjing 210002;

2. Computer Information Management Center of Nanjing Labor and Social Security Bureau, Nanjing 210002）

Abstract：The problems of building information systems for enterprises are analyzed firstly in this paper, then, how to make out the information system strategic planning for an enterprise is discussed according to requirements of enterprises. Analysis is made on SOA and Cloud computing. Their pros and cons are summarized. Finally, an enterprise information system strategic planning is proposed based on the fusion of SOA and Cloud computing.

Key Words: enterprise information system; strategic planning; SOA; Cloud computing

欧美政府信息资源开发利用政策法规研究 *

王璟璇

（武汉大学信息管理学院，湖北武汉 430072）

【摘　要】 对欧美政府信息资源开发利用相关政策法规进行研究，并借鉴欧美经验，提出我国应在进一步完善政府信息公开基础上，制定政府信息资源开发利用的专项政策法规和产业扶持政策，促进政府信息的社会再利用。

【关键词】 政府信息资源；信息资源开发；再利用；政策法规

在任何一个国家，政府都是本国最大的信息资源生产者和拥有者，因此政府信息资源开发利用一直是信息资源管理研究的重点和热点。近年来，世界各国政府开始逐步意识到它们所拥有的信息资源的经济和社会价值，相继制定信息政策和法规促进政府信息资源的开发利用。特别是欧盟和美国，它们的信息政策不仅集中于信息的分发，还关注其作为基础资源所存在的潜力以及如何充分挖掘信息产品和服务的增值价值。然而，欧美采取两种不同的法规建设模式，欧盟除了有信息公开法保障公众对政府信息的存取之外，还专门制定了政府信息资源开发方面的法律法规，而美国则是通过制定完善的信息公开法以及相关的政府信息管理政策，为公众和企业开发利用政府信息提供良好的法制环境。

一、欧盟的政府信息资源开发利用

（一）欧盟公共部门信息再利用指令

2003 年 11 月 17 日，欧洲议会和理事会表决通过了 2003/98/EC 指令，即《公共部门信

---

* 本文选自《情报科学》2011 年 1 月第 29 卷第 1 期。

作者简介：王璟璇（1984—），女，河南安阳人，博士研究生，主要从事政府信息资源管理、电子政务研究。

息再利用指令》。该指令为欧洲各国制定公共部门信息再利用相关政策提供了基础框架。指令第2节第4条规定，"再利用"是指个人或法人实体出于商业或非商业目的，而不是文档因公共任务而得以产生的最初目的。公共部门之间如果纯粹是履行公共任务而进行的文档交换不构成再利用。

该指令在总原则（General Principle）中明确指出：当允许再利用公共部门所持有的文档时，各成员国应按照本指令第三章和第四章规定的条件确保这些文档能够再利用于商业或非商业目的。

虽然该指令是一种最基本的框架性规范，但却涉及了再利用的各个方面，包括再利用的文档范围、再利用的申请、提供再利用信息的方式、收费原则、非排他性协议、知识产权保护等，还规定各国将该指令转换为各国立法的时间期限以及对指令实施效果的审查。

按照再利用的目的不同，欧盟的公共部门信息再利用指令将再利用分为两种类型：商业性再利用和非商业性再利用。这两种再利用的主要区别体现在收费原则上，例如该指令的前述说明的第19条规定："对于相同类型的再利用，再利用的条件应是非歧视性的。但这不应阻碍公共部门之间为公共任务而免费进行信息交换，同时又向其他参与方再利用相同文档收取费用。也不应阻止对商业再利用和非商业再利用采取有差别的收费政策。"由此可见，欧盟指令主要在收费方面强调对非商业开发的扶持。

在该指令第六章"收费原则"中明确规定："当收取费用时，提供或许可再利用这些文档的总费用不应超出生产、复制和传递文档的成本，可以再加上一种合理的投资回报。"这种收费原则又被称为"成本补偿模型"（Cost-recovery Model），与美国的"低成本模型"（Low Cost Model）形成鲜明对比。

由于欧盟再利用指令要求各成员国在2005年7月1日前将该指令转换为各国的法律、法规或行政规章，因此，27个成员国在指令的基础上，结合自己国家的实际情况，制定了较为详细的再利用法规。截至2008年5月8日，欧盟所有成员国均宣告完成了向PSI指令的转换。

（二）英国的PSI再利用相关政策法律

在欧盟，英国一直是公共部门信息再利用实践的领头羊。为响应欧盟的再利用指令，他们于2005年制定了《公共部门信息再利用规则》。该规则对再利用的概念、再利用的文档范围、再利用的申请条件、再利用申请的处理、排他性协议、收费原则以及再利用的救济途径进行了较为具体的规定。

2008年11月25日英国共同服务董事会（Corporate Services Directorate）发布了《再利用许可费用政策》（Re-use Licencing Fees Policy）。该政策是英国国民保健署（National Health Service，NHS）的信息中心为响应欧盟再利用指令和英国的再利用法规而制定的。该政策适用于NHS信息中心的信息资源以及信息中心所管理的其他健康和社会保健组织的信息资源的再利用，并规定了相关的收费问题。

在其考虑对再利用行为进行收费时，该政策采取了一个基本原则：依据不同的利用目的（Intended Use）进行区别对待。它将再利用类型分为四种，具体收费原则如表1所示。

表1　再利用类型

市场定义	类型A　精致提炼或未精致提炼的产品或服务，不需要信息中心的额外加工处理	类型B　精致提炼或未精致提炼的产品或服务，需要信息中心的额外加工处理
市场1：信息中心的产品或服务被另一个公共部门在执行其"公共任务"中使用	免费	完全成本补偿（如果信息中心决定收取这些费用的话）
市场2：信息中心的产品或服务被任何组织使用，其使用的直接和主要目的是改善英国的卫生保健管理和服务传递的质量，并且不涉及商业交易	免费	完全成本补偿
市场3：信息中心的产品或服务被任何组织用于改善英国的卫生保健管理和服务传递的目的，并且涉及商业交易	免费	额外的成本需要完全补偿，加上一定的投资回报或版税协议
市场4：所有其他目的的使用	每年的许可费用	每年的许可费用加上额外的成本需要完全补偿，再加上一定的投资回报或版税协议

二、美国的政府信息资源开发利用

为了支持和鼓励公众、企事业单位开发利用联邦政府的信息，美国虽未像欧盟那样颁布专门的信息资源再利用法规，但在其所颁布的一系列信息法规中均支持对政府信息的广泛使用和开发。

在美国，开发政府信息是通过明确和简单的法律体系来推动的，该体系的构成如下：

（1）一部强有力的《信息自由法》，确保对政府部门信息的自由访问；

（2）政府信息服务的收费仅限于信息分发和复制的成本；

（3）对美国联邦政府的信息，美国版权法明确禁止联邦政府机构对自己的信息享有版权；

（4）对政府信息的开发和再利用没有限制和约束。

（一）信息自由法

1966年7月4日，美国颁布了《信息自由法》，确立了公众提出信息请求和获取政府信息的程序。该法的出台初步建立了美国的政府信息公开制度，为政府信息资源的开发利用提供了一个重要的基础和前提，只有信息能够被公开获取，才能真正推动信息的增值开发和利用。该法案采取豁免制，它规定：除国家安全信息、商业秘密、司法调查文件、决策前信息等九类信息之外的政府信息，公众无论出于何种目的（或者是最终用户，或者是对政府信息进行商业性开发），均享有申请公开和使用的权利，政府机构对公众的申请必须予以接受和执行。随后，国会分别于 1974 年、1976 年、1986 年、1996 年四次对《信息自由法》进行修订。《电子信息自由法修正案》的出台正式确立了电子形式记录的适用性，要求联邦机构按信息请求者的要求提供相应文本的资料，并建立电子阅览室，方便公众在线存取重要的政府记录。

需要指出的是，1986 年修订的《信息自由法》已经开始探讨关于定价机制的问题。为了鼓励政府信息的社会化和商业化开发，《信息自由法》规定了以下原则："信息申请人所支付的费用以处理其申请而发生的部分或全部成本为限，不得按信息的市场价值收费。"美国《信息自由法》的收费标准规定如下：

1986 年之后修订的《信息自由法》规定了三类收费标准，各自适用于不同类型的申请人。

第一类：只有复制成本，如复印费、载体费。

第二类：复制成本+查找成本（手工或自动）。

第三类：复制成本+查找成本+审查成本（是否可以公开）。

具体按照哪种标准收费，由申请人身份和申请使用目的的不同而确定。申请人身份分三类：

非商业机构，如媒体、教育、科研单位，不以商业使用为目的，按第一类标准收费。

商业性质机构，以商业使用为目的的，按第三类标准收费。

除上述以外的，包括个人、公共机构、非营利组织按第二类标准收费。

事实上，只要不是以商业为目的，对第一类和第二类申请者应是免费的。若申请公开政府信息是为了公共利益，有助于公众了解政府工作，就必须减免申请信息的费用。

《信息自由法》中规定的收费标准，实际上可以看作是对政府信息资源的商业性开发和公益性开发的区分。

（二）文书削减法

现代信息技术的突飞猛进，对《信息自由法》提出了严峻挑战。美国政府于 1995 年通过了《文书削减法》，该法确立了联邦管理与预算局（OMB）在政府信息资源管理中的领导地位，并规定了联邦各机构的信息管理职责。其立法目标：一是防止政府机构垄断、独占政府信息资源，消除政府机构的任何限制性做法，及时、公正地干预政府机构对信息资源的垄断行为；二是通过实行免版税原则，禁止政府机构从事商业性开发。

例如，该法在 3506 节描述联邦机构的职责时，针对信息分发（Dissemination）提出了如下要求：

机构应：

（1）确保公众能够及时且公平地获取机构的公共信息，包括通过以下方式来保证公众获取：

（A）鼓励基于政府公共信息提供多种多样的公共的和私营的信息获取源；

（B）当机构提供的公共信息是电子格式时，应提供对这些数据（整体或某部分）的及时且公平的存取；

（C）机构以一种高效且经济的方式分发公共信息。

（2）逐步寻求和考虑公众对机构信息分发活动的参与。

（3）当开始、修改或终止重要的信息分发产品时，应提供及时的通知。

（4）除非有法律的明确授权，不得：

（A）制定排他性、限制性或其他干扰公众及时和公平获取公共信息的分发协议；

（B）限制或约束公众对公共信息的使用、再销售或再分发；

（C）对公共信息的再销售或再分发收取费用或版税；

（D）制定的用户使用公共信息的费用超过信息分发成本。

（三）美国联邦信息资源管理政策

为与《文书削减法》配合，进一步改善和加强政府信息资源的开发和利用，美国颁布了《联邦信息资源管理政策》，又称 A–130 号通告。该政策明确规定了联邦机构收集、处理和传播信息以及管理联邦信息系统与技术的总体政策指导方针。该政策规定"公众获得政府信息的权利在联邦信息资源管理中必须得到保障"。

在《信息自由法》的基础上，A–130 号通告进一步推进了政府信息资源的增值开发。例如，为了保证公众的信息权利，该通告中分别针对"政府如何向公众提供信息"、"建立信息分发管理系统"以及"政府如何避免那些限制公众获取信息的不正当行为"做了明确规定。例如，第 7 条"政府机构如何避免不正当的限制性行为"的规定如下：

为避免那些限制公众获取信息的不正当行为，政府机构应：

（a）避免制定，或允许其他人代表他们制定，排他性、限制性或其他干扰公众及时且公平地获取政府信息产品的分发协议。

（b）避免对公众再利用、再销售或再分发联邦信息产品设定限制或规章，包括收取费用或版税。

（c）对用户使用信息产品所收取的费用应保持在补偿信息分发成本的水平上，而不能超出。机构必须将最初收集和处理信息的有关成本排除在收取的费用之外。该政策的例外情况是：

（Ⅰ）当法律要求与本政策不一致时；

（Ⅱ）当机构收集、处理和分发信息是为了特定群体的利益，而超出了公众利益时；

（Ⅲ）当认定较高的费用会成为阻碍机构职能正常行使的一个重要障碍时，机构可以规定用户收费少于分发成本；

（Ⅳ）当管理与预算局（OMB）局长判定某一例外是正当之时。

（四）版权法

美国政府信息资源的开发利用活动非常活跃，除了有相关政策保证公众及时和公平获取政府信息之外，还得益于《版权法》的强有力保障。

美国《版权法》第 105 节"版权主题：美国政府工作成果（United State Government Works）"中规定："该章节下的版权保护不适用于任何美国政府的工作成果，但是美国政府可以接受和持有通过委派、遗赠或其他方式移交给美国政府的版权。"

美国《版权法》拒绝政府对自己的作品拥有版权，理由有四：①主张政府对公共记录享有版权，这与公开政府的主张是相违背的。公民了解政府信息，才能检查官员行为和可能的权力滥用。②纳税人不应该为同一条信息两次付费：一次为信息生产，一次为信息获取。③防止政府以危险的方式享有版权，压制言论自由。例如，政府可能以版权所有人的身份，拒绝提供某些信息，不管信息请求人出什么高价。这会使企图批评政府工作的人得不到证据。④公民应该从公共资产中获得利益，通过扩大对科学和技术信息的使用，享受法律赋予的教育机会。出于这些考虑，美国国会的立场是：除了支持直接散发政府信息服务于公众利益外，也支持通过个人和私有企业利用政府信息开发二级市场。

对于联邦政府信息，美国采用"完全与公开"政策，放弃其版权。而对于联邦政府资助的非营利部门信息，美国的政策是承认这些非营利部门可以对自己的研究成果和技术申请专利和版权，但政府对有关数据和信息保留使用权，或允许他人使用数据的权力。该政策主要体现在 1999 年 9 月 30 日美国管理与预算办公室（OMB）修订并发布的 A-110 号通告《联邦政府对高校、医院和其他非营利机构发放政府研究基金和协议的统一管理要求》中。

修订后的 A-110 在第 36 节"无形资产"（Intangible Property）中，对使用政府资金研究获得的成果的权利问题做了详细规定，主要包括：

（1）受赠人可以对研究成果申请版权，但赠与人（联邦政府机构）为了政府目的，可免费复制、出版、使用这些成果，或授权他人行使这一权利。

（2）受赠人申请专利或发明权时，需满足有关规定。如商业部"非营利机构和小型公司使用政府赠款、合同和协作协议产生发明的权利规定"。

（3）联邦政府有权获得、复制、出版、使用利用政府资金生产的信息，或授权他人接受、获得、复制、出版、使用这些信息为政府服务。

（4）如果有人对已出版的研究成果中的有关信息提出请求，赠与人（联邦政府机构）应该要求受赠人在规定的时间内提供。

由此可见，美国虽然承认这些非营利机构可以对自己的研究成果和技术申请专利和版权，但是政府仍对这些数据的使用保留控制权，因为，如果让这些政府资助的机构因为行使知识产权而产生垄断性的排他性权利，则会损害公共利益，让公共投资不适当地垄断于少数机构手中。

《信息自由法》、A-130 号通告、《文书削减法》、《版权法》等共同构成了美国促进政府信息增值开发的制度系统。

三、欧美政府信息资源开发利用政策法规的比较及其启示

（一）欧美政策法规的相同点

（1）强大的信息公开法保驾护航。虽然欧盟和美国在政府信息资源开发利用方面存在差异，但两者之间最大的相同点是均有"信息公开法"作为开发利用的基础和前提。政府信息首先必须向公众开放，而后才能带动后续的开发利用活动顺利开展。例如，在美国，只要是可以公开的信息都能够被再利用。在欧盟，可再利用的信息范围为公共部门持有的普遍可获取的信息。

（2）平等的开发权利。欧盟和美国的政策法规中，均规定在政府信息资源开发利用中除非出于公共利益需要，不得签订任何排他性协议，保证各类开发主体具有平等的开发利用信息的权利。这为确保公平和促进竞争提供了良好的法制环境。

（3）收费模式上强调对非商业开发的扶持。在欧美的政府信息政策法规中，对于政府信息的非商业开发和再利用均给予了收费上的大力支持。只要再利用政府信息是不以商业盈利为目的，都将免费获取或者仅仅收取信息复制和分发的成本费。

（二）欧美政策法规的不同点

（1）版权保护的差异。版权问题是信息资源开发中一个非常普遍且重要的问题。版权人可以对自己的版权作品的发表、复制、传播等进行控制，因此，政府信息资源开发利用过程中就必须考虑政府信息的版权问题。

为了鼓励私营机构和非营利性机构参与政府信息资源的开发，美国《版权法》规定联邦政府的信息是处于共有领域，不具有版权，任何人都可以自由使用，包括对其进行复制并出售，不受限制。美国政府要求联邦政府的文件采取"完全与开放"政策，极大地促进了政府信息资源开发利用的快速发展。而欧盟成员国的版权法中均未将政府信息排除在版权保护范围之外，即欧盟成员国的政府部门对其信息享有版权。为了平衡公众信息获取权和政府对其信息的版权，欧盟通过许可（Licence）的方式授权公众获取和再利用政府信息，例如在欧盟再利用指令的第三章第 8 款"许可"中规定：①公共部门可以允许无条件地再利用文档，或者在适当的时候通过许可证来附加条件，以处理相关问题。这些条件不应限制再利用，也不应用于限制竞争。②当成员国使用许可证时，应确保标准的公共部门文件再利用许可证能够以数字格式获取并电子化处理，以满足特定的申请者。成员国应鼓励所有公共部门使用标准的许可证。

（2）收费模式的差异。美国政府认为，若使政府信息以低廉的价格尽可能广泛地对公众可用，将使政府信息对社会整体的经济利益最大化，因此在收费模式上美国采取低成本

模型，政府信息大部分免费提供或收取的费用不超出复制和传递的边际成本。欧盟由于将公共部门信息看成是政府资产，希望收回成本并在此基础上获得一定的收益，因此在信息定价上规定获取或再利用的费用不应超出产生、复制和分发成本，但可以加上合理的投资回报，这与美国相比，信息获取费用较高。例如，美国国家气候数据中心（NCDC）自1948年以来的所有历史观测数据约15BG，以CD形式出售报价4290美元；而一个欧洲公司要获取德国的历史观测数据需付费150万美元。信息定价差异的直接后果便是美国的气象风险管理市场迅速繁荣，而德国气象服务产业发展不畅，税收很低。欧美之间不同的收费模式实际上反映了不同的国家财富运作和分配方式，如图1所示。

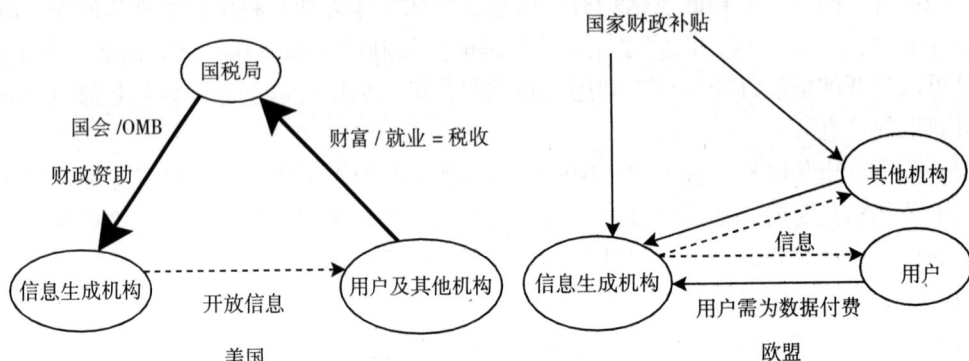

图1 欧美政府信息资源开发利用中资金运作模式对比

（3）竞争模式的差异。在政府信息资源商业开发的竞争模式上，欧美也存在差异。美国政府积极鼓励营利组织参与政府信息资源开发利用，提供商业性信息产品和服务。强调政府不应该因开展信息活动，在信息市场上与私营部门竞争。而欧盟则不排斥各政府机构在适当时候按照市场规则参与商业性服务，以便更好地利用政府资产，英国等国甚至鼓励政府机构直接承担商业开发项目。虽然欧盟及成员国的再利用指令中都基于"非歧视性"原则，规定若公共部门在公共任务之外进行再利用的商业活动，那么在为这些商业活动提供公共信息时的收费和其他条件应等同于第三方请求这些信息时的费用和条件。然而，由于政府部门对其信息的垄断地位，使得他们在与外部营利组织进行竞争时，必然占据先天性优势，从而有碍公平竞争。

（三）欧美经验对我国的启示

在我国，政府早已意识到了政府信息资源开发利用的重要性。2004年12月12日，中共中央办公厅、国务院办公厅联合发布了《关于加强信息资源开发利用工作的若干意见》，明确指出加强政务信息资源的开发利用，并要求鼓励、规范政府信息资源社会化增值开发和公益性开发利用工作。随后，国家及地方政府发布的相关文件也为政府信息资源再利用的实施提供了基本的政治环境。例如2007年北京市发布《北京市信息化促进条例》，明确提出"市和区、县人民政府应当引导和规范对政务信息资源的增值开发利用，鼓励单位和个人进行信息资源公益性开发利用"。而且 2008 年开始实施的《中华人民共和国政府信息公开条例》进一步为我国政府信息再利用打下了一个良好的法律基础。

然而，目前我国政府信息资源的开发利用，特别是社会性增值利用尚处于起步阶段，仍停留在政策鼓励层面，实践工作还缺乏具体法规政策的引导、扶持和保障，这无疑限制了政府信息资源社会价值和经济价值的发挥。借鉴欧美在相关政策法规建设方面的先进经验，笔者认为我国应尽快建立健全相关政策法规体系，特别应制定用于鼓励、支持和规范企业、非营利机构、公众及其他组织参与政府信息资源开发利用的政策措施和管理办法。

（1）进一步完善政府信息公开。政府信息公开是保障信息可供社会进行广泛开发利用的前提和基础。我国《政府信息公开条例》实施时间还很短，并且能够真正开放给公众利用的信息还比较有限。例如，据我国 19 个主要城市新近发布的 2009 年政府信息公开报告显示，除武汉外，18 个城市均"自责"信息公开程度与公众需求尚存差距，公开的内容有一半左右为政策法规类信息。因此，为丰富可公开和再利用的政府信息资源，促进社会对政府信息进行商业性和社会化开发利用，政府各部门应在现有的《政府信息公开条例》基础上，对本部门信息资源进行评估，明确哪些信息具备较大的经济效益和社会效益，哪些可用于商业性开发，哪些适用于公益性开发，并建立信息资产目录予以公布，便于社会及时了解哪些政府信息资源能够再利用以及如何获取这些资源。

（2）制定促进政府信息资源开发利用的专项政策法规。由于美国具备较浓厚的政府信息再利用文化，并且其信息服务产业非常发达，因此现有的政策法规体系足以推动其政府信息资源再利用。而当前我国政府信息资源开发利用还缺乏社会力量的广泛参与，再利用文化尚未形成。为扩大政府信息的社会经济效益，有必要制定专项政策法规促进政府信息的社会再利用。例如，可参考欧盟的再利用条例，研究制定我国政府信息资源开发利用条例或管理办法，规定可进行开发利用的信息范围、信息申请程序、收费原则、开发主体的资格认定、开发行为的规范和约束、知识产权保护等，特别是应确定一种合理的市场竞争秩序和政府约束机制，防止政府因信息垄断和参与增值开发而损害公众的平等开发权利。

（3）制定支持政府信息资源开发利用相关产业发展的扶持政策。与欧美相比，我国信息内容服务产业在政府信息资源开发利用工作中发挥的作用还不够，政府信息资源的开发利用工作仍主要由政府部门或企事业单位承担。为鼓励社会力量的参与，推动产业的发展，政府还应研究制定针对政府信息资源开发利用相关企业的扶持政策，例如提供税收优惠，建立行业发展引导基金，增大政府采购对信息服务产业的支持力度，免费向相关企业提供政务信息资源引导其参与政务信息资源开发利用等。

参考文献

［1］Directive 2003/98/EC of the European Parliament and of the Council of 17 November 2003 on the Re-Use of Public Sector Information ［EB/OL］. http：//ec.europa.eu/information_society/policy/psi/docs/pdfs/directive/psi_directive_en.pdf，2010-01-15.

［2］Dean White.Re-Use Licencing Fees Policy ［EB/OL］. http：//www.icintranet.nhs.uk/policies/reuselicense1/file，2010-01-17.

［3］高新民. 政府信息资源再利用收费机制设计 ［EB/OL］. http：//unpan1.un.org/intradoc/groups/public/documents/apcity/unpan016907.pdf，2010-01-16.

［4］王欢喜. 美国政府信息公开制度及其对我国的启示 ［J］. 四川档案，2003（5）：36，38.

［5］Senate and House of Representatives of the United States of America in Congress. Paperwork Reduction Act of 1995 ［EB/OL］. http：//www.reginfo.gov/public/reginfo/pra.pdf，2009-11-15.

［6］Circular NO. A -130：Management of Federal Information Resources ［EB/OL］. http：//www.whitehouse.gov/omb/circulars_a130_a130trans4/#top，2010-01-15.

［7］U.S. Copyright Office. Copyright Law of the United States ［EB/OL］. http：//www.copyright.gov/title17/，2010-01-15.

［8］王正兴，刘闯. 美国国有数据与信息共享的法律基础 ［J］. 图书情报工作，2002（6）：47，60-63.

［9］OMB Circular A-110 Uniform Administrative Requirements for Grants and Agreements with Institutions of Higher Education，Hospitals，and Other Non-Profit Organizations ［EB/OL］. http：//www.whitehouse.gov/omb/rewrite/circulars/a110/a110.html，2010-01-16.

［10］Peter Weiss. Borders in Cyberspace：Maximizing Social and Economic Benefit from Public Investment in Environmental Data ［EB/OL］. http：//www.primet.org/documents/borders_luxembourg_p_weiss.ppt，2010-01-20.

Study on the Policies and Regulations of the Exploitation and Utilization of Government Information Resources in Europe and USA

Wang Jingxuan

(School of Information Management，Wuhan University，Wuhan 430072，China)

Abstract：This paper studies the policies，laws and regulations which related to the exploitation and utilization of government information resources in Europe and USA. Taking the experience of Europe and USA as reference，the paper proposes that Chinese government should improve the access to government information，constitute policies or regulations on the exploitation and utilization of government information resources and develop support policy for information service industry，in order to encourage the reuse of government information by private sectors，NPOs and citizens.

Key Words：government information resources；information resources exploitation；reuse；policy regulation

第二节

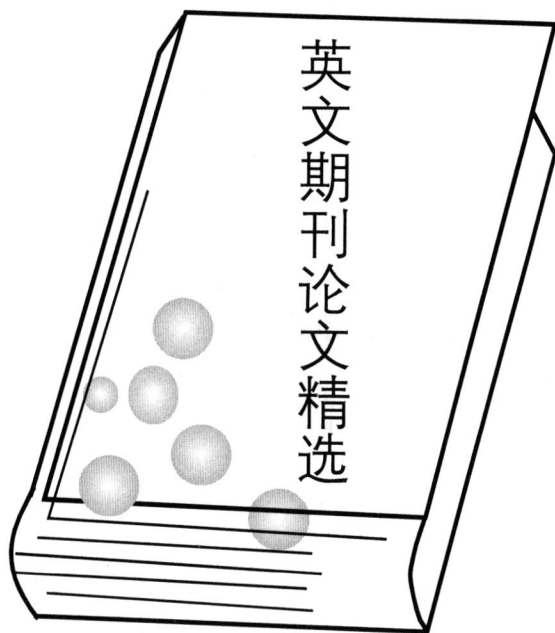

英文期刊论文精选

2011 年度，国外学者本学科的研究成果颇多，以下是本报告选取的 20 篇文章的中英文介绍，包括标题、作者、期刊名称、发表时间、关键词以及文章摘要。

Article：The Value of IT-enabled Retailer Learning： Personalized Product Recommendations and Customer Store Loyalty in Electronic Markets

Author：Tongxiao Zhang；Ritu Agarwal；Henry C. Lucas, Jr.

Source：MIS Quarterly. Dec. 2011，Vol. 35 Issue 4

Key Words：informaton technology；recommender systems （information filtering）； production functions （economic theory）；electronics；retail stores；customer loyalty；online shopping

Abstract：Recent research has acknowledged the key role of information technology in helping build stronger and more enduring customer relationships. Personalized product recommendations （PPRs） adapted to individual customers' preferences and tastes are one IT-enabled strategy that has been widely adopted by online retailers to enhance customers' shopping experience. Although many online retailers have implemented PPRs on their electronic storefronts to improve customer retention，empirical evidence for the effects of PPRs on retention in sparse，and the limited anecdotal evidence is contradictory. We draw upon the household production function model in the consumer economics literature to develop a theoretical framework that explains the mechanisms through which PPRs influence customer store loyalty in electronic markets. We suggest that retailer learning that occurs as a result of customer knowledge obtained to enable personalization influences the efficiency of the online product brokering activity. Data collected from a two-phase lab experiment with 253 student subjects where the quality of PPRs was manipulated are used to empirically test the predictions of the theoretical model. Empirical analyses of the data indicate that retailer learning reflected in higher quality PPRs is associated with lower product screening cost，but higher product evaluation cost. We further find that higher quality PPRs are associated with greater value derived by consumers from the online product brokering activity in terms of higher decision making quality，which is positively associated with repurchase intention. The paper presents the implications，limitations，and contributions of this study along with areas for future research.

题目：IT 助推零售商学习的价值：电子市场中个性化产品推荐及客户忠诚度保持

作者：Tongxiao Zhang；Ritu Agarwal；Henry C. Lucas, Jr.

来源：MIS Quarterly，2011 年 12 月，第 35 卷，第 4 期

关键词：信息技术；推荐系统 （信息过滤）；生产函数 （经济理论）；电子产品；零售商店；顾客忠诚度；网上购物

摘要：近期，研究表明，信息技术在帮助构建更强大和更持久的客户关系方面起到了

关键作用。针对个别客户的喜好和品位的个性化产品推荐模式是驱动 IT 产业发展的战略，该战略雇用了大量的在线零售商以提高顾客的购物体验。尽管许多在线零售商实现了个性化产品定制，以电子店面来改善客户保留，但关于该模式影响作用的经验证据较少，且仅有的证据也是矛盾的。在消费者经济理论中家庭生产函数模型框架下，本文解释了在电子市场中个性化产业推荐模式对客户忠诚度的影响机制。客户知识获取促使了零售商学习，使得个性化对在线产品代理活动的效率产生影响。对 253 个学生两阶段实验所获得的数据进行个性化产品推荐模式的质量预测实证检测，结果表明，伴着高质量的个性化产品推荐模式的兴起，零售商学习的产品筛选成本较低，但是其产品的评估成本较高。进一步研究发现，更高质量的个性化产品推荐模式与消费者从线上代理商品中所获取的更大价值相关，该行为能够产生更高质量的决策，而这些与有回购意向呈正相关关系。本文还陈述了进一步研究中的影响、不足及价值。

Article：Integrating Technology Addiction and Use：An Empirical Investigation of Online Auction Users

Author：Ofir Turel；Alexander Serenko；Paul Giles

Source：MIS Quarterly. Dec. 2011，Vol. 35 Issue 4，p1043–A18

Key Words：online auctions；addictions；technology –psychological aspects；intrinsic motivation；compulsive behavior

Abstract：Technology addiction is a relatively new mental condition that has not yet been well integrated into mainstream MIS models. This study bridges this gap and incorporates technology addiction into technology use processes in the context of online auctions. It examines how user cognition and ultimately usage intentions toward an information technology are distorted by addiction to the technology. The findings from two empirical studies of 132 and 223 eBay users, using three different operationalizations of addiction, indicate that the level of online auction addiction distorts the way the IT artifact is perceived. Informing a range of cognition modification processes, addiction to online auctions arguments user perceptions of enjoyment, usefulness, and ease of use attributed to the technology, which in turn influence usage intentions. Overall, consistent with behavioral addiction models, the findings indicate that users' levels of online auction addiction influence their reasoned IT usage decisions by altering users' belief systems.

题目：集成技术痴迷与应用：对在线拍卖用户的实证调查

作者：Ofir Turel；Alexander Serenko；Paul Giles

来源：MIS Quarterly. 2011 年 12 月，第 35 卷，第 4 期，页码：1043–A18

关键词：在线拍卖；上瘾；技术—心理方面；内在动机；强迫行为

摘要：技术瘾症是一种相对较新的精神状态，目前尚未纳入主流管理信息系统模型中。本文的分析跨越了这道鸿沟，将技术瘾症与技术应用结合在一起。本文探讨了受技术沉迷影响，用户如何扭曲对信息技术的认知及最终的使用意图。通过使用 3 种不同操作化的瘾症流程，对 132 个与 223 个 eBay 用户进行两个实证研究，结果表明，在线拍卖瘾症程度扭曲了人们所认知的信息技术方式。了解一系列认知过程、用户对网上拍卖技术感知的乐趣、实用性及易用性也会影响到消费者的使用意愿。总体而言，研究结果遵循行为瘾症模型，认为用户网上拍卖瘾症的程度通过转变用户的信念系统以影响他们对信息技术的合理使用。

Article: State of the Information Privacy Literature: Where are We Now and Where Should We Go?

Author: Paul A. Pavlou

Source: MIS Quarterly. Dec. 2011, Vol. 35 Issue 4, p977–988

Key Words: privacy; personal information management; management information systems; information economy; information resources; theory & practice; security measures

Abstract: While information privacy has been studied in multiple disciplines over the years, the advent of the information age has both elevated the importance of privacy in theory and practice, and increased the relevance of information privacy literature for Information Systems, which has taken a leading role in the theoretical and practical study of information privacy. There is an impressive body of literature on information privacy in IS, and the two Theory and Review articles in this issue of MIS Quarterly review this literature. By integrating these two articles, this paper evaluates the current state of the IS literature on information privacy (where are we now) and identifies promising research directions for advancing IS research on information privacy (where should we go). Additional thoughts on further expanding the information privacy research in IS by drawing on related disciplines to enable a multidisciplinary study of information privacy are discussed.

题目：信息隐私文献的状态：我们现在在哪儿？我们又要去什么地方？

作者：Paul A. Pavlou

来源：MIS Quarterly. 2011 年 12 月，第 35 卷，第 4 期，页码：977–988

关键词：隐私；个人信息管理；管理信息系统；信息经济；信息资源；理论与实践；安全措施

摘要：尽管多年来信息隐私受到各个学科的关注，但信息时代的到来还是提升了隐私在理论与实践中的重要性，增加了与信息隐私相关的文献，这对于信息隐私的理论与实践研究起到了至关重要的作用。在 MIS 季刊文献评论中有两篇关于信息隐私的令人印象深刻的理论评论文章，通过整合这两篇文章，本文指出有关信息隐私相关文献研究的现有水平（目前研究在何阶段）及该领域有待进一步研究的方向（应该向何方向努力）。此外，通过借鉴相关学科进一步扩大信息系统中对信息隐私的研究，使得信息研究可进行多学科探讨。

Article：Freedom of Choice，Ease of Use，and the Formation of Interface Preferences

Author：Kyle B. Murray；Gerald Häubl

Source：MIS Quarterly. Dec. 2011，Vol. 35 Issue 4，p955–A6

Key Words：computer interfaces；choice（psychology）；human capital；psychological reactance；user-centered system design；consumers preferences

Abstract：How does users' freedom of choice，or the lack thereof，affect interface preferences? The research reported in this article approaches this question from two theoretical perspectives. The first of these argues that an interface with a dominant market share benefits from the absence of competition because users acquire skills that are specific to that particular interface，which in turn reduces the probability that they will switch to a new competitor interface in the future. By contrast，the second perspective proposes that the advantage that a market leader has in being able to install a set of non-transferable skills in its user base is offset by a psychological force that causes humans to react against perceived constraints on their freedom of choice. We test a research model that incorporates the key predictions of these two theoretical perspectives in an experiment involving consequential interface choices. We find strong support for the second perspective，which builds upon the theory of psychological reactance.

题目：选择的自由、易用性和接口参数的形成

作者：Kyle B. Murray；Gerald Häubl

来源：MIS Quarterly. 2011 年 12 月，第 35 卷，第 4 期，页码：955–A6

关键词：计算机接口；选择（心理学）；人力资本；心理电抗；以用户为中心的系统设计；消费者偏好

摘要：何谓用户的自由、自由缺失？接口参数又是如何形成的？本文立足于两个理论观点来研究此问题。本文的一个观点是：一个控制市场份额的界面能够从不利的竞争中获益，因为每个用户均需要针对特定界面的技巧，这会降低他们对其他界面提供商需求的可能性。相比之下，本文的另一个观点是：市场领先者能够在用户群处于抵消心理的情况下，设置一种不可转让的技能，这样会限制用户的选择自由。结合这两个理论观点进行了涉及接口选择的模型预测，研究结果支持建立在心理电抗理论之下的第二种观点。

Article：Investigating the Reliability of Second-order Formative Measurement in Information Systems Research

Author：Shin Bongsik；Kim Gimun

Source：European Journal of Information Systems. Sep. 2011，Vol. 20 Issue 5，p608-623

Key Words：construct validity；formative indicator；formative measurement；interpretational confounding；second-order construct；structural equation modeling

Abstract：The article presents a study on the reliability of second-order formative measurement in information systems research. The study examines the relationship between reflectively designed first-order constructs and formatively defined second-order constructs when there is a change of endogenous variables. It also revealed that the relationship between the two constructs can be precarious depending on the choice of the dependent variables.

题目：信息系统研究的二阶构成型测量可靠性研究

作者：Shin Bongsik；Kim Gimun

来源：European Journal of Information Systems. 2011 年 9 月，第 20 卷，第 5 期，页码：608-623

关键词：建构效度；形成指标；模型测量；评价混淆；二阶结构；结构方程建模

摘要：本文对信息系统中二阶构成型测量的可靠性进行了研究。本文还探究了当内生变量变化时，基于反射而定义的一级结构和基于构成而定义的二级结构间的关系。同时，本文也进一步揭示了依赖于因变量选择的这两类结构间是相互不稳固的。

Article：Coping with Rapid Information Technology Change in Different National Cultures

Author：Xiang Fang；John Benamati；Albert L. Lederer

Source：European Journal of Information Systems. Sep. 2011，Vol. 20 Issue 5，p560–573

Key Words：coping mechanisms for rapid information technology change；national culture；rapid information technology change

Abstract：The article presents a study which examines the coping mechanisms used by information technology（IT）organizations to respond to rapid change IT in the U.S. and China. It analyzes the success of these mechanisms such as vendor support，education and training，endurance，and consultant support in the two cultures. It is found out that national culture can significantly affect the outcome of the use of these coping mechanisms.

题目：积极应对国别文化差异下信息技术的快速变化

作者：Xiang Fang；John Benamati；Albert L. Lederer

来源：European Journal of Information Systems. 2011 年 9 月，第 20 卷，第 5 期，页码：560–573

关键词：信息技术变化快速应对机制；民族文化；信息技术快速变化

摘要：本文研究了中美两国的 IT 机构在面对信息技术日新月异背景下的应对机制，并分析了两国不同文化背景下的供应商支持、教育与培训、耐力及顾问支持等应对机制的实施效果。研究结果表明，一国文化背景能够显著地影响这些应对机制的应用效果。

Article：Inter-organizational Information Systems Adoption： A Configuration Analysis Approach

Author：Kalle Lyytinen；Jan Damsgaard

Source：European Journal of Information Systems. Sep. 2011，Vol. 20 Issue 5，p496-509

Key Words：configuration analysis；diffusion and adoption；inter-organizational information systems；multi-level theory；typology

Abstract：In this article，the authors discuss the proposed configuration analysis for inter-organizational information systems （IOIS） adoption research. They argue that the theoretical inadequacy of IOIS adoption is caused by the deployment of deficient models and frameworks to manage such utilization，and suggest that IOIS scholars should consider adoption units instead of the single adopting organization in IOIS studies. They also describe the topology of IOIS configurations for adoption analysis.

题目：组织间信息系统的采用：一个配置分析方法

作者：Kalle Lyytinen；Jan Damsgaard

来源：European Journal of Information Systems. 2011 年 9 月，第 20 卷，第 5 期，页码：496-509

关键词：配置分析；扩散和采用；组织间信息系统；多层次理论；类型学

摘要：本文探讨了组织间信息系统应用研究所使用的配置分析方法。作者认为组织间信息系统所采用的理论不够充分是由于使用了有缺陷的模型与框架，因此，作者认为组织间信息系统的学者们应考虑采用单位，而不是单一组织以研究 IOIS。同时，本文还描述了分析 IOIS 所采用的拓扑配置。

Article：Is Information Systems a Discipline? Foucauldian and Toulminian Insights

Author：Nik R. Hassan

Source：European Journal of Information Systems. Jul. 2011，Vol. 20 Issue 4，p456-476

Key Words：archaeology of knowledge；disciplinary theory；information systems（IS）disciplinarity；intellectual structure；IS theory；philosophy of science

Abstract：The article discusses the disciplinary status of information systems using the analysis given by philosophers Michel Foucault and Stephen Toulmin. According to the author，the notion of disciplinarity within the IS community is confusing and the community has conflicting of the implications of becoming a field，discipline，or science. The benefits of becoming a discipline can have different categories，legitimacy，internal coherency，oversight，and social authority.

题目：信息系统是一门学科吗？基于 Foucauldian 和 Toulminian 的观点

作者：Nik R. Hassan

来源：European Journal of Information Systems. 2011 年 7 月，第 20 卷，第 4 期，页码：456-476

关键词：知识考古；学科理论；信息系统学科；知识结构；信息系统理论；科学哲学

摘要：本文探讨了由哲学家米歇尔·福柯和斯蒂芬·托敏奠定的信息系统学科地位。据作者观点，信息系统领域学科性的观念是模糊不清的，其具体含义也是相互矛盾的：一个领域、学科或一门科学。使其成为一门学科的好处有以下几方面：不同的分类、合法性、内部一致性、监督以及社会权威。

Article：Information Technology Spillover and Productivity：The Role of Information Technology Intensity and Competition

Author：Kunsoo Han；Young Bong Chang；Jungpil Hahn

Source：Journal of Management Information Systems. Summer2011，Vol. 28 Issue 1，p115-145

Key Words：industry analysis；industry characteristics；IT effects；IT intensity；IT spillover；total factor productivity

Abstract：We study interindustry information technology（IT）spillover wherein IT investments made by supplier industries increase the productivity of downstream industries. Using data from U.S. manufacturing industries，we find that industries receive significant IT spillover benefits in terms of total factor productivity growth through economic transactions with their respective supplier industries. More importantly，we find that two characteristics of downstream industries，namely，IT intensity and competitiveness，which have been shown to moderate the effect of internal IT investments，play an important role in IT spillovers as well. Our results suggest that IT intensity as well as competitiveness of the downstream industry moderate the effect of IT spillovers—industries that are more IT intensive and more competitive benefit more from IT spillovers. Finally，our results suggest that the long-term effects of spillovers are greater than short-term effects，suggesting that learning periods are required to reap the benefits from the IT spillovers.

题目：信息技术溢出与生产力：信息技术与竞争强度的作用

作者：Kunsoo Han；Young Bong Chang；Jungpil Hahn

来源：Journal of Management Information Systems. 2011 年夏，第 28 卷，第 1 期，页码：115-145

关键词：产业分析；产业特征；IT 影响；IT 强度；IT 溢出；全要素生产率

摘要：本文研究了产业间的信息技术溢出，供应商的 IT 投资可提高下游产业的生产率。本文采用美国制造行业的数据，研究发现各行业通过与供应商进行经济交易而发生的 IT 技术溢出有益于全要素生产率的提升。更重要的是，本文发现了下游产业的两个特征，即 IT 强度与生产力在其溢出效应的发挥中均起到了重要的作用，这点在 IT 行业内部投资中已被证实。本文认为 IT 强度以及下游产业的竞争力削弱了 IT 行业向其他各行业的溢出效果，即越密集、越具竞争力就越会从溢出中获益。最后，研究结果表明，这种溢出的长期效果会好于短期效果，这表明从 IT 行业溢出中获取收益需要学习过程。

Article: Value of Information Integration to Supply Chain Management: Roles of Internal and External Contingencies

Author: Christina W. Y. Wong; Kee-hung Lai; T. C. E. Cheng

Source: Journal of Management Information Systems. Winter2011, Vol.28 Issue3, p161-200

Key Words: business environment; information integration; IT value; IT-enabled supply chain

Abstract: While integrating information flows between internal organizational functions and across partner firms is widely acknowledged as a contributor to organizational competitiveness, there is little empirical research on the effects of situational factors on the success of information integration. Based on contingency theory, we address the following question: Under what circumstances does information integration contribute to better performance outcomes in supply chain management (SCM)? Our results provide a contingency perspective of information integration, which highlights that the performance outcomes of information integration are contingent on both external environmental conditions and internal operational characteristics. We find that information integration improves firms' ability to perform, particularly when they operate under favorable environmental conditions—a highly munificent and a less uncertain environment—and when they offer durable and complex products. Our findings advance contingency research on the performance outcomes of information integration for SCM. Our study provides managers with empirical insights on the effects of information integration on the cost and customer-oriented operational performance of SCM under favorable and unfavorable environmental conditions.

题目: 供应链管理信息集成的价值: 内外部突发事件的作用

作者: Christina W. Y. Wong; Kee-hung Lai; T. C. E. Cheng

来源: Journal of Management Information Systems. 2011 年冬, 第 28 卷, 第 3 期, 页码: 161-200

关键词: 商业环境; 信息集成; IT 价值; IT 驱动的供应链

摘要: 虽然将整合内部组织功能和合作伙伴之间的信息流通作为企业竞争力的一项重要因素已得到普遍认同, 但对于影响信息集成成功的情境因素仍缺乏相应的实证研究。基于权变理论, 本文着力解决以下问题: 在什么情况下信息集成能够有助于供应链管理 (SCM) 有更好的绩效? 研究结果提供了一个基于信息集成权变的视角, 它强调了信息集成的绩效取决于外部环境条件和内部操作特征。信息集成能够提高公司的产出能力, 尤其是当员工工作在有利的环境下 (工资宽裕且较为稳固) 并提供耐用和复杂的产品时, 从而推动了权变理论在供应链管理信息集成绩效方面的研究。本研究为管理者提供了实证支撑, 信息集成在有利或不利的环境下, 对成本及顾客导向的供应链管理绩效产生影响。

Article: R&D Versus Acquisitions: Role of Diversification in the Choice of Innovation Strategy by Information Technology Firms

Author: Rajiv D. Banker; Sunil Wattal; Jose M. Plehn-Dujowich

Source: Journal of Management Information Systems. Fall2011, Vol. 28 Issue 2, p109-144

Key Words: diversification; firm acquisition; game theory; Innovation; R&D

Abstract: This research examines the role of diversification on incumbent firms' response to the threat of new entry. When faced with threats posed by new technologies, incumbent firms in the information technology (IT) industry can either perform research and development (R&D), or acquire the new entrants who are successful at innovating. We use a two-stage game-theoretic framework to model the relation between diversification and the decision to acquire versus perform R&D. We also collect data on financial indicators for firms in the IT industry using the Compustat database to empirically test the propositions from the analytical model. Our results suggest that firms with a higher degree of diversification are more likely to innovate through acquisition than through R&D. Moreover, diversification has a positive effect on investment in acquisitions, as well as a negative effect on investment in R&D.

题目: 研发与收购: 信息技术企业创新战略选择中角色的多样性

作者: Rajiv D. Banker; Sunil Wattal; Jose M. Plehn-Dujowich

来源: Journal of Management Information Systems. 2011 年秋, 第 28 卷, 第 2 期, 页码: 109-144

关键词: 多元化; 公司收购; 博弈论; 创新; R&D

摘要: 本文对公司在应对新成员威胁时的多样化角色进行了研究。当存在新技术威胁时, IT 行业中的原有公司可以进行新的研发, 也可以允许创新成功的公司加入。本文使用了两阶段博弈模型, 来检测多样性开发与收购之间的关系。采用 Compustat 数据库中 IT 行业公司的财务指标数据, 检测分析模型中的各个命题。研究结果表明, 具有多元化程度较高的公司更有可能通过收购而非研发进行创新。此外, 多元化会对投资收购产生正的影响, 对研发投资产生负的影响。

Article：An Experimental Study of Information Revelation Policies in Sequential Auctions

Author：Timothy N. Cason；Karthik N. Kannan；Ralph Siebert

Source：Management Science. Apr. 2011，Vol. 57 Issue 4，p667–688

Key Words：complete and incomplete information revelation policies

Abstract：Theoretical models of information asymmetry have identified a trade-off between the desire to learn and the desire to prevent an opponent from learning private information. This paper reports a laboratory experiment that investigates if actual bidders account for this trade-off, using a sequential procurement auction with private cost information and varying information revelation policies. Specifically, the Complete Information Revelation Policy, where all submitted bids are revealed between auctions, is compared to the Incomplete Information Revelation Policy, where only the winning bid is revealed. The experimental results are largely consistent with the theoretical predictions. For example, bidders pool with other types to prevent an opponent from learning significantly more often under a Complete Information Revelation Policy. Also as predicted, the procurer pays less when employing an Incomplete Information Revelation Policy only when the market is highly competitive. Bids are usually more aggressive than the risk-neutral quantitative prediction, which is broadly consistent with risk aversion.

题目：序贯拍卖中信息披露政策的实验研究

作者：Timothy N. Cason；Karthik N. Kannan；Ralph Siebert

来源：Management Science. 2011 年 4 月，第 57 卷，第 4 期，页码：667–688

关键词：完整和不完整的信息披露政策

摘要：信息不对称理论已经对私人信息的阻止与学习阻止之间进行了权衡。本文进行了一个实验：在实际买家知道这个博弈时，顺序采购拍卖所使用的私人成本信息与不同的信息披露政策。具体来说，完全信息披露政策与不完全信息披露政策进行比较，前者情况下各拍卖间信息是共享的，而后者则只将信息透露给中标者。实验结果与理论预测基本吻合。例如，在完全信息政策披露下所有类型的投标者更倾向于阻止对方获取消息。也正如预测的那样只有当市场竞争很激烈时，使用非完全信息披露政策的采购者才会支付得更少。与风险中性的定量预测相比，报价竞争通常更激烈，这个结果与风险规避理论大致相符。

Article：Optimal Preorder Strategy with Endogenous Information Control

Author：Leon Yang Chu；Hao Zhang

Source：Management Science. Jun. 2011，Vol. 57 Issue 6，p1055-1077

Key Words：advance selling；consumer valuation control；information release；preorder

Abstract：In this paper，we investigate the integrated information and pricing strategy for a seller who can take customer preorders before the release of a product. The preorder option enables the seller to sell a product at an early stage when consumers are less certain about their valuations. We find that the optimal pricing strategy may be highly dependent on the amount of information available at preorder and that a small change in the latter may cause a dramatic change in the proportion of consumers who preorder under optimal pricing. Furthermore，the seller's optimal information strategy depends on a key measure，the normalized margin，which is the ratio between the expected profit margin and the standard deviation of consumer valuation. Although the seller may want to release some information or none，she should never release all information. Finally，under the optimal information and pricing strategy，the benefit of preorder is most pronounced when the normalized margin is in a medium range.

题目：内生信息控制的最佳预订策略

作者：Leon Yang Chu；Hao Zhang

来源：Management Science. 2011 年 6 月，第 57 卷，第 6 期，页码：1055-1077

关键词：预售；消费者估值控制；信息发布；预订

摘要：本文研究了在商品销售前为顾客预订的卖家可使用的综合信息和定价策略。当用户并不十分确定商品的价值时，预订能够使得卖家提前出售其商品。最优定价策略可能高度依赖于预订时可获信息的数量，之后信息量小小的变化可能就会对消费者预订产生戏剧性的影响。此外，卖家最优信息策略取决于规范化保证金这个关键指标，该指标用预期利润率与消费者标准偏差估值的比值来衡量。不论卖家是否想要发布一些信息，他都不应将所有的信息公布。最后，根据最优信息和定价策略，当规范化保证金在适度范围时，预订的优势最为显著。

Article：The Influence of Individual, Contextual, and Social Factors on Perceived Behavioral Control of Information Technology: A Field Theory Approach

Author：Christophe Elie-Dit-Cosaque; Jessie Pallud; Michel Kalika

Source：Journal of Management Information Systems. Winter2011, Vol. 28 Issue 3, p201-234

Key Words：autonomy; computer anxiety; control over IT; demand-control model; field theory; managerial support; perceived behavioral control; personal innovativeness with IT; work environment; work overload

Abstract：Organizations are increasingly concerned about ensuring that workers have sufficient sense of control over the information technology (IT) that they use. However, we know little about the antecedents of the end user's perceived behavioral control (PBC) with respect to IT. Drawing on Kurt Lewin's field theory, the present study responds to this concern by formulating and testing a model whereby individual, contextual, and social forces influence PBC directly and indirectly via computer anxiety. In order to test the model, a survey was conducted in France with IT end users enrolled in professional training programs. The results show that increasing autonomy, offering appropriate managerial support, reducing work overload, and perceived innovativeness with IT can together reduce computer anxiety and increase PBC. These findings emphasize the forces that managers can manipulate in order to foster users' feelings of control with respect to IT in the workplace. Following this, the paper makes three main contributions to research. First, it increases our knowledge of the nomological net surrounding PBC by shedding light on the joint influences of internal, external, and social forces on this variable. Second, it reveals the role of computer anxiety, emphasizing that it is an important conduit through which these forces influence workers' PBC. Third, the paper shows how Lewin's field theory can help to create richer and less fragmented models in order to capture more fully the determinants of IT adoption and adaptation. The practical implications regarding the actions that managers can take in order to increase workers' PBC are discussed.

题目：个体、语境及社会因素对信息技术感知行为控制的影响：一个场理论方法

作者：Christophe Elie-Dit-Cosaque; Jessie Pallud; Michel Kalika

来源：Journal of Management Information Systems. 2011 年冬，第 28 卷，第 3 期，页码：201-234

关键词：自治；计算机焦虑；信息技术控制；控制权需求模型；场理论；管理支持；感知行为控制；信息技术个人创新；工作环境；工作超负荷

摘要：确保工作人员对其所使用的信息技术有足够的控制权是组织部门越来越关注的问题。然而，我们对于最终用户对信息技术感知行为控制的最初情况知之甚少。本文基于库尔特·卢因的场理论，通过对个体、语境及社会因素的设定，在感知行为控制模型基础

上，测算了计算机焦虑的直接或间接影响。为了对模型进行检验，本文进行了一项针对法国 IT 最终用户参加的专业培训项目调查。研究结果显示，自主权增加、提供适当的管理支持、减少超载工作以及信息技术的感知创新均能减少计算机焦虑并增加对感知行为的控制。这些研究结论增强了管理人员在工作中培养用户对信息技术操控感的控制力度。基于此，本文所做的贡献有以下三方面：第一，此研究清晰阐明内部、外部以及社会因素对变量的联合影响，拓展了关系网络环境中感知行为控制的内容。第二，它揭示了计算机焦虑的作用，并强调计算机焦虑是影响工作人员感知行为控制的重要渠道。第三，本文描述了卢因的场理论如何作用于创建丰富且较分散的模型以捕获更全面的信息技术应用与调整决定因素。同时，本文也具有一定的实践启示，对管理者增加工作人员感知行为控制的措施进行了探讨。

Article：Knowledge Exploration and Exploitation：The Impacts of Psychological Climate and Knowledge Management System Access

Author：Alexandra Durcikova；Kelly J. Fadel；Brian S. Butler；Dennis F. Galletta

Source：Information Systems Research. Dec. 2011，Vol. 22 Issue 4，p855–866

Key Words：exploitation；exploration；knowledge management systems；psychological climate；technical support

Abstract：Firms need to balance efficiency gains obtained through exploiting existing knowledge assets with long–term competitive viability achieved through exploring new knowledge resources. Because the use of knowledge management systems（KMSs）continues to expand, understanding how these systems affect exploration and exploitation practices at the individual level is important to advance both knowledge management theory and practice. This study reports the results of a multi–industry survey investigating how psychological climate and KMS access influence solution reuse（exploitation）and solution innovation（exploration）in the context of technical support work. Our results show that KMS access does not directly determine solution innovation or solution reuse. Instead, KMS access strengthens the positive relationship between a climate for innovation and solution innovation and reverses the positive relationship between a climate for autonomy and solution innovation. The implications for knowledge management research and practice are discussed.

题目：知识探索与开发：心理气候和知识管理系统访问影响

作者：Alexandra Durcikova；Kelly J. Fadel；Brian S. Butler；Dennis F. Galletta

来源：Information Systems Research. 2011 年 12 月，第 22 卷，第 4 期，页码：855–866

关键词：开发；探索；知识管理系统；心理气候；技术支持

摘要：企业需要在通过利用现有知识资产提升其运行效率和通过探索新知识资源以获得长期竞争力的可行性之间进行权衡。由于知识管理系统使用的不断扩大，理解这些系统如何在个体层面影响知识开发与开发实践对推进知识管理理论和实践都是非常重要的。本报告进行了跨行业调查，研究了心理氛围与知识管理系统访问是如何在设计配合背景下，对解决方案的重复使用及创新产生影响。研究结果显示，对信息管理系统的访问并不直接决定解决方案的重用或创新。相反，信息管理系统访问加强了创新氛围与方案创新的正相关关系，但削弱了自主氛围与方案创新间的正相关关系。本文还对知识管理研究实践的相关影响进行了探讨。

Article：Returns to Information Technology Outsourcing

Author：Kunsoo Han；Robert J. Kauffman；Barrie R. Nault

Source：Information Systems Research. Dec. 2011，Vol. 22 Issue 4，p824–840

Key Words：information technology；IT intensity；IT outsourcing；output elasticity；production function；productivity

Abstract：This study extends existing information technology（IT）productivity research by evaluating the contributions of spending in IT outsourcing using a production function framework and an economy wide panel data set from 60 industries in the United States over the period from 1998 to 2006. Our results demonstrate that IT outsourcing has made a positive and economically meaningful contribution to industry output and labor productivity. It has not only helped industries produce more output，but it has also made their labor more productive. Moreover，our analysis of split data samples reveals systematic differences between high and low IT intensity industries in terms of the degree and impact of IT outsourcing. Our results indicate that high IT intensity industries use more IT outsourcing as a percentage of their output，but less as a percentage of their own IT capital，and they achieve higher returns from IT outsourcing. This finding suggests that to gain greater value from IT outsourcing，firms need to develop IT capabilities by intensively investing in IT themselves. By comparing the results from subperiods and analyzing a separate data set for the earlier period of 1987–1999，we conclude that the value of IT outsourcing has been stable from 1998 to 2006 and consistent over the past two decades. The high returns we find for IT outsourcing also suggest that firms may be underinvesting in IT outsourcing.

题目：重返信息技术外包时代

作者：Kunsoo Han；Robert J. Kauffman；Barrie R. Nault

来源：Information Systems Research. 2011 年 12 月，第 22 卷，第 4 期，页码：824–840

关键词：信息技术；IT 强度；IT 外包；产出弹性；生产函数；生产力

摘要：本研究采用生产函数框架和面板数据，对美国 1998~2006 年 60 个产业的 IT 外包消费贡献进行了评估，扩展了现有信息技术（IT）生产力的研究。研究表明，IT 外包对行业产出及劳动生产率做出了积极而有意义的贡献。它不仅使产业产出更多，还提升了劳动生产效率。此外，分割数据样本的分析揭示了高强度 IT 行业与低强度 IT 行业间外包程度及影响的系统化差异。研究结果进一步表明，高强度 IT 产业使用更多的 IT 外包作为其产出比重，但 IT 资本占比却相对较低，因而，他们能够从 IT 外包中获得更多的收益。这一结论表明，公司要从 IT 外包中获取更大的价值，就需要集中投资 IT 业本身以开发其盈利能力。通过对 1987~1999 年早期的独立数据库以及亚期结果进行比较分析，我们发现：IT 外包的价值从 1998 年到 2006 年一直较为平稳，并在过去的 20 年内相对稳定。此外，IT 外包的高回报也可能意味着 IT 外包公司的投资不足。

Article： Considerations for Information Systems "Backsourcing": A Framework for Knowledge Re-integration

Author： Akshay Bhagwatwar； Ray Hackney； Kevin C. Desouza

Source： Information Systems Management. Spring2011， Vol. 28 Issue 2， p165-173

Key Words： backsourcing； information systems； outsourcing； strategy； technology

Abstract： Backsourcing is motivated by opportunities arising from changes in the business situation， redefinition of the character of outsourced service declining in quality or due to the discovery of flaws in the contract. The situation of backsourcing clearly has major implications for an organization in terms of monetary investments， IS infrastructure and changes in employee requirements during and after the process. The paper considers a detailed analysis of two case studies of backsourcing reported from JP Morgan Chase (USA) and Sainsbury (UK). A major contribution of the paper is to identify important strategies to be followed in backsourcing projects to ensure efficient knowledge re-integration.

题目：对于信息系统回包的思考：一个知识集成重组的框架

作者：Akshay Bhagwatwar； Ray Hackney； Kevin C. Desouza

来源：Information Systems Management. 2001 年春，第 28 卷，第 2 期，页码：165-173

关键词：回包；信息系统；外包；战略；技术

摘要：回包是由于业务改变而产生的，是为外包服务质量的下降或合同漏洞的发现而定义的。回包显然对货币投资组织、信息系统框架有重要的影响，其主要体现在对员工需求改变的中途或后续阶段。本文对摩根大通（美国）和塞恩斯伯里（英国）的两个回包案例进行了详细的分析，主要的贡献是确定回包项目中应遵循的重要战略以确保有效的知识重新整合。

Article：Social Engineering：The Neglected Human Factor for Information Security Management

Author：Xin Luo；Richard Brody；Alessandro Seazzu；Stephen Burd

Source：Information Resources Management Journal. Jul.−Sep. 2011，Vol. 24 Issue 3，p1−8

Key Words：human factors；information security；personality traits；social engineering

Abstract：Effective information systems security management combines technological measures and managerial efforts. Although various technical means have been employed to cope with security threats，human factors have been comparatively neglected. This article examines human factors that can lead to social engineering intrusions. Social engineering is a technique used by malicious attackers to gain access to desired information by exploiting the flaws in human logic known as cognitive biases. Social engineering is a potential threat to information security and should be considered equally important to its technological counterparts. This article unveils various social engineering attacks and their leading human factors，and discusses several ways to defend against social engineering：education，training，procedure，and policy. The authors further introduce possible countermeasures for social engineering attacks. Future analysis is also presented.

题目：社会工程：信息安全管理忽视人为因素

作者：Xin Luo；Richard Brody；Alessandro Seazzu；Stephen Burd

来源：Information Resources Management Journal. 2011 年 7~9 月，第 24 卷，第 3 期，页码：1−8

关键词：人为因素；信息安全；人格特质；社会工程

摘要：有效的信息系统安全管理融合了技术和管理措施。虽然一直采用各种技术手段来应对安全威胁，但是人为因素被相对忽视。本文研究了人为因素导致的社会工程攻击。社会工程恶意攻击者利用人类逻辑认知缺陷来获得所需的信息。社会工程是信息安全的潜在威胁，应该与技术同行同样重要。本文揭示了各种社会工程攻击和它们的主要人为因素，并讨论了几种方法来抵御社会工程：教育、培训、程序和政策。作者进一步介绍了社会工程攻击可能的对策，并对未来进行了分析。

Article：Information Security Risks in Enabling e-Government：The Impact of IT Vendors

Author：Peter Berghmans；Karel Van Roy

Source：Information Systems Management. Fall2011，Vol. 28 Issue 4，p284-293

Key Words：e-Government；information systems security；outsourcing；systems think-ing；value-focused thinking

Abstract：The purpose of this article is to identify information systems security risks in lo-cal governments resulting from the cooperation with IT vendors. We focus on government-to-government projects where the confidentiality，integrity，and availability of information is a key concern. In our risk identification process，we take a systems thinking approach，taking into account actual and perceived risks. We identified 13 causes of risk in three risk areas and ana-lyzed them using outsourcing literature.

题目：电子政务信息安全风险：IT供应商的影响

作者：Peter Berghmans；Karel Van Roy

来源：Information Systems Management. 2011年秋，第28卷，第4期，页码：284-293

关键词：电子政务；信息系统安全；外包；系统思考；价值型思考

摘要：本文研究的目的是确定当地政府部门由于与IT供应商合作行为所产生的信息系统安全风险。本文着重考察政府间合作项目，其信息的机密性、完整性以及可用性均是关键问题。在风险识别过程中，本文应用系统思考的方法以考虑实际和感知风险，确定了在三种风险领域中的13种情况，并对其进行了分析。

Article：IT and Entrepreneurism：An On-Again，Off-Again Love Affair or a Marriage?

Author：Manlio Del Giudice；Detmar Straub

Source：MIS Quarterly. Dec. 2011，Vol. 35 Issue 4，pIII-VII

Key Words：information technology；entrepreneurship；economic development；technological innovations；information technology—Economic aspects；labor productivity

Abstract：The article discusses the relationship between entrepreneurship and information technology（IT），focusing on various reasons why the two have become intertwined. Topics discussed include the development of new technologies，the contributions of IT to economic development，and the role of market competitiveness in the creation of new entrepreneurial ventures. The author identifies increases in capital share per labor unit and spillover effects such as network externalities as the two links which explicitly exist between IT capital equipment and labor productivity growth.

题目：IT 产业与企业家精神：藕断丝连的恋爱还是婚姻？

作者：Manlio Del Giudice；Detmar Straub

来源：MIS Quarterly. 2011 年 12 月，第 35 卷，第 4 期，页码：III-VII

关键词：信息技术；创业；经济发展；技术创新；信息技术—经济；劳动生产率

摘要：本文论述了创业和信息技术（IT）之间的关系，致力于分析其二者交融发展的各种原因。本文探讨的主体包括：新技术的发展、IT 对经济发展的贡献，以及市场竞争力对创造新商业投机的作用。作者确定了单位劳动的资本份额及溢出效应的增加，如网络外部性随着 IT 资本设备与劳动生产率这两个链接的增长。

第三章　信息管理学科 2011 年出版图书精选

第一节

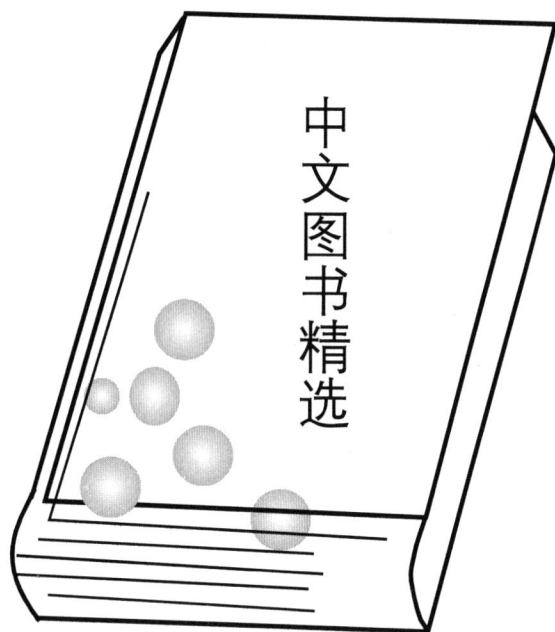

中文图书精选

所使用的中文图书来源有：亚马逊中文网站（www.amazon.cn）。亚马逊中国是全球最大的电子商务公司亚马逊在中国的网站。亚马逊中国经营图书、音像、软件、图书、影视等，至今已经成为中国网上零售的领先者。在亚马逊中文网站，按"图书名=信息管理或关键词=信息管理，时间=2011"检索，共检索出图书 274 本。此外，本书还参考了当当网（http://book.dangdang.com/）和京东商城网（http://book.360buy.com/）。综合以上的检索结果，从信息管理、信息系统、数据挖掘、信息决策、知识管理等几方面选取了具有较高学术价值的 15 本图书，具体内容如下。

书名：管理信息系统
作者：上海国家会计学院
出版社：经济科学出版社
出版时间：2011 年 7 月 1 日，第 1 版
Title：Management Information System
Author/Editor：Shanghai National Accounting Institute
Publisher：Economic Science Press

内容简介：《管理信息系统》将会计设计的主业业务循环（销售、采购、人力资源、生产制造和总账循环）融入管理信息系统中，有利于 CFO 理解销售与客户管理、采购系统与供应商管理、人力资源与报酬激励、生产制造与质量管理、总账与会计信息质量管理的关系，实现由传统式的"账房先生"向决策型的 CFO 的转变。

书名： 2011领导决策信息年度报告：中国舆情报告

作者： 连玉明，武建忠

出版社： 中国时代经济出版社

出版时间： 2011年1月1日，第1版

Title： The 2011 Leading Decision–making Information Annual Report：China Public Opinion Report

Author/Editor： Lian Yuming，Wu Jianzhong

Publisher： Chinese Economy Press

　　内容简介:《2011领导决策信息年度报告：中国舆情报告》分为教育改革——贴近百姓最根本的要求、劳资冲突——工会关键时刻要顶得上、医疗社保——迎接老龄化社会到来、稳定楼市——调控半途而废很可怕、食品安全——省市领导要当好第一责任人、民生问题——改善与整治并重这六个部分，全面呈现2011年度中国民情。

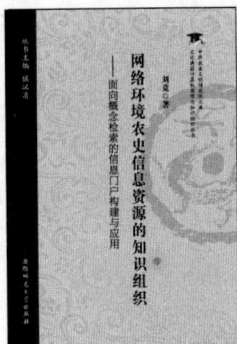

书名：网络环境农史信息资源的知识组织——面向概念检索的信息门户构建与应用

作者：刘竟

出版社：安徽师范大学出版社

出版时间：2011 年 12 月 1 日，第 1 版

丛书名：中华农业文明研究院文库

Title：The Knowledge Organization of Agricultural History Information Resources in the Network Environment—The Concept Retrieval Information Portal Construction and Application

Author/Editor：Liu Jing

Publisher：Anhwei Normal University Press

　　内容简介：本书主要内容包括两个方面，农史门户的构建，农史网页自动处理和概念检索研究。其中包括三个部分，第一部分是导论和研究进展，第二部分是农史门户设计与构建中的有关问题研究，第三部分总结本书的主要研究内容和需进一步探讨的问题。

书名：黑客大曝光：恶意软件和 Rootkit 安全
作者：戴维斯
出版社：机械工业出版社
出版时间：2011 年 6 月 1 日，第 1 版
丛书名：信息安全技术丛书
Title：Hacking Exposed：Malware & Rootkits Secrets & Solutions
Author/Editor：Michael A.Davis
Publisher：Machinery Industry Press

　　内容简介：抵御恶意软件和 Rootkit 不断掀起的攻击浪潮！《黑客大曝光：恶意软件和 Rootkit 安全》用现实世界的案例研究和实例揭示了当前的黑客们是如何使用很容易得到的工具渗透和劫持系统的，逐步深入地对比提供了经过证明的预防技术。《黑客大曝光：恶意软件和 Rootkit 安全》介绍了检测和消除恶意嵌入代码、拦截弹出式窗口和网站、预防击键记录以及终止 Rootkit 的方法，详细地介绍了最新的入侵检测、防火墙、蜜罐、防病毒、防 Rootkit 以及防间谍软件技术。《黑客大曝光：恶意软件和 Rootkit 安全》包括以下内容：理解恶意软件感染、生存以及在整个企业中传染的方法。了解黑客使用存档文件、加密程序以及打包程序混淆代码的方法。实施有效的入侵检测和预防程序。防御击键记录、重定向、点击欺诈以及身份盗窃威胁。检测、杀死和删除虚拟模式、用户模式和内核模式 Rootkit。预防恶意网站仿冒客户端和嵌入式代码攻击。使用最新的防病毒、弹出窗口拦截程序和防火墙软件保护主机。使用 HIPS 和 NIPS 识别和终止恶意进程。

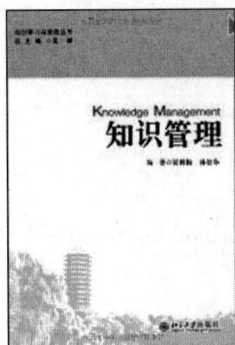

书名：知识管理

作者：梁林海，孙俊华

出版社：北京大学出版社

出版时间：2011 年 7 月 1 日，第 1 版

丛书名：组织学习与发展丛书

Title：Knowledge Management

Author/Editor：Liang Linhai，Sun Junhua

Publisher：Beijing University Press

内容简介：《知识管理》是作者基于多年从事知识管理课程教学的实践，在学习和借鉴国内外本领域前沿成果的基础之上编著而成。《知识管理》系统、简洁而通俗地对知识管理的理论、方法及最佳实践个案进行了总结、梳理，并且结合国内各类组织知识管理的现实状况与未来发展需求进行了实证分析。《知识管理》适合于组织学习及人力资源领域研究者、高层管理者、该领域的从业人员及培训机构从业人员阅读，可以作为高等院校相关专业的教材，还可作为政府、企业及学校网络学习部门的参考用书。

书名：数据挖掘技术与应用

作者：陈燕

出版社：清华大学出版社

出版时间：2011 年 5 月 1 日，第 1 版

Title：Management Information System

Author/Editor：Chen Yan

Publisher：Qinghua University Press

内容简介：《数据挖掘技术与应用》系统详细地阐述了数据挖掘产生的背景、技术、多种相关方法及具体应用，主要内容包括数据挖掘概述，数据采集、集成与预处理技术，多维数据分析与组织，预测模型研究与应用，关联规则模型及应用，聚类分析方法与应用，粗糙集方法与应用，遗传算法与应用，基于模糊理论的模型与应用，灰色系统理论与方法，基于数据挖掘的知识推理。《数据挖掘技术与应用》可作为管理科学与工程、信息科学与技术、应用数学等相关专业高年级本科生和研究生的数据仓库、数据挖掘及知识管理等相关课程的教材或参考资料，同时《数据挖掘技术与应用》有助于相关的专业研究人员提升数据挖掘的技巧和开拓新的研究方向。

书名：信息系统安全风险估计与控制理论
作者：王祯学，周安民，方勇
出版社：科学出版社
出版时间：2011 年 6 月 1 日，第 1 版
Title：Information System Security Risk Estimation and Control Theory
Author/Editor：Wang Zhenxue，Zhou Anmin，Fang Yong
Publisher：Science Press

　　内容简介：《信息系统安全风险估计与控制理论》将信息论、系统论、控制论以及博弈论的基本思想和方法综合应用于研究信息系统安全风险的识别与分析、评估与控制、信息对抗等问题上，从跨学科研究的角度出发，采用定性分析和定量分析相结合的方法，得到一系列新的理论研究成果，对信息安全的学科建设和工程实践都很有学术参考价值。《信息系统安全风险估计与控制理论》可以作为高等院校信息安全、计算机应用、网络通信、电子工程等专业高年级大学生和研究生的教材，也可供广大科技工作者参考。

书名：跨文化管理：基于知识管理的视角

作者：尼格尔·霍尔顿

出版社：中国人民大学出版社

出版时间：2011 年 5 月 1 日，第 1 版

丛书名：管理者终身学习

Title：Cross-Cultural Management：A Knowledge Management Perspective

Author/Editor：Nigel J.Holden

Publisher：Renmin University of China Press

内容简介：本书关注跨文化间的相互依赖性，而非文化间差异性与相似性的传统观点，以此为未来数年中学生和管理者的跨文化管理教育、研究以及实践指出了新的范围和方向。《跨文化管理：基于知识管理的视角》的关键是对四家全球性公司所做的案例研究，这些案例研究分析了全球经济中往往被忽视但却每天存在于组织中的问题——组织的跨文化沟通行为。本书提供模型和一系列术语词汇表以阐明将跨文化管理与知识管理相结合的新概念，为学生和管理者提供便捷的、以学习为导向的资源。

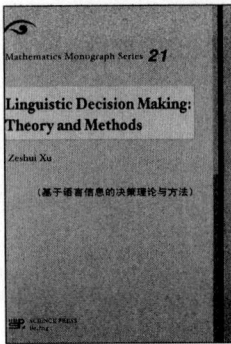

书名：基于语言信息的决策理论与方法（英文版）

作者：徐泽冰

出版社：科学出版社

出版时间：2011 年 12 月 1 日，第 1 版

丛书名：数学名著系列丛书

Title：Decision Theory and Method Based on Linguistic Information（English Version）

Author/Editor：Xu Zebing

Publisher：Sicence Press

内容简介：本书对决策理论与方法方面的最新研究成果（主要是 2004 年以来作者的研究成果）进行了系统的介绍，包括：语言评估标度，语言集成算子，不确定语言集成算子，动态语言集成算子，语言判断矩阵、不确定语言判断矩阵和不完全语言判断矩阵的排序理论与方法，交互式语言多属性决策方法。

书名：企业知识产权流程管理

作者：王明

出版社：中国法制出版社

出版时间：2011 年 8 月 10 日，第 1 版

Title：Enterprise IP Processing Management

Author/Editor：Wang Ming

Publisher：China Legal Press

内容简介：事后补救不如事中控制，事中控制不如事前预防，而要预防就要有好的制度。一流的制度可以规范企业的生产经营流程，预控企业在日常运营中的风险，减少不必要的执行障碍，进而降低经营成本，使得企业达到一个良性经营的状态。本书立足企业知识产权流程管理的制度化，使企业清楚如何进行知识产权管理：在每一阶段，应该注意哪些问题；当出现问题时，如何解决问题。《企业知识产权流程管理》在阐述企业知识产权流程管理制度之时，大量运用最高人民法院公布的指导案例来支持作者的观点，并且通过"律师点评"、"律师提醒"、"律师解答"等模块来归纳实务操作中的风险，为企业完善知识产权管理制度献计献策。本书还提供若干流程图表、文书范本，为企业进行知识产权流程管理提供参考。

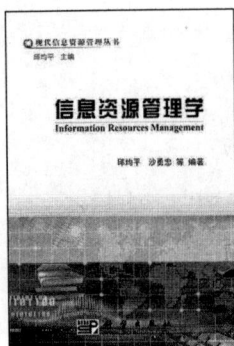

书名：信息资源管理学

作者：邱均平，沙勇忠

出版社：科学出版社

出版时间：2011 年 6 月 1 日，第 1 版

丛书名：现代信息资源管理丛书

Title：Information Resource Management

Author/Editor：Qiu Junping, Sha Yongzhong

Publisher：Science Press

　　内容简介：信息资源管理显著地受到信息技术进步的推动和经济社会管理需求的牵引，目前已发展成为影响最广、作用最大的管理领域之一，成为一门引人注目的新学科。《信息资源管理学》根据国内外最新研究动态，构建了信息资源管理学的理论框架，对其结构内涵和重要的分主题进行了系统深入的阐述。全书分为理论和应用两大部分，理论部分阐述了信息资源管理学的基本概念、基础理论、体系结构等问题，并从技术、经济、人文三个维度展开信息资源管理学的具体内容；应用部分阐述网络信息资源管理、知识管理两个重要分支领域，以及企业和政府两大应用领域的信息资源管理。《信息资源管理学》可作为高校信息管理与信息系统，工商管理，图书情报与档案管理，电子商务，以及经济学和管理学等相关专业的教学参考书，也可供信息管理部门、信息产业部门和信息职业者使用和参考。

书名：基于管理熵理论的组织知识管理绩效综合集成评价研究

作者：熊学兵

出版社：四川大学出版社

出版时间：2011 年 6 月 1 日，第 1 版

丛书名：四川哲学社会科学学术著作出版基金丛书

Title：The Research of Organizational Knowledge Management Performance Integrated Evaluation Management Based on Entropy Theory

Author/Editor：Xiong Xuebing

Publisher：Sichuan University Press

　　内容简介：《基于管理熵理论的组织知识管理绩效综合集成评价研究》是熊学兵同志在其博士论文的基础上整理而成的。《基于管理熵理论的组织知识管理绩效综合集成评价研究》在现有研究基础上，借鉴企业战略管理的相关理论，深入、全面地研究了企业知识管理的各种价值活动，建立了企业知识管理系统模型；全面分析了企业知识管理系统的熵机理，提出了企业知识管理熵的概念和数学模型，分析了企业知识管理系统正熵、负熵、总熵对系统的影响；推导出基于管理熵的企业知识管理绩效集成评价模型。

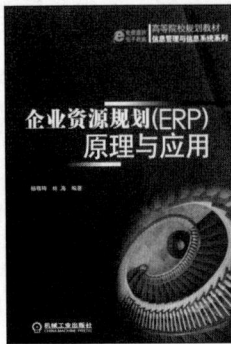

书名：企业资源规划（ERP）原理与应用

作者：刘尊琦，林海

出版社：机械工业出版社

出版时间：2011 年 8 月 1 日，第 1 版

Title：Enterprise Resource Planning（ERP）Principle and Application

Author/Editor：Liu Zunqi，Lin Hai

Publisher：Machinery Industry Press

内容简介：《企业资源规划（ERP)原理与应用》从企业信息化实践的角度出发，结合企业资源规划（ERP）理论和国内外实践，系统地介绍了 ERP 的总体和实施平台。包括 ERP 的历史沿革，物料需求计划（MRP）的原理，MRP-II 的概念，EPR 系统中的企业业务流程再造（BPR）子系统、准时生产（JIT）子系统、供应链和物流子系统、客户关系管理（CRM）和商业智能系统等。本书内容涵盖了 ERP 系统的内容、功能以及国内外 ERP 软件供应商的情况。本书研究 ERP 的方法，采用管理、组织和技术三方面结合的方法来分析企业实施和运用 ERP 的经验和教育。

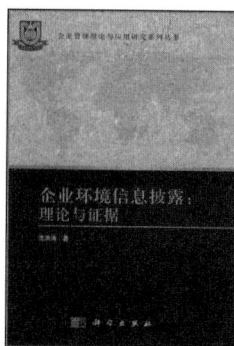

书名：企业环境信息披露：理论与证据

作者：沈洪涛

出版社：科学出版社

出版时间：2011 年 6 月 1 日，第 1 版

Title：Corporate Environmental Information Disclosure：Theory and Evidence

Author/Editor：Shen Hongtao

Publisher：Science Press

内容简介：《企业环境信息披露：理论与证据》对企业环境信息披露进行了理论研究和实证检验。理论研究部分回顾了环境会计的理论观点和企业环境信息披露的实证发现，梳理了中国环境信息披露监管制度的演变过程；实证检验部分构建了中国市场的大样本数据，在描述性分析的基础上，分别从经济学和政治社会学的视角验证了企业披露环境信息的动机和作用。《企业环境信息披露:理论与证据》的研究特色有三个：一是将社会关注的热点话题与会计学研究的重要问题相结合；二是将政治学和社会学的理论成果引入会计学研究；三是用中国制度背景和市场环境下的大样本数据解决已有研究中未能回答的问题。《企业环境信息披露:理论与证据》适合于管理学和环境学专业的研究人员、各级政府环保部门和证券监管部门工作人员、企业管理人员，以及非政府环保组织人员阅读参考。

书名：利率期限结构模型：理论与实证

作者：周荣喜，杨丰梅

出版社：科学出版社

出版时间：2011 年 5 月 1 日，第 1 版

丛书名：管理、决策与信息系统丛书

Title：The Term Structure of Interest Rate Models：Theory and Empirical Evidence

Author/Editor：Zhou Rongxi，Yang Fengmei

Publisher：Science Press

内容简介：《利率期限结构模型：理论与实证》系统地研究了静态利率期限结构模型和动态利率期限结构模型，并紧密结合中国债券市场的实际，开展了实证与应用研究。全书共分十章，具体包括利率期限结构概述、基于直接推导法的国债收益率曲线模型、基于样本函数的利率期限结构模型、利率期限结构参数拟合模型、模糊利率期限结构模型、基于线性规划的利率期限结构模型、基于遗传算法的静态利率期限结构组合优化模型、均衡利率期限结构模型、无套利利率期限结构模型、非参数利率期限结构模型。《利率期限结构模型：理论与实证》可作为金融学、金融工程、管理科学、应用数学、经济管理等有关专业的高年级学生、研究生以及 MBA 学员的参考书，亦可为金融管理和企业管理从业人员提供决策支持。

第二节

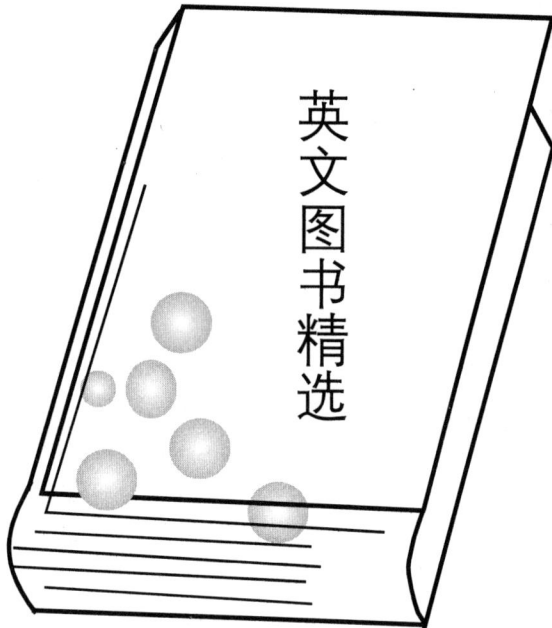

英文图书精选

本部分所使用的英文图书及其相关信息有如下三个数据来源：亚马逊英文网站（www.Amazon.com），SpringerLink（现刊+回溯）数据库和 Elsevier SD（ScienceDirect）数据库。图书的检索策略是"Title+Keywords=（information management），出版时间= 2011"。在检索到的图书中，从不同的学科和主题分类，并兼顾作者的知名度和图书的相关性，我们选择了 20 本优秀的学术型图书。这些图书从信息技术、信息系统、组织信息应用、知识管理、信息决策、数据挖掘与商务智能、信息资源管理、信息安全等多个方面进行了分析和探讨。下面对这些图书的具体情况加以说明。

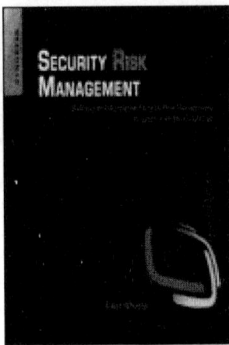

Title：Security Risk Management：Building an Information Security Risk Management Program from the Ground Up

Author：Evan Wheeler

Publisher：Syngress

Publication Date：2011.05

Book Description：The goal of *Security Risk Management* is to teach you practical techniques that will be used on a daily basis, while also explaining the fundamentals so you understand the rationale behind these practices. Security professionals often fall into the trap of telling the business that they need to fix something, but they can not explain why. This book will help you to break free from the so-called "best practices" argument by articulating risk exposures in business terms. You will learn techniques for how to perform risk assessments for new IT projects, how to efficiently manage daily risk activities, and how to qualify the current risk level for presentation to executive level management. While other books focus entirely on risk analysis methods, this is the first comprehensive guide for managing security risks.

书名：安全风险管理：从头开始建立信息安全风险管理项目

作者：Evan Wheeler

出版社：Syngress

出版时间：2011.05

内容简介：《安全风险管理》不仅教您日常实用技术，还向您解释这些实际应用背后的基础理念。安全专家经常陷入这样的困境：他们告诉您需要改善一些事情，却不能解释为什么要这样做。这本书帮助您摆脱什么是"最佳实践"的讨论，向您详细说明商业中存在的风险。您会学到如何对新的信息技术项目进行风险评估，如何有效管理日常的风险行为，以及如何使您企业的安全水平符合企业高层管理要求。其他图书往往只侧重于介绍风险分析方法，这本书则可为您企业的安全风险管理提供全面指导。

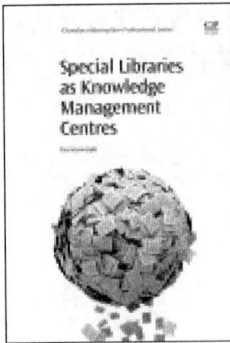

Title：Special Libraries as Knowledge Management Centers
Author：Eva Semertzaki
Publisher：Chandos Publishing (Oxford) Ltd.
Publication Date：2011.06.24

Book Description：This book focuses on the role of special libraries as knowledge management centers in their organizations. It describes the work of a special library and the special library draws on the characteristics that make the nucleus of collecting and organizing knowledge which is used for the benefit of the institution. By acquiring and sharing knowledge，staff will enhance the intellectual capital of the institution. Traditionally libraries are the information centers that organize and classify information. Further on they are the proper places to create human networks and to organize the knowledge hidden in the minds of the staff. This book also examines methods to prove the value of a special library for the parent organization when it becomes the centre to gather knowledge.

● Draws on the characteristics that make a special library necessary for an organization.

● Shows the importance of knowledge management in an organizational environment.

● Provides ways to persuade the management of an organization that the special library is the proper centre for knowledge management.

书名：作为知识管理中心的特殊图书馆
作者：Eva Semertzaki
出版社：Chandos (Oxford) 出版集团
出版时间：2011.06.24
内容简介：本书介绍特殊图书馆——知识管理中心在组织中的作用。这本书描述这些特殊图书馆的工作，这些特殊图书馆主要的任务是对组织有价值的知识进行收集和管理。通过知识获取与分享，可以提升组织的智力资本。传统意义上，图书馆是对信息进行整理和分类的信息中心。而今，特殊图书馆帮助组织创建人力资源网络，将隐藏在员工头脑中的隐性知识收集管理起来。同时，这本书提供各种方法，证明特殊图书馆作为企业信息中心对于母公司具有价值。总的来说：
● 本书为您指出组织建立特殊图书馆的必要性。
● 本书向您展示在组织环境中知识管理十分重要。
● 本书提供多种方式告诉组织管理者，特殊图书馆是组织知识管理的中心。

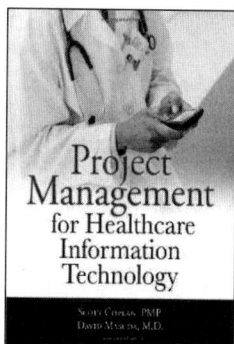

Title：Project Management for Healthcare Information Technology
Author：Scott Coplan，David Masuda
Publisher：McGraw-Hill Professional
Publication Date：2011.02.01

Book Description：Management for Healthcare Information Technology presents an effective methodology that encompasses standards and best practices from project management，information technology（IT）management，and change management for a streamlined transition to digital medicine. Each management discipline is examined in detail and defined as a set of knowledge areas. The book then describes the core processes that take place within each knowledge area in the initiating，planning，executing，controlling，and closing stages of a project. Real-world examples from healthcare information technology project leaders identify how the integrated approach presented in this book leads to successful project implementations.

Coverage includes：

● Integrating project，information technology，and change management methodologies.

● PMBOK R Guide process groups—initiating，planning，executing，controlling，and closing.

● Project management knowledge areas—integration，scope，time，cost，quality，human resources，communication，risk，and procurement management.

● IT management knowledge areas—user requirements，infrastructure，conversion，software configuration，workflow，security，interface，testing，cutover，and support management.

● Change management knowledge areas—realization，sponsorship，transformation，training，and optimization management.

书名：医疗信息技术项目管理
作者：Scott Coplan，David Masuda
出版社：McGraw-Hill Professional
出版时间：2011.02.01
内容简介：本书介绍数字医疗项目管理、相关信息技术管理，以及传统医疗模式转变为数字医疗的变革管理过程中的标准和实例。本书详细分析每一个管理规程，将管理规程定义为一系列的知识领域。在此基础上，本书对每一个知识领域的核心过程进行描述，研究一个项目的启动、计划、执行、控制和收尾阶段。书中的医疗信息技术项目实例会告诉您本书介绍的方法是如何保障项目的成功实施的。

本书包括如下具体内容：

- 项目、信息技术与变革管理方法的整合。
- 项目管理知识体系指南的过程组——启动、计划、执行、控制和收尾。
- 项目管理知识领域——整合、范围、时间、成本、质量、人力资源、沟通、风险与采购管理。
- 信息技术管理知识领域——用户需求、基础设施、转变、软件配置、工作流、安全、接口、测试、转换、支持管理。
- 变革管理知识领域——实施、领导支持、转型、培训、优化管理。

Title：The Oxford Handbook of Management Information Systems: Critical Perspectives and New Directions

Author：Robert D. Galliers, Wendy Currie

Publisher：Oxford University Press

Publication Date：2011.09.25

Book Description：Management Information Systems（MIS）play a crucial role in an organization's operations, accounting, decision-making, project management, and competitive advantage. *The Oxford Handbook of Management Information Systems* takes a critical and interdisciplinary view of the increasing complexity of these systems within organizations, and the strategic, managerial, and ethical issues associated with the effective use of these technologies.

The book is organized into four parts:

Part I：Background.

Part II：Theoretical and Methodological Perspectives in MIS.

Part III：Rethinking Theory in MIS Practice.

Part IV：Rethinking MIS Practice in a Broader Context.

The Handbook provides an introductory background to the discipline and a methodological and philosophical framework for discussion of key topics, before exploring the issues associated with MIS in practice and considering the broader context and future agenda of research in light of such concerns as sustainability, ethics, and globalization.

Bringing together international scholars to focus on the theory and practice of MIS, this handbook provides a comprehensive resource for academics and research students in the fields of MIS, IS, Organizational Behavior, and Management in general.

书名：管理信息系统牛津手册：核心观点与前沿方向

作者：Robert D. Galliers, Wendy Currie

出版社：牛津大学出版社

出版时间：2011.09.25

内容简介：管理信息系统对于组织的运营、会计、决策、项目管理和竞争优势管理至关重要。本书对组织管理信息系统日益增加的复杂性进行了全面介绍，分析了如何有效使用这些技术的战略、管理与伦理问题。

本书包括"背景介绍"、"管理信息系统理论与方法"、"管理信息系统实践方法再思考"、"更宽泛视角下对管理信息系统实践方法再思考"四个部分。首先，本书对管理信息系统的发展背景进行了介绍，给出了本书讨论的方法与理论的框架；然后本书研究了管理信息系统实践问题；从更宽泛的视角探讨了管理信息系统的可持续性、伦理问题与全球化问题，并对未来研究方向进行了分析。

本书汇集世界范围内管理信息系统专家的理论与实践研究成果，是管理信息系统、信息系统、组织行为与管理方向相关学者与学生掌握管理信息系统知识的宝贵资源。

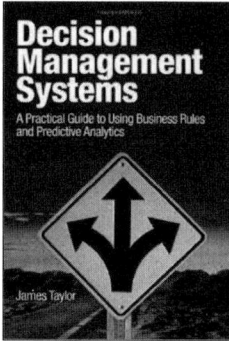

Title: Decision Management Systems: A Practical Guide to Using Business Rules and Predictive Analytics

Author: James Taylor

Publisher: IBM Press

Publication Date: 2011.10.10

Book Description: Build systems that work actively to help you maximize growth and profits.

Most companies rely on operational systems that are largely passive. But what if you could make your systems active participants in optimizing your business? What if your systems could act intelligently on their own? Learn, not just report? Empower users to take action instead of simply escalating their problems? Evolve without massive IT investments?

Decision Management Systems can do all that and more. In this book, the field's leading expert demonstrates how to use them to drive unprecedented levels of business value. James Taylor shows how to integrate operational and analytic technologies to create systems that are more agile, more analytic, and more adaptive. Through actual case studies, you'll learn how to combine technologies such as predictive analytics, optimization, and business rules—improving customer service, reducing fraud, managing risk, increasing agility, and driving growth.

Both a practical how-to guide and a framework for planning, Decision Management Systems focuses on mainstream business challenges. Coverage includes:

- Understanding how Decision Management Systems can transform your business.
- Planning your systems "with the decision in mind".
- Identifying, modeling, and prioritizing the decisions you need to optimize.
- Designing and implementing robust decision services.
- Monitoring your ongoing decision-making and learning how to improve it.
- Proven enablers of effective Decision Management Systems: people, process, and technology.
- Identifying and overcoming obstacles that can derail your Decision Management Systems initiative.

书名：决策管理系统：商业规则和预测分析的实用指导

作者：James Taylor

出版社：IBM 出版社

出版时间：2011.10.10

内容简介：构建主动工作的系统，帮助您实现成长和利润最大化。

大部分公司依赖于被动工作的运营系统。如果您能使您的系统主动为您公司业务的优化服务，会发生什么呢？如果您的系统能自动智能化地工作，会怎么样呢？学习，而不仅仅是报告，给使用者授予采取行动的权力而不是简单地升级他们的问题，更新而不需要大的信息技术投资又会怎么样呢？

决策管理系统可以做到，甚至更多。这本书中，该领域的顶级专家告诉您如何使用决策管理系统创造前所未有的商业价值。James Taylor 向您展示如何整合运营和分析技术去创建更加敏捷，分析能力和适应性更强的系统。通过真实的案例，您会学到如何整合预测分析技术、优化技术和商业规则，帮助企业提高客户服务质量，减少欺诈，降低管理风险，增加敏捷性，进而促进企业成长。

本书聚焦于企业面临的主要商业挑战，提供实用性指导和计划框架，具体包括如下内容：

- 理解决策管理系统如何帮您进行商业转型。
- 根据企业决策情况规划您的系统。
- 识别，建模，对您需要优化的决策进行优先处理。
- 设计和实施鲁棒决策服务。
- 监测您的决策过程，学习如何进行改善。
- 确定增加决策管理系统有效性的因素：人、过程和技术。
- 识别并解决妨碍您公司开展决策管理系统计划的障碍。

Title：Information Security Governance Simplified： From the Boardroom to the Keyboard

Author：Todd Fitzgerald

Publisher：CRC Press

Publication Date：2011.12.20

Book Description：Security practitioners must be able to build cost－effective security programs while also complying with government regulations. Information Security Governance Simplified： From the Boardroom to the Keyboard lays out these regulations in simple terms and explains how to use control frameworks to build an air－tight information security （IS） program and governance structure.

Defining the leadership skills required by IS officers，the book examines the pros and cons of different reporting structures and highlights the various control frameworks available. It details the functions of the security department and considers the control areas， including physical， network， application， business continuity/disaster recover， and identity management.

Todd Fitzgerald explains how to establish a solid foundation for building your security program and shares time－tested insights about what works and what doesn't when building an IS program. Highlighting security considerations for managerial， technical， and operational controls， it provides helpful tips for selling your program to management. It also includes tools to help you create a workable IS charter and your own IS policies. Based on proven experience rather than theory， the book gives you the tools and real－world insight needed to secure your information while ensuring compliance with government regulations.

书名：信息安全监管：从董事会到键盘

作者：Todd Fitzgerald

出版社：CRC 出版社

出版时间：2011.12.20

内容简介：信息安全人员必须能够在构建成本有效的安全项目的同时，满足政府相关规章制度的要求。本书以简单的语言向您介绍这些规章制度，为您解释如何使用控制框架建立严密的信息安全项目和监管结构。

本书帮您明确信息系统主管所需的领导技巧，审视不同信息报告结构的优点与缺点，对现有的不同控制框架进行说明。本书详细介绍信息安全部门的职能，分析不同的控制领域，包括物理的、网络、应用、商业连续性/灾难恢复和身份管理。

本书作者 Todd Fitzgerald 告诉您如何为您的安全项目奠定坚实的基础，分享他认为对建立信息安全项目有益和有害的行为，这些观点已经得到实践的检验。本书强调管理层、技术层和运营层的安全控制，提供了有益的提示，帮您说服管理者采用您的安全项目。同时，本书包括一些工具，帮助您创建有效的信息安全章程和政策。依据实践经验而不是理论，本书为您提供工具和现实的观点，使您在符合政府规章制度的同时保障企业的信息安全。

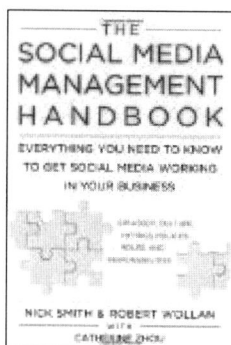

Title： The Social Media Management Handbook： Everything You Need to Know to Get Social Media Working In Your Business

Author： Robert Wollan， Nick Smith， Catherine Zhou

Publisher： Wiley

Publication Date： 2011.01.04

Book Description： How do organizations manage social media effectively？

Every organization wants to implement social media， but it is difficult to create processes and mange employees to make this happen. Most social media books focus on strategies for communicating with customers， but they fail to address the internal process that takes place within a business before those strategies can be implemented. This book is geared toward helping you manage every step of the process required to use social media for business.

The Social Media Management Handbook provides a complete toolbox for defining and practicing a coherent social media strategy. It is a comprehensive resource for bringing together such disparate areas as IT， customer service， sales， communications， and more to meet social media goals. Wollan and Smith and their Accenture team explain policies， procedures， roles and responsibilities， metrics， strategies， incentives， and legal issues that may arise. You will learn how to：

- Empower employees and teams to utilize social media effectively throughout the organization
- Measure the ROI of social media investments and ensure appropriate business value is achieved over time.
- Make smarter decisions， make them more quickly， and make them stick.

Get the most out of your social media investment and fully leverage its benefits at your company with *The Social Media Management Handbook*.

书名：社会媒体管理手册：使社会媒体在您的商业活动中发挥作用的所有事情

作者：Robert Wollan， Nick Smith， Catherine Zhou

出版社：Wiley

出版时间：2011.01.04

内容简介：组织如何有效地管理社会媒体？

每一个组织都想利用社会媒体，但是创造过程以及管理员工并使之成为现实是很困难的。大多数的社会媒体书籍都关注与客户沟通的战略，往往忽视了在这些战略实施前发生的内部过程。这本书帮助您管理在商业活动中使用社会媒体所需要的每一步过程。

本书为您设计和实行清晰的社会媒体战略提供完整的工具。本书将一些独立的知识领域如信息技术、客户服务、销售、沟通和其他有利于实现社会媒体目标的其他知识整合在一起。Wollan、Smith 和他们埃森哲咨询公司的团队向您解释社会媒体管理的政策、程序、角色和职责、度量标准、战略、激励和法律问题。您将会学到：

- 如何使您的员工和团队有效利用社会媒体。
- 评估社会媒体投资的收益率，保障您获得应有的商业价值。
- 使您的决策更聪明、更快速、更坚决。

这本书会使您的社会媒体投资为您的公司带来最大的收益和好处。

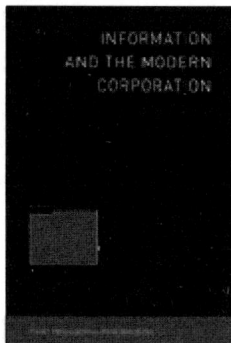

Title：Information and the Modern Corporation
Author：James W. Cortada
Publisher：MIT Press
Publication Date：2011.10.07

Book Description：While we have been preoccupied with the latest i-gadget from Apple and with Google's ongoing expansion, we may have missed something: the fundamental transformation of whole firms and industries into giant information-processing machines. Today, more than eighty percent of workers collect and analyze information (often in digital form) in the course of doing their jobs. This book offers a guide to the role of information in modern business, mapping the use of information within work processes and tracing flows of information across supply-chain management, product development, customer relations, and sales. The emphasis is on information itself, not on information technology. Information, overshadowed for a while by the glamour and novelty of IT, is the fundamental component of the modern corporation. In Information and the Modern Corporation, longtime IBM manager and consultant James Cortada clarifies the differences among data, facts, information, and knowledge and describes how the art of analytics has all but eliminated decision making based on gut feeling, replacing it with fact-based decisions. He describes the working style of "road warriors", whose offices are anywhere their laptops and cell phones are and whose deep knowledge of a given topic becomes their medium of exchange. Information is the core of the modern enterprise, and the use of information defines the activities of a firm. This essential guide shows managers and employees better ways to leverage information—by design and not by accident.

书名：信息与现代企业
作者：James W. Cortada
出版社：麻省理工学院出版社
出版时间：2011.10.07
内容简介：随着 Apple 和 Google 公司业务的扩展，周围到处是最新的电子产品。这样可能忽略了一些事情：将企业和行业从根本上转型为大型的信息处理机器。今天，80%以上的员工在他们工作的过程中进行数据（多为电子形式）的收集和分析。本书帮助您理解现代企业中信息的角色，分析工作流程中信息的使用，跟踪供应链管理、产品开发、客户关系和销售中的信息流动。本书关注信息本身，而不是信息技术。有时我们会被信息技术的光彩和新颖性所蒙蔽。事实上，信息才是现代企业的核心组成部分。本书作者 James W. Cortada 长期担任 IBM 的经理和咨询师。他在本书中明确了数据、事实、信息和知识的区别，讲述了分析技术如何减少基于直觉的决策，做出基于事实的决策。他描述了"马路勇士"的工作风格，有笔记本和手机的地方就是他们的办公室，关于某一主题的深入的知识成为他们交流的媒介。信息是现代企业的核心，信息的使用决定了企业的活动。本书为管理者和员工提供更好的方式，帮助他们有计划地利用信息。

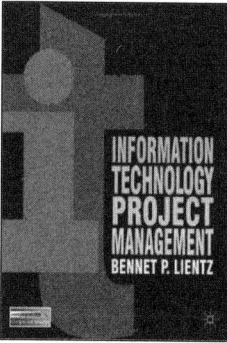

Title：Information Technology Project Management

Author：Bennet P. Lientz

Publisher：Palgrave Macmillan

Publication Date：2011.10.11

Book Description：Many of the project management methods and techniques of the past are still being used today, even though the technology, management and environment have changed. *Information Technology Project Management* explores the need to employ a modern project management approach to reflect today's environment. Focusing on IT projects, Lientz provides a comprehensive examination of the project management process, from the initiation of the project through to the planning, design, execution and closing.

Key Features：

- Detailed coverage of PMBOK and PRINCE2 methodologies.
- Explores the practical aspects of project management.
- Extensive case studies from a variety of industries.
- Checklists and scorecards to measure all aspects of the project management process.
- Coverage of HRM and other "soft" elements of project management.
- Guidelines on preventing project problems and failure.

书名：信息技术项目管理

作者：Bennet P. Lientz

出版社：Palgrave Macmillan

出版时间：2011.10.11

内容简介：虽然技术、管理和环境已经发生了变化，很多过去的项目管理方法和技术今天仍然被使用着。本书研究在今天的环境下是否有必要使用一种现代项目管理方法。本书作者以信息技术项目为研究对象，对项目管理过程进行全面分析，从项目的启动到项目的计划、设计、执行和收尾。

本书具有如下特色：

- 详细介绍 PMBOK（项目管理知识体系）和 PRINCE2（受控环境下的项目管理）方法。
- 研究项目管理实践问题。
- 分析多个行业项目管理案例。

- 采用检查表和计分卡评价项目管理过程的所有方面。
- 介绍项目管理中的人力资源管理和其他软因素。
- 提供对如何避免项目发生问题和失败的指导。

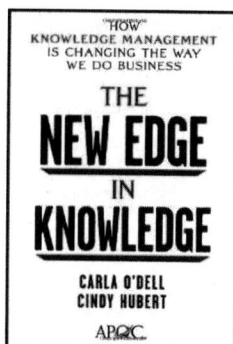

Title：The New Edge in Knowledge：How Knowledge Management Is Changing the Way We Do Business

Author：Carla O'Dell，Cindy Hubert

Publisher：Wiley

Publication Date：2011.03.01

Book Description：*The New Edge in Knowledge* captures the most practical and innovative practices to ensure organizations have the knowledge they need in the future and，more importantly，the ability to connect the dots and use knowledge to succeed today.

- Build or retrofit your organization for new ways of working and collaboration by using knowledge management.
- Adapt to today's most popular ways to collaborate such as social networking.
- Overcome organization silos，knowledge hoarding and "not invented here" resistance.
- Take advantage of emerging technologies and mobile devices to build networks and share knowledge.
- Identify what can be learned from Facebook，Twitter，Google and Amazon to make firms and people smarter，stronger and faster.

Straightforward and easy-to-follow，this is the resource you'll turn to again and again to get-and stay-in the know. Plus，the book is filled with real-world examples—the case studies and snapshots of how best practice companies are achieving success with knowledge management.

书名：知识的新优势：知识管理如何改变做生意的方式

作者：Carla O'Dell，Cindy Hubert

出版社：Wiley

出版时间：2011.03.01

内容简介：本书介绍最实用和最新颖的实践方法，确保组织拥有他们在未来所需要的知识，更重要的是，使组织具备将零散的知识整合在一起并成功使用这些知识的能力。本书帮助您：

- 利用知识管理，构建新的或改造组织原有的工作和协作方式。
- 适应当今最流行的协作方式，如社交网络。
- 打破组织分割，克服知识囤积和对"不是这里的发明"的抵制。
- 利用新兴技术与移动设备建立网络，共享知识。

● 确定可以从 Facebook、Twitter、Google 和 Amazon 那里得到哪些知识从而使企业和员工更聪明，更强壮，反应更快

本书语言简单，易于理解，可供您反复学习。另外，书中提供了实际的例子，通过这些案例和简介告诉您很多企业是如何通过知识管理获得成功的。

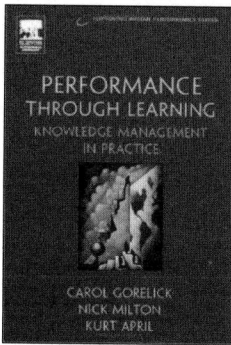

Title：Performance Through Learning（Improving Human Performance）

Author：Kurt April，Nick Milton Ph. D.，Carol Gorelick

Publisher：Routledge

Publication Date：2011.07.12

Book Description：*Performance Through Learning* is a practical guide to the key issues surrounding knowledge management from a human resource perspective and provides incisive insights into developing a strategy linked to organizational learning. The authors present a framework and model that practitioners within organizations can adapt to increase performance through learning using knowledge management tools. The book is divided into two parts and includes：

- An overview of theory.
- Case studies and practitioner stories from a range of KM initiatives.
- Tools and techniques for implementing an effective KM strategy.

Written by a respected international author team，the book provides an understanding of the theory that supports knowledge management in the current business environment. Drawing upon real-life examples across a variety of organizational settings，from large global financial and professional services firms，to multinational oil and mining companies，to a small charity in the voluntary sector.

书名：通过学习提高绩效（改善人员绩效）

作者：Kurt April，Nick Milton Ph.D.，Carol Gorelick

出版社：Routledge

出版时间：2011.07.12

内容简介：本书围绕人力资源知识管理中的关键问题提供实用性指导，并深入分析如何使企业战略与组织学习联系在一起。本书作者提供了框架和模型，帮助企业相关人员使用知识管理工具开展组织学习从而提高人员绩效。本书分为两部分，具体包括：

- 理论综述。
- 知识管理与企业员工实践案例分析。
- 实施有效知识管理战略的工具和技术。

本书由国际权威写作团队完成，帮助您理解当今商业环境下的知识管理相关理论。本书采用处于不同组织环境的企业实际案例，从大型全球化财务和专业服务公司，到跨国石油和矿业企业，再到小型的志愿者慈善组织都有涉及。

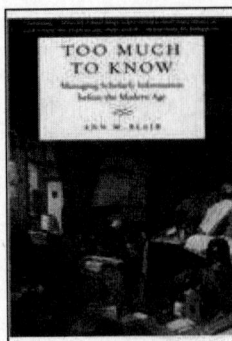

Title：Too Much to Know： Managing Scholarly Information before the Modern Age

Author： Ann M. Blair

Publisher：Yale University Press

Publication Date：2011.09.13

Book Description：The flood of information brought to us by advancing technology is often accompanied by a distressing sense of "information overload", yet this experience is not unique to modern times. In fact, says Ann Blair in this intriguing book, the invention of the printing press and the ensuing abundance of books provoked sixteenth-and seventeenth-century European scholars to register complaints very similar to our own. The author examines methods of information management in ancient and medieval Europe as well as the Islamic world and China, then focuses particular attention on the organization, composition, and reception of Latin reference books in print in early modern Europe. She explores in detail the sophisticated and sometimes idiosyncratic techniques that scholars and readers developed in an era of new technology and exploding information.

书名：学知无涯：前近代学术信息的管理

作者：Ann M. Blair

出版社：耶鲁大学出版社

出版时间：2011.09.13

内容简介：技术进步产生大量信息，往往带来"信息过载"的压力。然而，这种经历不是现代社会独有的。本书作者指出，事实上，印刷技术发明和大量图书的出现使 17 世纪和 18 世纪的欧洲学者们面临着今天一样的烦恼。本书作者研究古代和中世纪的欧洲、伊斯兰国家和中国是如何进行信息管理的；并重点关注早期现代欧洲的拉丁文工具书是如何组织、编排和处理信息内容的。本书作者详细分析了在那样一个充满新技术和信息爆炸的时代，学者和读者们所采用的复杂、有时很特殊的技术方法。

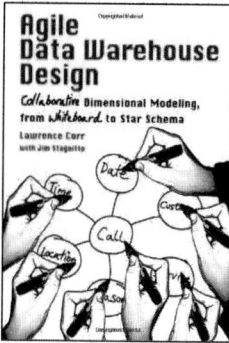

Title: Agile Data Warehouse Design: Collaborative Dimensional Modeling, from Whiteboard to Star Schema

Author: Lawrence Corr, Jim Stagnitto

Publisher: DecisionOne Press

Publication Date: 2011.12.24

Book Description: *Agile Data Warehouse Design* is a step-by-step guide for capturing data warehousing/business intelligence (DW/BI) requirements and turning them into high performance dimensional models in the most direct way: by modelstorming (data modeling + brainstorming) with BI stakeholders. It describes BEAM, an agile approach to dimensional modeling, for improving communication between data warehouse designers, BI stakeholders and the whole DW/BI development team. BEAM provides tools and techniques that will encourage DW/BI designers and developers to move away from their keyboards and entity relationship based tools and model interactively with their colleagues. The result is everyone thinks dimensionally from the outset! Developers understand how to efficiently implement dimensional modeling solutions. Business stakeholders feel ownership of the data warehouse they have created, and can already imagine how they will use it to answer their business questions. Topics include:

● Agile dimensional modeling using Business Event Analysis & Modeling (BEAM)

● Model storming: data modeling that is quicker, more inclusive, more productive, and frankly more fun!

● Telling dimensional data stories using the 7Ws (who, what, when, where, how many, why and how).

● Modeling by example, not abstraction; using data story themes, not crow's feet, to describe detail.

● Storyboarding the data warehouse to discover conformed dimensions and plan iterative development.

● Visual modeling: sketching timelines, charts and grids to model complex process measurement-simply.

● Agile design documentation: enhancing star schemas with BEAM dimensional shorthand notation.

● Solving difficult DW/BI performance and usability problems with proven dimensional design patterns.

书名：敏捷数据仓库设计：协同维度建模，从白板到星形模式

作者：Lawrence Corr，Jim Stagnitto

出版社：DecisionOne 出版社

出版时间：2011.12.24

内容简介：本书提供详细的指导，帮助您获取数据仓库/商务智能需求并将这些需求以最直接的方式转化为高绩效维度模型：与商务智能利益相关者开展模型风暴（数据风暴+头脑风暴）。本书描述了 BEAM（业务活动分析与建模），一种维度建模的敏捷方法，该方法可提高数据仓库设计者、商务智能利益相关者和整个数据仓库/商务智能开发团队之间的沟通效率。BEAM 提供工具与技术，鼓励数据仓库和商务智能设计者及开发者离开他们的键盘和实体关联工具，与同事之间进行交互建模。结果是，每个人从一开始就以维度的方式进行思考！开发者们明白如何有效地实施维度建模解决方案。商业利益相关者对于他们创造的数据仓库具有归属感，可以预见他们未来将如何使用它来回答他们在商务活动中遇到的问题。本书的具体主题包括：

- 敏捷维度建模，使用业务活动分析与建模方法（BEAM）。
- 模型风暴：数据建模，更快，更具包容性，更有生产力，坦白地说，更有趣！
- 维度数据案例，使用 7W 方法（谁，什么，何时，哪里，有多少，为什么，怎么样）。
- 实例建模，不是抽象的方式；使用数据案例主题，详细描述。
- 数据仓库分析，以发现一致的维度并计划迭代开发。
- 可视化建模：绘制时间表、图表和网格，以简单的方式规划如何度量复杂过程。
- 敏捷设计文档管理：使用 BEAM 维度速记符号提升星形模式。
- 使用维度设计模式，解决困难数据仓库/商务智能绩效和可用性问题。

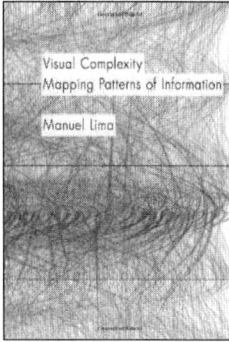

Title：Visual Complexity：Mapping Patterns of Information
Author：Manuel Lima
Publisher：Princeton Architectural Press
Publication Date：2011.08.17

Book Description：Our ability to generate information now far exceeds our capacity to understand it. Finding patterns and making meaningful connections inside complex data networks has emerged as one of the biggest challenges of the twenty-first century. In recent years，designers，researchers，and scientists have begun employing an innovative mix of colors，symbols，graphics，algorithms，and interactivity to clarify，and often beautify，the clutter. From representing networks of friends on Facebook to depicting interactions among proteins in a human cell，*Visual Complexity* presents one hundred of the most interesting examples of information-visualization by the field's leading practitioners.

Manuel Lima is the founder of VisualComplexity.com and a Senior UX Design Lead at Microsoft. He is a Fellow of the Royal Society of Arts and was nominated by *Creativity Magazine* as "one of the 50 most creative and influential minds of 2009".

书名：可视的复杂性：信息映射模式
作者：Manuel Lima
出版社：普林斯顿建筑出版社
出版时间：2011.08.17
内容简介：今天，人类获取信息的能力远远超过对于信息的理解能力。在复杂的数据网络内发现信息模式并建立有意义的联系已成为 21 世纪的最大挑战。近年来，设计师、研究人员、科学家开始创新性地综合利用颜色、符号、图形、算法和互动来澄清并经常美化杂乱无章的数据。从展示 Facebook 上的朋友网络，到描绘人类细胞中蛋白质之间的相互作用，本书介绍了 100 个信息可视化的最有趣的例子。

本书作者是 VisualComplexity.com 的创始人，微软公司的用户体验高级设计师，英国皇家艺术学会成员，并被《创造力杂志》称为 "2009 年最具创造力和影响力的 50 人之一"。

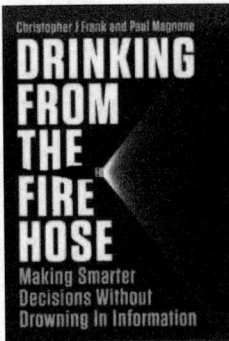

Title: Drinking from the Fire Hose: Making Smarter Decisions Without Drowning in Information

Author: Christopher J. Frank, Paul F. Magnone

Publisher: Portfolio Hardcover

Publication Date: 2011.09.01

Book Description: You're sitting in a windowless conference room. Twenty minutes into the meeting the presenter finally makes it to slide four of a thirty two-slide deck. At least you can read this one, unlike the others, which were crammed with numbers, graphs and charts. You look around, wondering if anyone else is following the presentation.

Just about everyone these days suffers from information overload the 24/7 explosion from our computers, smartphones, media, colleagues, and customers. Information is essential to making intelligent decisions, but more often than not, it simply overwhelms us. It's like trying to drink from a fire hose.

The question isn't how to stop all those E-mails, meetings, conference calls, and fat reports; that's impossible. The question is what to do with them. How do you find the truly essential nuggets of information and use them with confidence?

The solution proposed by Christopher Frank and Paul Magnone sounds deceptively simple: Learn how to ask the right questions at the right time. Whatever field you're in, asking smarter questions will expose you to new information, point you to connections between seemingly unrelated facts, and open new avenues of discussion with your colleagues.

The authors explain the seven questions that can help you bring a big-picture perspective to problems that often leave others buried in irrelevant details. And they show through real-life case studies—including Trader Joe's, Starbucks, Kodak, Microsoft, iRobot, and IBM—how their method can have a dramatic impact. It really is possible to convert the fire hose of information into useful insights.

Consider a nonbusiness example: the 2010 Icelandic volcano eruption that sent a giant ash cloud toward Europe. Tens of thousands of flights were canceled and five million passengers stranded, leading to billions in economic losses. Europe's best scientists generated oceans of data and carefully modeled the cloud's dispersion pattern. But no one could answer the essential question: Was the concentration of volcanic ash in the air enough to damage a jet engine? Without that key answer, all the carefully gathered facts were useless to the decision makers.

Once you adopt the seven questions, you'll start having more productive brainstorming sessions. You'll answer critical questions faster and find unexpected solutions to important problems. And you'll get better at communicating to your colleagues with more clarity and focus, turning down the fire hose that other people have to cope with.

书名： 从消防软管中饮水：做更明智的决策，不淹没在信息中

作者： Christopher J. Frank，Paul F. Magnone

出版社： Portfolio Hardcover

出版时间： 2011.09.01

内容简介： 您坐在一个没有窗户的会议室里。20 分钟了，会议主持人终于讲到了 32 页幻灯片文件的第 4 页。至少您能读这一页，与其他页不同，并不充斥着数字和图表。您看看周围，想知道是否还有其他人在注意听。

今天，几乎每个人都遭受着信息过载，这些信息来自电脑、智能手机、媒体、同事和客户。信息对于智能决策是必不可少的，但实际情况往往是，它只是压垮了每个人，就像从消防软管中喝水一样。

问题不是如何停止所有这些电子邮件、会议、会议电话和冗长的报告，那是不可能的。问题是如何处理它们。您如何发现信息的真正价值并使用它们？

本书作者 Christopher Frank 和 Paul Magnone 提出的解决方案听起来貌似十分简单：学会如何在正确的时间提出正确的问题。无论您在什么领域，问更聪明的问题会给您带来新信息，指引您在看似无关的事实之间建立联系，并为您与同事的讨论开辟新的路径。

作者们解释了七个问题，可以帮助您以更宽阔的视角考虑问题，避免向其他人一样被埋在无关紧要的细节中。通过包括乔氏超市、星巴克、柯达、微软、iRobot 公司和 IBM 公司的真实案例，作者们告诉您，他们的方法可以产生巨大的影响。真的是可以将信息的消防水龙带转化为有价值的东西。

考虑一个非商业的例子：2010 年冰岛火山喷发，给欧洲带来了一片巨大的火山灰云。数十万个航班取消，五百万名乘客滞留，导致经济损失数十亿美元。欧洲最好的科学家运用海量数据，仔细模拟灰云的分散模式。但没人能回答最基本的问题：火山灰在空气中的浓度是否足以破坏喷气发动机？没有这个问题的答案，所有精心收集的事实对于决策者毫无用处。

一旦您掌握了这七个问题，您的头脑风暴会议会更有效率。您能更快地回答关键问题，为重要问题找到意想不到的解决方案。您与同事的沟通会更清晰、重点更加明确，把其他人不得不应付的消防水龙带关掉。

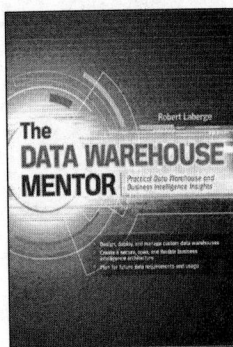

Title：The Data Warehouse Mentor：Practical Data Warehouse and Business Intelligence Insights

Author：Robert Laberge

Publisher：McGraw-Hill Osborne Media

Publication Date：2011.03.12

Book Description：Empower your users and drive better decision making across your enterprise with detailed instructions and best practices from an expert developer and trainer. *The Data Warehouse Mentor*：*Practical Data Warehouse and Business Intelligence Insights* shows how to plan, design, construct, and administer an integrated end-to-end DW/BI solution. Learn how to choose appropriate components, build an enterprise data model, configure data marts and data warehouses, establish data flow, and mitigate risk. Change management, data governance, and security are also covered in this comprehensive guide.

- Understand the components of BI and data warehouse systems.
- Establish project goals and implement an effective deployment plan.
- Build accurate logical and physical enterprise data models.
- Gain insight into your company's transactions with data mining.
- Input, cleanse, and normalize data using ETL (Extract, Transform, and Load) techniques.
- Use structured input files to define data requirements.
- Employ top-down, bottom-up, and hybrid design methodologies.
- Handle security and optimize performance using data governance tools.

书名：数据仓库指导：实用的数据仓库和商务智能观点

作者：Robert Laberge

出版社：McGraw-Hill Osborne Media

出版时间：2011.03.12

内容简介：授权您的用户，为您公司实现更好的决策提供详细说明和案例分析。本书作者，一个系统开发专家和培训师，告诉您如何规划、设计、实施和管理一个集成的、端到端的数据仓库/商务智能解决方案。本书让您学习如何选择合适的组件，建立一个企业数据模型，配置数据集市和数据仓库，建立数据流，并降低风险。变更管理、数据管理和数据安全，也包括在这一全面的指南之中。具体内容包括：

- 了解商务智能和数据仓库系统的组件。

- 建立项目目标和实施一个有效的部署计划。
- 建立精确的逻辑和物理的企业数据模型。
- 使用数据挖掘掌握贵公司的交易活动。
- 通过 ETL（提取、转换和加载）技术，输入、清洁和规范数据。
- 使用结构化的输入文件来定义数据要求。
- 采用自顶向下、自底向上的以及混合的设计方法。
- 处理数据安全问题和使用数据治理工具进行性能优化。

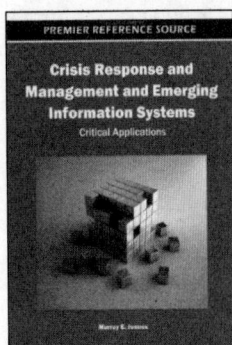

Title：Crisis Response and Management and Emerging Information Systems：Critical Applications

Author：Murray E. Jennex

Publisher：IGI Global

Publication Date：2011.06.30

Book Description：As our society becomes more complicated， so do the unfortunate events which occur. The importance of developing systems and applications for these crises is critical. The response and management of a crisis is paramount and thus requires innovative research to better understand how to improve our systems.

Crisis Response and Management and Emerging Information Systems：Critical Applications provides a comprehensive， cross disciplinary look at the advancing and understanding of organizational， technical， human， and cognitive issues associated with the use of information systems in responding and managing crises of all kinds. This book presents the issues that drive the technologies， processes， methodologies， techniques， and practices used to implement information systems in a variety of ways and in the multi-faceted modern environment that we find ourselves in today. The advancement of these critical applications will benefit from this publication as it provides valuable information for future crisis situations.

17 articles explore technical approaches to emergency response. Researchers in computer and information science， organizations， security， and other fields consider such topics as the past as the future of emergency preparedness and management， web-based group decision support for crisis management， multilingual crisis knowledge representation， supporting flexibility and improvisation in collaborative command and control， emergency messaging to the general public through public wireless networks， a unified localized emergency events scale， and initial requirements of a national crisis decision support system.

书名：危机响应和管理与新兴信息系统：关键应用

作者：Murray E. Jennex

出版社：IGI Global

出版时间：2011.06.30

内容简介：社会越来越复杂，发生的不幸事件也越来越复杂。因此，开发应对这些危机的系统和应用变得至关重要。对于一个危机的反应和管理十分重要，因此需要创新性的研究，以更好地了解如何改进系统。

　　本书帮助您全面理解与危机管理信息系统相关的组织、技术、人和认知问题。本书介绍了在多样化的现代环境中实施危机响应与管理信息系统的技术、过程、方法、技巧和实践。本书的出版为未来的危机情况处理提供有价值的信息，推动相关应用的进步。

　　本书的 17 篇文章探讨了应急响应的技术方法。计算机和信息科学、组织、安全和其他领域的研究人员分析了诸如应急准备和管理、面向危机管理的基于 Web 的群体决策支持、多语种的危机知识表示、协同指挥和控制的灵活性和快速反应、通过公共无线网络向公众发布危机消息、统一的局部突发事件量表和国家危机决策支持系统的初始条件等问题。

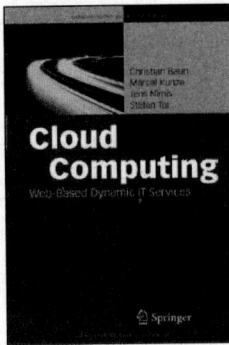

Title: Cloud Computing: Web-Based Dynamic IT Services

Author: Christian Baun, Marcel Kunze, Jens Nimis, Stefan Tai

Publisher: Springer

Publication Date: 2011.07.14

Book Description: Cloud computing is a buzz-word in today's information technology (IT) that nobody can escape. But what is really behind it? There are many interpretations of this term, but no standardized or even uniform definition. Instead, as a result of the multi-faceted viewpoints and the diverse interests expressed by the various stakeholders, cloud computing is perceived as a rather fuzzy concept.

With this book, the authors deliver an overview of cloud computing architecture, services, and applications. Their aim is to bring readers up to date on this technology and thus to provide a common basis for discussion, new research, and novel application scenarios. They first introduce the foundation of cloud computing with its basic technologies, such as virtualization and Web services. After that they discuss the cloud architecture and its service modules. The following chapters then cover selected commercial cloud offerings (including Amazon Web Services and Google App Engine) and management tools, and present current related open-source developments (including Hadoop, Eucalyptus, and Open Cirrus™). Next, economic considerations (cost and business models) are discussed, and an evaluation of the cloud market situation is given. Finally, the appendix contains some practical examples of how to use cloud resources or cloud applications, and a glossary provides concise definitions of key terms.

The authors' presentation does not require in-depth technical knowledge. It is equally intended as an introduction for students in software engineering, web technologies, or business development, for professional software developers or system architects, and for future-oriented decision-makers like top executives and managers.

书名：云计算：基于 Web 的动态信息技术服务

作者：Christian Baun，Marcel Kunze，Jens Nimis，Stefan Tai

出版社：Springer

出版时间：2011.07.14

内容简介：云计算是当今信息技术的热点，没有人能够避开。但云计算到底是什么呢？对这个词有很多解释，目前还没有标准或统一的定义。由于各种观点的视角不同以及各种利益相关者们的兴趣不同，云计算反而成为一个相当模糊的概念。

在这本书中，作者们介绍了云计算架构、服务和相关应用程序。他们的目的是让读者了解这一新技术，为进行讨论、开展新研究和开发新应用提供基础。他们首先介绍了云计算的基本技术，如虚拟化和网络服务。之后，他们讨论了云体系结构及其服务模块。接下来的章节介绍一些商业云服务（包括亚马逊网络服务，谷歌应用引擎）和管理工具，以及当前一些开放源代码的开发项目（包括 Hadoop，Eucalyptus 和 Open Cirrus™）。其次，本书对经济因素（成本和商业模式）进行了讨论，对云市场情况进行了评价。最后，附录中包含了一些实际的例子，说明如何使用云资源和云应用。后面的词汇表提供了关键术语的简明定义。

阅读本书不需要太多的技术知识。本书适用于软件工程、Web 技术、业务开发专业的学生，专业软件开发商或系统架构师，以及面向未来的决策者，如企业高管和经理们。

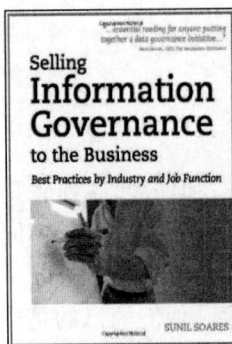

Title：Selling Information Governance to the Business： Best Practices by Industry and Job Function

Author：Sunil Soares

Publisher：Mc Press

Publication Date：2011.11.01

Book Description：Tackling one of the major challenges with implementing an information-governance program, this book provides insight into the best ways to convince businesses of the value of the practice. Most information-governance programs deal with problems that are common across every enterprise—poor data quality, inconsistency of business terms, fragmented view of the customer and product, and security and privacy. However, these issues manifest themselves differently across different industries and job functions. The author has spoken to hundreds of clients across multiple industries and geographies about their information-governance programs, and as a result, this book provides cross-industry best practices as well as best applications and case studies for a variety of industries and job functions, such as healthcare, manufacturing, transportation, telecommunications, and media.

Sunil Soares is the founder and managing partner of Information Asset, LLC, www.information-asset.com a consulting firm that specializes in helping organizations build out their data governance programs. Prior to this role, Sunil was the Director of Information Governance at IBM, and worked with clients across six continents and multiple industries.

书名：将信息管理推销出去：来自不同行业和工作职能的最佳实践

作者：Sunil Soares

出版社：Mc 出版社

出版时间：2011.11.01

内容简介：为解决信息管理项目实施中的主要挑战之一，本书告诉您如何使企业管理者认识到信息管理项目的价值。大多数信息管理项目用于处理每个企业都普遍存在的问题——数据质量差、对商务术语的理解不一致、客户和产品信息不全面，以及安全和隐私问题。然而，这些问题在不同的行业和工作职能中有不同的表现。本书作者曾与几百个客户进行访谈，了解了来自多个行业和不同地域的信息管理方案。因此，本书提供了多种最优秀的实践方案、应用和案例，涉及多个行业、不同的工作职能，如医疗、制造、运输、电信、媒体等。

Sunil Soares 是"Information Asset"有限责任公司的创始人和管理者之一。作为一家咨询公司,该公司专门帮助各类型组织建立自己的数据管理项目。Sunil Soares 还曾担任 IBM 的信息治理主管,曾为六大洲多个行业的客户提供服务。

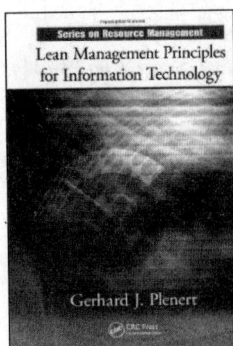

Title: Lean Management Principles for Information Technology (Resource Management)

Author: Gerhard J. Plenert

Publisher: CRC Press

Publication Date: 2011.07.28

Book Description: Whether it's because of a lack of understanding, poor planning, or a myriad of other things, 50 to 60 percent of the IT effort in most companies can be considered waste. Explaining how to introduce Lean principles to your IT functions to reduce and even eliminate this waste, Lean Management Principles for Information Technology provides the tools and understanding to make better decisions, increase efficiencies, and make IT a major force in delivering sustainable improvements to your supply chain.

The proven Toyota Production System principles described in this book have already helped many IT organizations double and triple their output. It introduces some of the most powerful Lean tools and techniques—including Six Sigma, value stream mapping, and spaghetti charting—and provides a methodology for implementing them to reduce waste in your IT environment. Discussing information production processes, IT systems, and change management through the lens of Lean principles, the book:

- Provides step-by-step guidance through the processes of implementing Lean principles in your IT supply chain management system.

- Illustrates successful implementation across a range of industries and countries.

- Examines how to use Lean methods to achieve ongoing improvement in IT personnel.

- Explains how to implement Lean in the supply chain, while reducing IT cycle time and costs.

The text reviews the major management challenges facing IT and illustrates solutions with stories, examples, and case studies of how Lean IT has led to unprecedented improvements in the private and government sectors. Demonstrating how to structure the components of your IT system in accordance with Lean, the book details the measures required to achieve and sustain a world-class Lean IT supply chain management system.

书名：信息技术精益管理原则（资源管理）

作者：Gerhard J. Plenert

出版社：CRC 出版社

出版时间：2011.07.28

内容简介：也许是因为缺乏了解，缺乏计划，或者其他原因，大多数公司 50%~60% 的信息技术努力都被认为是浪费。本书介绍如何将精益原则运用到信息技术中，减少甚至消除这些浪费。本书提供各种工具，帮助您做出更好的决策，提高效率，并使信息技术成为持续改善供应链的主要力量。

本书描述了成熟的丰田生产系统原理，已经帮助许多 IT 组织提高绩效两倍到三倍。本书介绍了一些最强大的精益生产工具和技术，包括六西格玛、价值流图和意大利面条图，提供实施它们的方法，帮助您减少信息技术环境中的浪费。这本书通过精益原则的视角，讨论信息生产流程、信息系统、变革管理，具体包括：

- 指导您一步步在供应链管理信息系统中实施精益原则。
- 介绍来自多个行业和国家的成功实施案例。
- 说明如何使用精益方法持续提高信息技术人员水平。
- 解释如何在供应链中实施精益原则的同时，降低信息周期时间和成本。

本书回顾了信息技术实施中面临的主要管理挑战，通过故事、实例和案例，说明精益方法如何为私人企业和政府部门的信息技术实施带来前所未有的改善。本书展示了如何按照精益生产的要求构建信息系统结构，详细说明了实现和维持世界级精益供应链管理系统的标准。

第四章 信息管理学科 2011 年大事记

　　信息已成为一种资源，使人类社会进入了信息时代。在现代信息技术应用的背后，隐藏着很多更深层次的经济、政治、社会、文化、军事、科技问题，关于信息管理的学术研究，在理论上和实践上都具有非常重要的价值。企业信息管理是企业管理者为了实现企业目标，对企业信息和企业信息活动进行管理的过程。它是企业以先进的信息技术为手段，对信息进行采集、整理、加工、传播、存储和利用的过程，对企业的信息活动过程进行战略规划，对信息活动中的要素进行计划、组织、领导、控制的决策过程，力求资源有效配置、共享管理、协调运行，以最少的耗费创造最大的效益。企业信息管理是信息管理的一种形式，把信息作为待开发的资源，把信息和有关信息的活动作为企业的财富和核心。

　　接下来，本书将对信息管理学科领域 2011 年度重大事件及召开的重要国际国内会议作以概括性介绍。

【会议名称】第三届 IEEE 信息管理与工程国际会议（ICIME 2011）
【举办地点】中国·郑州
【举办时间】2011 年 5 月 21~22 日
【会议主题】信息管理、信息系统与技术、电子商务工程与管理、现代管理理论与实践
【主办单位】郑州航院，河南工业大学
【会议简介】IEEE 信息管理与工程国际会议主要是为了展示信息管理与工程等领域最新技术发展和研究结果的年度国际学术会议，2009 第一届 ICIME 会议在马来西亚召开，2010 第二届 ICIME 会议在中国成都召开，历届会议都吸引了近千名来自全世界各地的专家和学者。2011 第三届 ICIME 会议于 2011 年 5 月 21~22 日在郑州召开。ICIME 2011 会议由 IEEE 北京分会合办，新加坡计算机科学与信息技术协会（IACSIT）、郑州航空工业管理学院、河南工业大学联合举办，郑州航空工业管理学院承办。会议主要是为了给全世界各个行业的科学家、学者、工程师和学生提供展示平台以展示他们正在进行的研究活动，同时加强高校和产业的结合。

【会议名称】第四届 IEEE 计算机科学与信息技术国际会议（ICCSIT 2011）
【举办地点】中国·成都
【举办时间】2011 年 6 月 10~12 日
【会议主题】计算机科学技术、信息管理技术、通信工程、动力与电气工程、信息科

学与系统科学、电子与通信技术、航空航天科学技术等

【主办单位】四川省电子学会和成都信息工程学院

【会议名称】2011 信息管理与系统工程国际会议（ICISME 2011）

【举办地点】中国·南京

【举办时间】2011 年 12 月 16~18 日

【会议主题】自动化、机械与制造、现代设计、经济管理、信息计算与系统工程

【主办单位】南京理工大学

【会议名称】第二届 IEEE 电子商务与电子政务国际会议（ICEE 2011）

【举办地点】中国·上海

【举办时间】2011 年 5 月 6~8 日

【会议主题】网络与服务管理，面向服务的结构，协作商务系统，B2B、B2C 和 C2C 结构，供应链管理，电子政务及其经济的衡量，人力资源管理，环境和能源管理，决策支持系统，项目和质量管理，语意网络与数据挖掘等方面

【主办单位】美国 IEEE Consumer Electronics Society，上海大学，上海商学院，南京信息工程大学

【会议名称】2011 IEEE 计算机科学与自动化工程国际会议（CSAE 2011）

【举办地点】中国·上海

【举办时间】2011 年 6 月 10~12 日

【会议主题】计算机科学与自动化工程

【主办单位】IEEE 北京分会，浦东新区计算机协会，同济大学，厦门大学

【会议名称】第三十二届国际信息系统大会（ICIS）

【举办地点】中国·上海

【举办时间】2011 年 12 月 5 日

【会议主题】东方遇见西方：通过有效的信息系统连接与协作

【主办单位】国际信息系统协会（Association of Information Systems，AIS），复旦大学管理学院，中国台湾政治大学商学院，美国 Pittsburgh 大学商学院

【会议名称】2011 全国电子信息产业统计工作会

【举办地点】中国·福州

【举办时间】2011 年 10 月 27~28 日

【会议主题】总结了 2011 年电子信息产业统计监测工作，分析了当前统计工作面临的形势和压力，并结合重点工作提出了下一步统计监测工作的任务和要求。会议对电子信息

制造业、软件业的 2011 年统计年报和 2012 年定期统计报表进行了布置，对计算机统计程序进行了讲解，并就做好下一步电子信息产业统计监测工作进行了深入的讨论

【主办单位】工业和信息化部运行局

【会议名称】2011 商务计算和全球信息化国际会议
【举办地点】中国·上海
【举办时间】2011 年 7 月 29~31 日
【会议主题】全球信息化和商务计算，会议的目标是提高和促进全球信息化时代的新商务计算技术、方法和实践
【主办单位】上海对外经贸大学

【会议名称】2011 信息与电子工程国际会议（ICIEE 2011）
【举办地点】曼谷
【举办时间】2011 年 5 月 28~29 日
【会议主题】该 ICIEE 会议是一个国际论坛和电子工程的介绍信息技术的进步和研究成果的领域
【主办单位】IACSIT 和新加坡电子学会合作赞助

【会议名称】2011 未来信息技术国际会议
【举办地点】新加坡
【举办时间】6 月 25 日，9 月 16~18 日
【会议主题】未来信息技术
【主办单位】中国 EI 会议核心论文检索中心

【会议名称】2011 商业管理与电子信息国际学术会议
【举办地点】中国·广州
【举办时间】2011 年 5 月 13~15 日
【会议主题】商业管理、信息技术、电子工程和计算机技术
【主办单位】广东商学院，IEEE

【会议名称】中国技术创新江西信息网全省第四次网络信息技术培训交流研讨会
【举办地点】中国·成都
【举办时间】2011 年 10 月 10 日
【会议主题】此次会议的主要目的是为了进一步提高各单位的网络信息技术应用能力和水平，加强信息发布交流的渠道和质量，针对网站系统功能升级内容及技术的应用进行培训与指导

【主办单位】江西省工信委新技术推广站

【会议名称】第四届信息管理、创新管理与工业工程国际学术会议（ICIII 2011）
【举办地点】中国·深圳
【举办时间】2011 年 11 月 26~27 日
【会议主题】信息管理、创新管理与工业工程
【主办单位】IEEE 香港分会
【协办单位】云南师范大学，西安理工大学
【承办单位】哈尔滨工业大学深圳研究生院

【会议名称】2011 管理创新、信息技术与经济增长国际学术会议（MIITEG 2011）
【举办地点】中国·武汉
【举办时间】2011 年 7 月 29~31 日
【会议简介】2011 管理创新、信息技术与经济增长国际学术会议（MIITEG 2011）围绕管理科学、信息技术、经济增长、信息管理的理论和技术方法的研究以及在经济、社会、资源、环境、生态等领域的最新动态和前沿热点进行深入探讨，交流最新的研究成果及应用进展。会议旨在加强交流、促进合作，为本领域内专家和学者提供一个学术交流与建立友谊的平台，以便开展广泛密切的国际学术交流与合作，更好地激发创新思维与系统思考，不断开创学科交叉、多点支撑、多赢互助的学术局面。本次会议内容主要包含管理创新、经济学、商业管理、电子教育、电子商务、电子政务、计算机工程、信息管理与信息技术等。

【会议名称】2011 信息技术与应用学术会议
【举办地点】中国·北京
【举办时间】2011 年 12 月 29~31 日
【会议主题】可信架构、全球安全
【主办单位】中国电子学会通信学分会
【协办单位】《通信市场》杂志，北京信息产业协会

【会议名称】第四届智能信息管理系统与技术国际研讨会
【举办地点】中国·上海
【举办时间】2011 年 8 月 24~26 日
【会议主题】智能电网、智能发电、智能信息管理、智能决策、智能控制、计算智能
【主办单位】International Society for Scientific Inventions（ISSI），USA
【协办单位】华北电力大学、上海电力学院和同济大学
【承办单位】上海电力学院

【会议简介】由美国 International Society for Scientific Inventions（ISSI）主办的 The 4th International Workshop on Intelligent Information Management Systems and Technology（第四届智能信息管理系统与技术国际研讨会）于 2011 年 8 月 24~26 日在上海召开，该会议每两年召开一次，已于 2005 年、2007 年、2009 年分别在上海、烟台和北京召开。2011 年会议由华北电力大学、上海电力学院和同济大学共同协办，会议具体事务由上海电力学院承办。会议征文范围包括智能电网、智能发电、智能信息管理、智能决策、智能控制、计算智能等，所有录用论文将在 "Intelligent Information Management Systems and Technologies"（ISSN 1551–2606（Print）、ISSN 1551–2614（Online））国际期刊上发表。会议届时还将邀请国内外本领域著名专家、学者做大会和专题报告。

【会议名称】第九届两岸三院信息技术与应用交流研讨会
【举办地点】中国·长春
【举办时间】2011 年 8 月 22~24 日
【会议主题】信息技术应用的现状、前景与合作展望
【主办单位】中国社会科学院计算机网络中心
【协办单位】吉林省社会科学院

【会议名称】第十三届企业信息系统国际会议（ICEIS 2011）
【举办地点】中国·北京
【举办时间】2011 年 6 月 8~11 日
【会议主题】以人为本的信息技术与智能系统
【主办单位】北京交通大学
【协办单位】国家自然科学基金委员会，王宽诚教育基金会
【会议简介】企业信息系统国际学术年会（International Conference on Enterprise Information Systems，ICEIS）是国际范围内企业信息系统领域中重要的学术会议之一。自 1999 年以来，已经连续召开了 12 届，吸引了众多国际著名学者参会。ICEIS 十分关注理论及其在现实生活中的应用，主要关心的领域有数据库、信息系统、人工智能、决策支持系统、互联网、电子商务、人机交互等。ICEIS 2011 会议由北京交通大学主办，这也是该会议首次在亚洲举办。会议的主题是"以人为本的信息技术与智能系统"，涵盖企业信息系统应用的七个领域。

【会议名称】2011 商业管理与电子信息国际学术会议（BMEI 2011）
【举办地点】中国·广州
【举办时间】2011 年 5 月 13~15 日
【会议主题】商业管理、信息技术、电子工程与计算机技术
【主办单位】广东商学院，IEEE

【协办单位】武汉大学、中南财经政法大学、台南大学

【承办单位】广东商学院公共管理学院

通过对以上信息管理学科 2011 年度重要国际、国内会议的研究主题进行分析，本书总结其发展具有以下特点：

（1）信息管理应用于多个相关学科和领域，包括信息管理、电子商务工程与管理、现代管理理论与实践、计算机科学技术，电子与通信技术，航空航天科学技术等多个方面，充分说明了信息管理应用范围广泛，与多学科交叉。

（2）信息技术与应用、电子商务工程与管理、智能信息管理、创新管理等几个方向是 2011 年度国内外学术会议讨论的热点方向，也是未来信息管理的发展方向和趋势。

（3）现代社会是信息化社会，大量纷繁的信息如何管理，并且从中获得有效的信息，是信息管理科学的研究重点。把计算机与网络有机结合，使信息管理更加有效和实用。

（4）企业信息管理学科目前不仅是国内学者研究的重点，也是国外关注的热点，其研究具有国际性。

第五章 信息管理学科 2011 年 文献索引

第一节 英文文献索引

［1］Smith H.，Dinev T. & Xu H. Information Privacy Research：An Interdisciplinary Review ［J］. MIS Quarterly, 2011, 35(4)：980-A27.

［2］Zhang T.，Agarwal R. & Lucas J. C. The Value of It-Enabled Retailer Learning：Personalized Product Recommendations and Customer Store Loyalty in Electronic Markets ［J］. MIS Quarterly, 2011, 35(4)：859-A7.

［3］Turel O.，Serenko A. & Giles P. Integrating Technology Addiction and Use：An Empirical Investigation of Online Auction Users ［J］. MIS Quarterly, 2011, 35 (4)：1043-A18.

［4］Singh P.，Tan Y. & Mookerjee V. Network Effects：The Influence of Structural Capital on Open Source Project Success ［J］. MIS Quarterly, 2011, 35 (4)：813-A7.

［5］Saunders C.，Rutkowski A. F.，van Genuchten M.，Vogel D. & Orrego J. Virtual Space and Place：Theory and Test ［J］. MIS Quarterly, 2011, 35 (4)：1079-1098.

［6］Pavlou P. A. State of The Information Privacy Literature：Where are We Now and Where Should We Go ［J］. MIS Quarterly, 2011, 35 (4)：977-988.

［7］Murray K. B.，& Häubl G. Freedom of Choice，Ease of Use，and the Formation of Interface Preferences ［J］. MIS Quarterly, 2011, 35 (4)：955-A6.

［8］McLaren T. S.，Head M. M.，Yuan Y. & Chan Y. E. A Multilevel Model for Measuring Fit Between a Firm's Competitive Strategies and Information Systems Capabilities ［J］. MIS Quarterly, 2011, 35 (4)：909-A10.

［9］Ayyagari R.，Grover V. & Purvis R. Technostress：Technological Antecedents and Implications ［J］. MIS Quarterly, 2011, 35 (4)：831-858.

［10］Lu Y. & Ramamurthy K. Understanding the Link Between Information Technology Capability and Organizational Agility：An Empirical Examination ［J］. MIS Quarterly, 2011, 35 (4)：931-954.

[11] Del Giudice M. & Straub D. IT and Entrepreneurism: An On-Again, Off-Again Love Affair or a Marriage? [J]. MIS Quarterly, 2011, 35 (4): III-VII.

[12] Bera P., Burton-Jones A. & Wand Y. Guidelines For Designing Visual Ontologies to Support Knowledge Identification [J]. MIS Quarterly, 2011, 35 (4): 883-A11.

[13] Bélanger F. & Crossler R. E. Privacy in the Digital Age: A Review of Information Privacy Research In Information Systems [J]. MIS Quarterly, 2011, 35 (4): 1017-A36.

[14] Kane G. C. & Borgatti S. P. Centrality-Is Proficiency Alignment and Workgroup Performance [J]. MIS Quarterly, 2011, 35 (4): 1063-1078.

[15] Wasko M., Teigland R., Leidner D. & Jarvenpaa S. Stepping into the Internet: New Ventures in Virtual Worlds [J]. MIS Quarterly, 2011, 35 (3): 645-652.

[16] Kil-Soo S., Hongki K. & Eung Kyo S. What if Your Avatar Looks Like You? Dual-Congruity Perspectives for Avatar Use [J]. MIS Quarterly, 2011, 35 (3): 711-A4.

[17] Shmueli G. & Koppius O. R. Predictive Analytics in Information Systems Research [J]. MIS Quarterly, 2011, 35 (3): 553-572.

[18] Roquilly C. Control Over Virtual Worlds By Game Companies: Issues and Recommendations [J]. MIS Quarterly, 2011, 35 (3): 653-671.

[19] Ransbotham S. & Kane G. C. Membership Turnover and Collaboration Success in Online Communities: Explaining Rises and falls from Grace In Wikipedia [J]. MIS Quarterly, 2011,35 (3): 613-627.

[20] Nah F., Eschenbrenner B. & DeWester D. Enhancing Brand Equity Through Flow and Telepresence: A Comparison of 2d and 3d Virtual Worlds [J]. MIS Quarterly, 2011, 35 (3): 731-A19.

[21] Kohler T., Fueller J., Matzler K. & Stieger D. Co-Creation in Virtual Worlds: The Design of The User Experience [J]. MIS Quarterly, 2011, 35 (3): 773-788.

[22] Gray P. H., Parise S. & Iyer, B. Innovation Impacts of Using Social Bookmarking Systems [J]. MIS Quarterly, 2011, 35 (3): 629-643.

[23] Goel L., Johnson N. A., Junglas I. & Ives B. From Space to Place: Predicting Users' Intentions to Return to Virtual Worlds [J]. MIS Quarterly, 2011, 35 (3): 749-A5.

[24] Furneaux B. & Wade M. An Exploration of Organizational Level Information Systems Discontinuance Intentions [J]. MIS Quarterly, 2011, 35 (3): 573-598.

[25] Chaturvedi A. R., Dolk D. R. & Drnevich P. L. Design Principles for Virtual Worlds [J]. MIS Quarterly, 2011, 35 (3): 673-684.

[26] Berente N., Hansen S., Pike J. C. & Bateman P. J. Arguing the Value of Virtual Worlds: Patterns of Discursive Sensemaking of an Innovative Technology [J]. MIS Quarterly, 2011, 35 (3): 685-709.

[27] Banker R., Mitra S. & Sambamurthy V. V. The Effects of Digital Trading Platforms

on Commodity Prices in Agricultural Supply Chains ［J］. MIS Quarterly, 2011, 35（3）: 599–A3.

［28］ Animesh A., Pinsonneault A., Sung–Byung Y. & Wonseok O. An Odyssey into Virtual Worlds: Exploring the Impacts of Technological and Spatial Environments on Intention to Purchase Virtual Products ［J］. MIS Quarterly, 2011, 35（3）: 789–A3.

［29］ Allen G. N., Ball N. L. & Smith H. Information Systems Research Behaviors: What are the Normative Standards? ［J］. Mis Quarterly, 2011, 35（3）: 533–A26.

［30］ Wells J. D., Valacich J. S. & Hess T. J. What Signal are You Sending? How Website Quality Influences Perceptions of Product Quality and Purchase Intentions ［J］. MIS Quarterly, 2011, 35（2）: 373–A18.

［31］ Bongsik S. & Gimun K. Investigating the Reliability of Second–order Formative Measurement in Information Systems Research ［J］. European Journal of Information Systems, 2011, 20（5）: 608–623.

［32］ Xiang F., Benamati J. & Lederer A. L. Coping with Rapid Information Technology Change in Different National Cultures. European Journal of Information Systems, 2011, 20（5）: 560–573.

［33］ Lyytinen K. & Damsgaard J. Inter–organizational Information Systems Adoption–a Configuration Analysis Approach ［J］. European Journal of Information Systems, 2011, 20（5）: 496–509.

［34］ Hassan N. R. Is Information Systems a Discipline? Foucauldian and Toulminian Insights ［J］. European Journal of Information Systems, 2011, 20（4）: 456–476.

［35］ Cecez–Kecmanovic D. Doing Critical Information Systems Research–arguments for a Critical Research Methodology ［J］. European Journal of Information Systems, 2011, 20（4）: 440–455.

［36］ Hirschheim R., Lyytinen K. & Myers M. D. Special Issue on the Kleinian Approach to Information System Research –foreword ［J］. European Journal of Information Systems, 2011, 20（4）: 418–421.

［37］ Baskerville R. Information Design ［J］. European Journal of Information Systems, 2011, 20（4）: 375–377.

［38］ Warkentin M., Johnston A. C. & Shropshire J. The Influence of the Informal Social Learning Environment on Information Privacy Policy Compliance Efficacy and Intention ［J］. European Journal of Information Systems, 2011, 20（3）: 267–284.

［39］ Baskerville R. Individual Information Systems as a Research Arena ［J］. European Journal of Information Systems, 2011, 20（3）: 251–254.

［40］ Chang C., Chen V., Klein G. & Jiang J. J. Information System Personnel Career Anchor Changes Leading to Career Changes ［J］. European Journal of Information Systems, 2011, 20（1）: 103–117.

［41］ Holmström J. & Sawyer S. Requirements Engineering Blinders: Exploring Information Systems Developers' Black-boxing of the Emergent Character of Requirements ［J］. European Journal of Information Systems, 2011, 20 (1): 34-47.

［42］ Baskerville R., Lyytinen K., Sambamurthy V. & Straub D. A Response to the Design-oriented Information Systems Research Memorandum ［J］. European Journal of Information Systems, 2011, 20 (1): 11-15.

［43］ Österle H., Becker J., Frank U., Hess T., Karagiannis D., Krcmar H. & Sinz E. J.Memorandum on Design-oriented Information Systems Research ［J］. European Journal of Information Systems, 2011, 20 (1): 7-10.

［44］ Paucar-Caceres A. & Wright G. Contemporary Discourses in Information Systems Research: Methodological Inclusiveness in a Sample of Information Systems Journals ［J］. International Journal of Information Management, 2011, 31 (6): 593-598.

［45］ Weiyin H., Thong J. L., Chasalow L. C. & Dhillon G. User Acceptance of Agile Information Systems: A Model and Empirical Test ［J］. Journal of Management Information Systems, 2011, 28 (1): 235-272.

［46］ Briggs R. O., Nunamaker Jr., J. F. & Sprague R. Applied Science Research in Information Systems: The Last Research Mile ［J］. Journal of Management Information Systems, 2011, 28 (1): 13-16.

［47］ Index to Journal of Management Information Systems ［J］. Journal of Management Information Systems, 2011, 27 (4): 335-340.

［48］ Bongsug C., Prince J., Katz J. & Kabsi R. An Exploratory Cross-National Study of Information Sharing and Human Resource Information Systems ［J］. Journal of Global Information Management, 2011, 19 (4): 18-44.

［49］ Ma B., Wei Q. & Chen G. A Combined Measure for Representative Information Retrieval In Enterprise Information Systems ［J］. Journal of Enterprise Information Management, 2011, 24 (4): 310-321.

［50］ Bhagwatwar A., Hackney R. & Desouza K. C. Considerations for Information Systems "Backsourcing": A Framework for Knowledge Re-integration ［J］. Information Systems Management, 2011, 28 (2): 165-173.

［51］ Rouse W. B., Boff K. R., Sanderson P. P., Cardullo M. W. & Sage A. P. Information, Knowledge and Systems Management Approaches for a New Global Reserve Currency ［J］. Information Knowledge Systems Management, 2011, 10 (1-4): 427-444.

［52］ Ting J. L., Tsang A. C., Ip A. H. & Ho G. S. Professional Practice and Innovation: RF-MediSys: A Radio Frequency Identification-based Electronic Medical Record System for Improving Medical Information Accessibility and Services at Point of Care ［J］. Health Information Management Journal, 2011, 40 (1): 25-32.

[53] Wong C. Y., Lai K. & Cheng T. E. Value of Information Integration to Supply Chain Management: Roles of Internal and External Contingencies [J]. Journal of Management Information Systems, 2011, 28 (3): 161-200.

[54] Kooper M. N., Maes R. R. & Lindgreen E. On the Fovernance of Information: Introducing a New Concept of Governance to Support the Management of Information [J]. International Journal of Information Management, 2011, 31(3): 195-200.

[55] Lang S. The Information Management 50 [J]. Information Management (1521 - 2912), 2011, 21 (5): 10-13.

[56] Shepheard J. Industrial Relations and Human Resources: Management Challenges for Health Information Managers [J]. Health Information Management Journal, 2011, 40 (1): 4-6.

[57] Yeniman Yildirim E., Akalp G., Aytac S. & Bayram N. Factors Influencing Information Security Management in Small - and Medium -sized Enterprises: A Case Study from Turkey [J]. International Journal of Information Management, 2011, 31 (4): 360-365.

[58] Gikenye W. The Diffusion of Mobile Phones for Business and Information Management in Kenya [J]. Proceedings of The European Conference on Information Management & Evaluation, 2011: 511-520.

[59] Byteway A. Assessing Information Management Competencies in Organisations [J]. Proceedings of The European Conference on Information Management & Evaluation, 2011: 91-102.

[60] Xin L., Brody R., Seazzu A. & Burd S. Social Engineering: The Neglected Human Factor for Information Security Management [J]. Information Resources Management Journal, 2011, 24 (3): 1-8.

[61] Gottschalk P., Filstad C., Glomseth R. & Solli -Sther H. Information Management for Investigation and Prevention of White-collar Crime [J]. International Journal of Information Management, 2011, 31 (3): 226-233.

[62] Qiu X., Shi G., Song C. & Xu Y.Research on the Realization Method of Workflow Engine in Enterprise Information Management [J]. Journal of Enterprise Information Management, 2011, 24 (4): 380-400.

[63] Kahraman C., Kaya I. & Çevikcan E. Intelligence Decision Systems in Enterprise Information Management [J]. Journal of Enterprise Information Management, 2011, 24 (4): 360-379.

[64] Hawk M. E-Discovery and Records Management: Essential Knowledge for Information Professionals [J]. Information Management Journal, 2011, 45 (5): 48-49.

[65] Georgiou A. & Callen J. The Role of Health Information Management in Health Reform [J]. Health Information Management Journal, 2011, 40 (2): 4-5.

[66] Note M. Reviews: Information Management: Best Practices [J]. International Jour-

nal of Information Management, 2011, 31 (4): 402-403.

[67] Kunsoo H., Young Bong C. & Jungpil H. Information Technology Spillover and Productivity: The Role of Information Technology Intensity and Competition [J]. Journal of Management Information Systems, 2011, 28 (1): 115-145.

[68] Elie-Dit-Cosaque C., Pallud J. & Kalika M. The Influence of Individual, Contextual, and Social Factors on Perceived Behavioral Control of Information Technology: A Field Theory Approach [J]. Journal of Management Information Systems, 2011, 28 (3): 201-234.

[69] Lim J., Stratopoulos T. C. & Wirjanto T. S. Path Dependence of Dynamic Information Technology Capability: An Empirical Investigation [J]. Journal of Management Information Systems, 2011, 28 (3): 45-84.

[70] Wong C. Y., Lai K. & Cheng T. E. Value of Information Integration to Supply Chain Management: Roles of Internal and External Contingencies [J]. Journal of Management Information Systems, 2011, 28 (3): 161-200.

[71] Tallon P. P. Value Chain Linkages and the Spillover Effects of Strategic Information Technology Alignment: A Process-Level View [J]. Journal of Management Information Systems, 2011, 28 (3): 9-44.

[72] Clemons E. K., Kauffman R. J., & Weber T. A. Special Section: Information and Technology: Understanding New Strategies for Firms, Networks, and Markets [J]. Journal of Management Information Systems, 2011, 28 (2): 7-10.

[73] Granados N. F., Kauffman R. J. Lai H. & Lin H. Decommoditization, Resonance Marketing, and Information Technology: An Empirical Study of Air Travel Services amid Channel Conflict [J]. Journal of Management Information Systems, 2011, 28 (2): 39-74.

[74] Banker R. D., Wattal S. & Plehn-Dujowich J. M. R&D Versus Acquisitions: Role of Diversification in the Choice of Innovation Strategy by Information Technology Firms [J]. Journal of Management Information Systems, 2011, 28 (2): 109-144.

[75] Garg R., Smith M. D. & Telang R. Measuring Information Diffusion in an Online Community [J]. Journal of Management Information Systems, 2011, 28 (2): 11-38.

[76] Weiyin H., Thong J. L., Chasalow L. C. & Dhillon G. User Acceptance of Agile Information Systems: A Model and Empirical Test [J]. Journal of Management Information Systems, 2011, 28 (1): 235-272.

[77] Briggs R. O., Nunamaker Jr., J. F. & Sprague R. Applied Science Research in Information Systems: The Last Research Mile [J]. Journal of Management Information Systems, 2011, 28 (1): 13-16.

[78] Index to Journal of Management Information Systems [J]. Journal of Management Information Systems, 2011, 27 (4): 335-340.

[79] Qu W., Pinsonneault A. & Oh W. Influence of Industry Characteristics on Informa-

tion Technology Outsourcing [J]. Journal of Management Information Systems, 2011, 27 (4): 99-128.

[80] Arazy O., Nov O., Patterson R. & Yeo L. Information Quality in Wikipedia: The Effects of Group Composition and Task Conflict [J]. Journal of Management Information Systems, 2011, 27 (4): 71-98.

[81] Berghmans P. & Van Roy K. Information Security Risks in Enabling e-Government: The Impact of IT Vendors [J]. Information Systems Management, 2011, 28 (4): 284-293.

[82] Young Eun L., & Benbasat I.The Influence of Trade-off Difficulty Caused by Preference Elicitation Methods on User Acceptance of Recommendation Agents Across Loss and Gain Conditions [J]. Information Systems Research, 2011, 22 (4): 867-884.

[83] Durcikova A., Fadel K. J., Butler B. S. & Galletta D. F. Knowledge Exploration and Exploitation: The Impacts of Psychological Climate and Knowledge Management System Access [J]. Information Systems Research, 2011, 22 (4): 855-866.

[84] Bateman P. J., Gray P. H. & Butler B. S. The Impact of Community Commitment on Participation in Online Communities [J]. Information Systems Research, 2011, 22 (4): 841-854.

[85] Kunsoo H., Kauffman R. J. & Nault B. R. Returns to Information Technology Outsourcing [J]. Information Systems Research, 2011, 22 (4): 824-840.

[86] Das S., Du A., Gopal R. & Ramesh R. R. Risk Management and Optimal Pricing in Online Storage Grids [J]. Information Systems Research, 2011, 22 (4): 756-773.

[87] Hosanagar K. Usercentric Operational Decision Making in Distributed Information Retrieval [J]. Information Systems Research, 2011, 22 (4): 739-755.

[88] Tanriverdi H. & Uysal V. Cross-Business Information Technology Integration and Acquirer Value Creation in Corporate Mergers and Acquisitions [J]. Information Systems Research, 2011, 22 (4): 703-720.

[89] Dimoka A., Pavlou P. A. & Davis F. D. NeuroIS: The Potential of Cognitive Neuroscience for Information Systems Research [J]. Information Systems Research, 2011, 22 (4): 687-702.

[90] Mookerjee V., Mookerjee R. & Bensoussan A. When Hackers Talk: Managing Information Security Under Variable Attack Rates and Knowledge Dissemination [J]. Information Systems Research, 2011, 22 (3): 606-623.

[91] Mukhopadhyay T., Singh P. & Seung Hyun K. Learning Curves of Agents with Diverse Skills in Information Technology-Enabled Physician Referral Systems [J]. Information Systems Research, 2011, 22 (3): 586-605.

[92] Jie Mein G., Guodong G. & Agarwal R. Evolving Work Routines: Adaptive Routinization of Information Technology in Healthcare [J]. Information Systems Research,

2011, 22（3）: 565-585.

[93] Kane G. C. & Labianca G. IS Avoidance in Health-Care Groups: A Multilevel Investigation [J]. Information Systems Research, 2011, 22（3）: 504-522.

[94] Ozdemir Z., Barron J. & Bandyopadhyay S. An Analysis of the Adoption of Digital Health Records Under Switching Costs [J]. Information Systems Research, 2011, 22（3）: 491-503.

[95] Yi-Da C., Brown S. A., Jen-Hwa Hu P., Chwan-Chuen K. & Hsinchun C. Managing Emerging Infectious Diseases with Information Systems: Reconceptualizing Outbreak Management Through the Lens of Loose Coupling [J]. Information Systems Research, 2011, 22（3）: 447-468.

[96] Aron R., Dutta S. Janakiraman R. & Pathak P. A. The Impact of Automation of Systems on Medical Errors: Evidence from Field Research [J]. Information Systems Research, 2011, 22（3）: 429-446.

[97] Fichman R. G., Kohli R. & Krishnan R. The Role of Information Systems in Healthcare: Current Research and Future Trends [J]. Information Systems Research, 2011, 22（3）: 419-428.

[98] Dewan S. & Fei R. Information Technology and Firm Boundaries: Impact on Firm Risk and Return Performance [J]. Information Systems Research, 2011, 22（2）: 369-388.

[99] Susarla A. & Barua A. Contracting Efficiency and New Firm Survival in Markets Enabled by Information Technology [J]. Information Systems Research, 2011, 22（2）: 306-324.

[100] Peng D., Liu G. & Heim G. R. Impacts of Information Technology on Mass Customization Capability of Manufacturing Plants [J]. International Journal of Operations & Production Management, 2011, 31(10): 1022-1047.

[101] Kunsoo H., Young Bong C. & Jungpil H. Information Technology Spillover and Productivity: The Role of Information Technology Intensity and Competition [J]. Journal of Management Information Systems, 2011, 28（1）: 115-145.

[102] Elie-Dit-Cosaque C., Pallud J. & Kalika M. The Influence of Individual, Contextual, and Social Factors on Perceived Behavioral Control of Information Technology: A Field Theory Approach [J]. Journal of Management Information Systems, 2011, 28（4）: 201-234.

[103] Lim J., Stratopoulos T. C. & Wirjanto T. S. Path Dependence of Dynamic Information Technology Capability: An Empirical Investigation [J]. Journal of Management Information Systems, 2011, 28（3）: 45-84.

[104] Wong C. Y., Lai K. & Cheng T. E. Value of Information Integration to Supply Chain Management: Roles of Internal and External Contingencies [J]. Journal of Management Information Systems, 2011, 28（3）: 161-200.

[105] Tallon P. P. Value Chain Linkages and the Spillover Effects of Strategic Information Technology Alignment: A Process–Level View [J]. Journal of Management Information Systems, 2011, 28 (3): 9–44.

[106] Clemons E. K., Kauffman R. J., & Weber T. A. Special Section: Information and Technology: Understanding New Strategies for Firms Networks, and Markets [J]. Journal of Management Information Systems, 2011, 28 (2): 7–10.

[107] Granados N. F., Kauffman R. J. Lai H. & Lin H. Decommoditization, Resonance Marketing, and Information Technology: An Empirical Study of Air Travel Services amid Channel Conflict [J]. Journal of Management Information Systems, 2011, 28 (2): 39–74.

[108] Banker R. D., Wattal S. & Plehn–Dujowich J. M. R&D Versus Acquisitions: Role of Diversification in the Choice of Innovation Strategy by Information Technology Firms [J]. Journal of Management Information Systems, 2011, 28 (2): 109–144.

[109] Garg R., Smith M. D. & Telang R. Measuring Information Diffusion in an Online Community [J]. Journal of Management Information Systems, 2011, 28 (2): 11–38.

[110] Weiyin H., Thong J. L., Chasalow L. C. & Dhillon G. User Acceptance of Agile Information Systems: A Model and Empirical Test [J]. Journal of Management Information Systems, 2011, 28 (1): 235–272.

[111] Briggs R. O., Nunamaker Jr., J. F. & Sprague R. Applied Science Research in Information Systems: The Last Research Mile [J]. Journal of Management Information Systems, 2011, 28 (1): 13–16.

[112] Qu W., Pinsonneault A. & Oh W. Influence of Industry Characteristics on Information Technology Outsourcing [J]. Journal of Management Information Systems, 2011, 27 (4): 99–128.

[113] Arazy O., Nov O., Patterson R. & Yeo L. Information Quality in Wikipedia: The Effects of Group Composition and Task Conflict [J]. Journal of Management Information Systems, 2011, 27 (4): 71–98.

[114] Arora A. & Nandkumar A. Cash–Out or Flameout! Opportunity Cost and Entrepreneurial Strategy: Theory, and Evidence from the Information Security Industry [J]. Management Science, 2011, 57 (10): 1844–1860.

[115] Muller I. A., Riedl E. J. & Sellhorn T. Mandatory Fair Value Accounting and Information Asymmetry: Evidence from the European Real Estate Industry [J]. Management Science, 2011, 57 (6): 1138–1153.

[116] Leon Yang C. & Hao Z. Optimal Preorder Strategy with Endogenous Information Control [J]. Management Science, 2011, 57 (6): 1055–1077.

[117] Hyun Min P., Dae–Eun L., Tae–Sung K., Kilhwan K. & Soo–Hyun K. A Knowledge Workers Acquisition Problem under Expanding and Volatile Demand: An

Application of the Korean Information Security Service Industry [J]. International Journal of Management Science，2011，17（1）：45–63.

[118] Cason T. N., Kannan K. N. & Siebert R. An Experimental Study of Information Revelation Policies in Sequential Auctions [J]. Management Science，2011，57（4）：667–688.

[119] Jouini O.，Akşin Z. & Dallery Y. Call Centers with Delay Information：Models and Insights [J]. Manufacturing & Service Operations Management，2011，13（4）：534–548.

[120] Akan M.，Ata B. & Lariviere M. A. Asymmetric Information and Economies of Scale in Service Contracting [J]. Manufacturing & Service Operations Management，2011，13（1）：58–72.

第二节　中文文献索引

［1］Hans Jochen Scholl，李重照. 移动政务野外作业的决策支持与信息管理 [J]. 电子政务，2011（6）：46–55.

［2］白日欣，金仪，徐岩. 故障分析系统中数据通信与管理功能的实现 [J]. 电力科学与工程，2011，27（4）：34–38.

［3］蔡金凤. 计算机信息管理在第三方物流中的应用 [J]. 内蒙古石油化工，2011（23）.

［4］蔡秀芹. 企业信息管理战略投资分析 [J]. 中国科技信息，2007（18）.

［5］曹磊. 知识产权信息管理系统模型研究 [J]. 电子知识产权，2009（1）：36–39.

［6］曹萌萌. 网上书城的设计与实现 [J]. 信息安全与技术，2011（12）：61–63.

［7］曾红玉. 个人信息管理的现状与分析 [J]. 电脑知识与技术，2010，6（31）：8677–8678.

［8］曾强，李亮. 虚拟施工技术在建筑企业中的运用 [J]. 重庆建筑，2011，10（10）：36–38.

［9］曾长胜. 从信息管理优化角度探析税收风险管理的有效实施 [J]. 税务研究，2011（1）.

［10］常盛. 通用型信息管理系统的探索与研究 [J]. 硅谷，2011（24）：82–82.

［11］常艳梅. 论计算机信息管理在社会实践中的应用 [J]. 广东科技，2011，20（12）：48–49.

［12］陈红叶. 开放实验室信息管理系统的设计与实现 [J]. 实验室研究与探索，2011，30（6）：185–187.

［13］陈洪. 论企业文档信息管理网络化与服务创新 [J]. 情报探索，2011（4）：84–86.

［14］陈建勋，朱镕，吴隆增. 内部社会资本对技术创新的影响——知识创造的中介作用［J］. 科学学与科学技术管理，2008（5）：90-93.

［15］陈婧. IT 治理研究［J］. 情报科学，2008（12）：1892-1895.

［16］陈靖. 基于云技术开发安全监测系统［J］. 中国科技纵横，2011（15）：334-334.

［17］陈明. 信息安全技术［M］. 北京：清华大学出版社，2007.

［18］陈明炫，任磊，田丰，邓昌智，戴国忠. 一种面向个人信息管理的 Post-WIMP 用户界面模型［J］. 软件学报，2011（5）.

［19］陈晓菲. 从财会信息特征探讨如何加强财会信息管理研究［J］. 财经界，2011（20）：144-144.

［20］陈亚静，程耀东，杨磊. 高校房产信息管理系统研究与应用［J］. 测绘与空间地理信息，2011，34（6）：50-53.

［21］陈永胜，曹伟，杨梅. 论社会科学创新［J］. 北京社会科学，2001（2）：4-12.

［22］程宏水. Web2.0 环境下情报信息交流研究［J］. 情报杂志，2007（5）.

［23］程远东，胡钢. 基于 SMS 的顶岗实习信息管理平台的设计与实现［J］. 计算机应用与软件，2011，28（12）：298-300.

［24］仇壮丽. 基于"5S"理念的个人信息管理［J］. 档案学研究，2010（4）：35-37.

［25］丛根滋，苏中滨，沈维政. 基于 SQL Server+Hibernate+JSF 的信息门户网站开发平台的设计与实现［J］. 计算机应用与软件，2011，28（12）：217-219.

［26］崔宝合. 信息管理与信息系统在医院的应用［J］. 企业导报，2011（12）：53-54.

［27］党育民. 计算机数据库在信息管理中的应用［J］. 企业技术开发，2011（12）：28-29.

［28］邓胤龙. 图书馆信息流融合研究［J］. 图书馆学研究，2011（6）：23-26.

［29］邓英欣，张洪铭. 信息技术发展对企业信息管理的影响［J］. 企业导报，2011（4）：195.

［30］丁玲华. 我国信息服务产业的布局问题研究［J］. 西安财经学院学报，2011，24（5）：73-76.

［31］丁蔚. 从信息管理到知识管理［J］. 情报学报，2000，19（2）：124-129.

［32］丁永生. 计算机信息管理技术研究［J］. 黑龙江科技信息，2011（31）：93.

［33］董士伟，余军，李红等. 北京郊区自然资源与社会经济信息管理平台研发与建设［J］. 中国农学通报，2011，27（20）：167-171.

［34］董秀月. 统计信息管理网络系统的构建与应用［J］. 中国科技纵横，2011（17）：179-179.

［35］窦立莉. 基于云计算的高校信息化建设应用［J］. 中国高新技术企业，2011（22）：51-52.

［36］杜超. 对工程造价信息管理的思考与建议［J］. 建筑经济，2011（12）：45-47.

［37］杜守先. 企业的信息管理与信息资源建设［J］. 中国信息导报，2006（12）：46-50.

[38] 范秀珍. "网络水军"的信息传播模式 [J]. 传媒, 2011 (9): 54-56.

[39] 范艺扬. 浅论计算机网络安全管理策略 [J]. 中小企业管理与科技, 2011 (36): 268-268.

[40] 方方. 信息公开背景下的政府信息管理体系构建研究 [J]. 企业导报, 2011 (18): 14-16.

[41] 房芳. 信息技术与信息管理战略投资分析 [J]. 现代企业教育, 2008 (16).

[42] 冯晓青. 论企业技术创新中的知识产权管理策略——以专利信息管理为考察视角 [J]. 东疆学刊, 2013, 30 (3): 91-96.

[43] 冯兴杰, 徐亚娟, 王辉. 基于 Oracle Spatial 技术的地理信息管理与优化 [J]. 计算机工程与设计, 2011, 32 (5): 1706-1709.

[44] 冯秀珍. 面向网站信息资源管理的 DC (Dublin Core) 元数据扩展研究 [J]. 科技管理研究, 2011, 31 (8): 163-166.

[45] 冯艳艳. 浅论信息管理学科发展过程中的问题和解决对策 [J]. 中国科技博览, 2011 (31): 519-519.

[46] 付睿臣, 毕克新. 企业信息能力到技术创新能力的传导机制研究 [J]. 科学学研究, 2009 (10).

[47] 傅承安. 威海市地下综合管线信息管理系统建设 [J]. 市政技术, 2011, 29 (6): 119-121.

[48] 傅静萍. 浅谈医学图书信息管理与服务创新研究 [J]. 中国管理信息化, 2011 (19): 53-54.

[49] 甘路明, 潘惠. 企业技术知识管理研究 [J]. 科学学研究, 2003 (2): 201-204.

[50] 高皓, 朱涛, 张晶, 宋少博. 中国企业 IT 治理机制的实证研究 [J]. 科学学与科学技术管理, 2010 (4): 162-167.

[51] 高建智. 商务短信在护理信息管理中的应用与效果 [J]. 中国护理管理, 2011, 11 (5): 64-66.

[52] 高翔. 个人信息管理与记忆研究 [D]. 西安电子科技大学硕士学位论文, 2007.

[53] 关晓东. 电子商务时代的信息管理与信息系统 [J]. 中国新技术新产品, 2011 (24): 37-38.

[54] 郭海明. 电力工程信息管理分析 [J]. 中国科技博览, 2011 (35): 28-28.

[55] 郭凯. 加强房地产开发项目管理 [J]. 合作经济与科技, 2011 (23): 75-76.

[56] 郭丽炜. 浅析山东高速公路的信息管理应用研究 [J]. 财经界, 2011 (14): 246.

[57] 郭伟顺. 完善企业信息管理系统建设 [J]. 魅力中国, 2008 (12).

[58] 郭新. 企业信息管理系统的实现 [J]. 制造业自动化, 2011 (15): 19-21.

[59] 郭兴成. 企业用户信息检索模式研究 [J]. 中国管理信息化, 2011 (18): 73-75.

[60] 郭毓东. 浅谈物流信息管理系统权限控制的实现 [J]. 中国商贸, 2011 (29): 132-133.

[61] 韩卫华. 商业银行信息管理 [D]. 对外经济贸易大学硕士学位论文，2001.

[62] 郝斌，程杰，丁洪涛等. "十一五"国家科技支撑计划项目课题——建筑能耗统计方法与能效标识技术研究 [J]. 建设科技，2011（16）：32-35.

[63] 郝利珍. 基于 WEB 的企业人事信息管理系统分析 [J]. 煤炭技术，2011（10）：162-164.

[64] 何鼎铭. 企业信息管理的应用技术研究 [J]. 企业技术开发（下半月），2009，28（7）：77.

[65] 何绍华，王培林. 知识管理环境下的信息管理创新 [J]. 情报理论与实践，2007（3）：292-310.

[66] 何贤芳，梁新元，邓中波. 采用多元化考核方式监控计算机信息管理人才的质量 [J]. 科技致富向导，2011（26）：151-152.

[67] 洪颖，郑文娟. 基于 Web2.0 的网络专题信息管理 [J]. 图书馆，2011（3）：123-124.

[68] 侯涛. 网络营销中的客户信息管理 [J]. 情报杂志，2003（4）：49-50，53.

[69] 侯鑫，张旭堂，金天国，彭高亮，刘文剑. 面向知识与信息管理的领域本体自动构建算法 [J]. 计算机集成制造系统，2011（1）：159-170.

[70] 侯延香. 十年来 LISA 收录的信息管理论文之计量研究 [J]. 图书馆理论与实践，2008（1）：25-27，65.

[71] 胡爱民. 基于 GIS 的海南旅游信息管理系统 [J]. 中国外资，2011（12）：41.

[72] 胡昌平，李烨，赵雪芹等. 信息管理类专业互动式与全程教学改革的实现 [J]. 情报杂志，2010，29（2）：156-159.

[73] 胡昌平，乔欢. 信息服务与用户 [M]. 武汉：武汉大学出版社，2001.

[74] 胡良振. 浅谈煤矿企业的信息化管理 [J]. 中国科技博览，2011（35）：367.

[75] 胡瑞华. 企业要加速信息化管理进程 [J]. 经济论坛，2002（17）：30-31.

[76] 胡笑梅. 基于知识管理的制造企业信息管理创新研究 [J]. 现代情报，2006（11）：181-184.

[77] 滑彬. 用科学发展观审视高速公路财务管理 [J]. 交通世界，2011（16）：158-159.

[78] 黄虹，钟西炎. 工作流技术在现代信息管理中的应用分析 [J]. 中小企业管理与科技，2011（36）：263-264.

[79] 黄晖. 需求信息管理的 Petri 网工作流模型 [J]. 现代计算机（下半月版），2011（14）：12-16.

[80] 黄惠芬. 病案信息管理在医院管理中的作用 [J]. 中国病案，2011，12（12）：8-9.

[81] 黄鹏清. 如何加强建筑施工中的信息管理 [J]. 中小企业管理与科技，2011（22）：161-162.

[82] 黄莘. 浅谈图书资料信息管理研究与实践 [J]. 知识经济，2011（13）：47.

[83] 黄淑伟. 以就业能力为需求的信息管理与信息系统专业实践教学体系再认识 [J]. 中国现代教育装备，2011（17）：87-88.

[84] 黄小英. 基于 UML 的企业物流信息管理系统的分析与建模 [J]. 煤炭技术，2011（12）：277-279.

[85] 黄义侠. 个人信息管理中信息检索的现状与展望 [J]. 图书馆界，2007（4）.

[86] 黄勇，胡丽琴. 结合 GIS 技术的傍河型水源地基础信息管理 [J]. 计算机工程与设计，2011，32（6）：2007-2010.

[87] 黄征宇. 深度协同的力量 [J]. 中国信息化，2011（14）：48-49.

[88] 霍桂利. 粗糙集理论的研究述评 [J]. 山西广播电视大学学报，2011（5）：22-24.

[89] 吉亚力，赵金坤，王喆. 我国国际物流发展探析 [J]. 物流科技，2011，34（11）：25-27.

[90] 贾国柱，卜庆珍，贾建平. 太原市数字社区综合服务平台研究 [J]. 科技情报开发与经济，2011，21（34）：116-118.

[91] 贾玉红. 数据库管理系统在信息管理中的作用 [J]. 硅谷，2011（24）：147.

[92] 江泫. 网络商务中的顾客信息管理 [J]. 技术与创新管理，2011（5）：470-473.

[93] 姜小梅. 浅谈建筑工程项目管理 [J]. 民营科技，2011（6）：176.

[94] 蒋径. 现代企业信息管理创新的研究 [J]. 信息系统工程，2012（10）：54.

[95] 蒋庆飞. 信息管理在物流中的重要性和发展策略 [J]. 时代经贸，2011（12）：107.

[96] 金毅璐，李彬彬，卢任远. 关于社区矫正信息管理平台的构建——以浙江宁波为例 [J]. 北方经济（综合版），2011（24）：80-81.

[97] 柯平，贾东琴. 2001~2010 年境外信息管理研究进展——基于相关文献的计量分析和内容分析 [J]. 中国图书馆学报，2011（5）：61-74.

[98] 孔丽. 档案利用与政府信息公开在社会发展进程中的作用 [J]. 现代商业，2011（32）：254.

[99] 孔丽. 信息公开与档案利用研究 [J]. 现代商业，2011（35）：260.

[100] 赖克勤. 信息管理与信息系统专业实践教学探索与实践 [J]. 中国教育技术装备，2011（18）：45-47.

[101] 兰欣. 数据仓库技术在医院信息管理中的研究与实现 [J]. 医学信息（上旬刊），2011，24（18）：5981-5982.

[102] 雷铁祥. 信息技术管理创新及其应用 [J]. 硅谷，2011（24）：191.

[103] 李懂昭. 浅谈全生命周期项目信息管理 [J]. 广西城镇建设，2011（7）：89-91.

[104] 李健. 基于物联网的逆向物流企业竞争情报系统研究 [J]. 情报杂志，2011，30（10）：151-155.

[105] 李晶. 对我国政府信息公开制度的思考——基于不完全信息动态博弈模型 [J]. 图书情报工作，2011，55（21）：115-119.

[106] 李晶. 个人信息管理工具使用意愿研究——以桌面搜索工具为例 [J]. 图书情报

工作，2011，55（24）：15-20.

[107] 李玲. TPI 在高校教学参考信息管理系统中的应用——以南开大学图书馆为例 [J]. 图书馆工作与研究，2011（9）：40-42.

[108] 李萌. 数据库系统在信息管理中的应用 [J]. 硅谷，2011（21）：160.

[109] 李屾. 加强企业信息管理的对策研究 [J]. 时代报告（学术版），2011：297-297.

[110] 李思经. 从信息管理到知识管理的发展 [J]. 情报学报，2001，20（6）：744-749.

[111] 李晓娟，高博. 航天型号信息管理与报送系统设计与研究 [J]. 航天制造技术，2011（6）.

[112] 李晓翔. 信息工厂：未来信息管理的一种新范式 [J]. 国家图书馆学刊，2011（3）：49-55.

[113] 李新战，赵伟，李大为. 科研信息管理平台的设计与实现 [J]. 电脑知识与技术：学术交流，2011，7（11）：7569-7571.

[114] 李兴森. 可拓学与信息管理、知识管理的关系研究 [J]. 当代经济管理，2011，33（11）：6-9.

[115] 李秀妮. 基于 J2EE 框架的信息管理系统的应用 [J]. 科技致富向导，2011（20）：349.

[116] 李旭军. 计算机数据库技术在信息管理中的应用 [J]. 赤峰学院学报（自然科学版），2011（10）：62-64.

[117] 李旋. 基于 Gray-Area 来降级低重要度个人信息的研究与改进 [J]. 计算机工程与设计，2011，32（10）：3544-3547.

[118] 李勋，龚庆武，杨群瑛，罗思需，李杜勇. 基于数据挖掘技术的保护设备故障信息管理与分析系统 [J]. 电力自动化设备，2011（9）：88-91.

[119] 李艳艳，谢阳群，王影洁. 信息审计七步骤模型 [J]. 2011（12）：41-44.

[120] 李永壮. 网络营销中的信息管理 [J]. 福建电脑，2010（1）：55.

[121] 李玉梅. 企业人事信息管理系统设计与实现 [J]. 电脑编程技巧与维护，2011（20）：60-61.

[122] 李增兵. 信息管理与信息系统应用型人才培养探索 [J]. 信息通信，2011（6）：109.

[123] 李竹莉. 多媒体技术与档案信息管理 [J]. 黑龙江史志，2011（6）：46.

[124] 李宗荣，田爱景. 社会信息学导论 [M]. 北京：人民出版社，2010.

[125] 林坚，周琴丹，邓红蒂，左玉强，苏航，赵俊. 开发土地集约利用评价信息管理体系构建研究 [J]. 中国土地科学，2011（8）：74-89.

[126] 刘波. 基于应用服务提供模式的农村劳务系统设计与实现 [J]. 重庆工商大学学报（自然科学版），2011，28（4）：386-389.

[127] 刘峰. 城市规划信息管理及理论研究 [J]. 中国科技博览，2011（34）：28.

[128] 刘国梁. 施工监理在水利工程中的措施方法 [J]. 黑龙江水利科技，2011 (6)：291-292.

[129] 刘海运，游达明. 基于知识管理的企业突破性技术创新能力机制研究 [J]. 科技进步与对策，2011，28 (12)：92-95.

[130] 刘杰. 基于工作流程的制造企业信息管理系统 [J]. 重型机械，2011 (6)：78-80.

[131] 刘菁，雷平，罗素娟. 工作流技术在项目管理系统中的应用 [J]. 轴承技术，2011 (4)：5-8.

[132] 刘君，晏国生，郭继民. 河北省果蔬安全生产溯源信息管理平台 [J]. 农业系统科学与综合研究，2011，27 (2)：253-256.

[133] 刘丽静. 综合信息管理系统在煤炭生产集团中的应用 [J]. 工矿自动化，2011 (10)：111-114.

[134] 刘莉. 公安信息化深入应用的制约因素及其对策研究 [J]. 江苏警官学院学报，2011 (6)：166-171.

[135] 刘宁. 制造业综合信息管理平台构筑 [J]. 自动化博览，2011 (6)：74-76.

[136] 刘汕. 企业 IT 项目风险、控制与绩效的关系模型研究 [D]. 华中科技大学管理学与工程博士论文，2009.

[137] 刘胜达，王知强，陈本士. 基于区域信息化建设的信息主体能力素质模型研究 [J]. 现代情报，2011，31 (4)：53-55.

[138] 刘效源. 现代道路交通系统信息管理开发研究 [J]. 科技致富向导，2011 (17)：25.

[139] 刘秀杰，张永利. 广东省电子信息管理透视 [J]. 中国档案，2011 (12)：29-41.

[140] 刘雪芹，张春玲，吴红霞. 基于竞争情报的企业危机信息综合管理研究 [J]. 现代情报，2011，31 (11)：120-123.

[141] 刘洋. 对黑龙江垦区综合档案信息管理中心的建设研究 [J]. 兰台世界 (中旬)，2011 (12)：9-10.

[142] 刘洋. 工程实名制网络信息管理系统 [J]. 中国铁路，2011 (4)：45-47.

[143] 刘允志. 企业办公自动化信息系统的设计与实现 [J]. 广西轻工业，2011 (9)：106.

[144] 龙朝阳. 信息管理类专业应用型人才培养的 ROPT 教学模式构建研究 [J]. 图书馆学研究，2011 (6)：12-15.

[145] 龙腾. 我国企业信息管理现代化进程研究 [J]. 商场现代化，2008 (10).

[146] 娄策群. 技术创新扩散的创新技术信息传播机制 [J]. 科技进步与对策，1999 (5)：50-52.

[147] 卢志平，马璐，陆成裕. 面向区域经济的信息管理类本科应用性人才培养模式探讨——以广西为例 [J]. 图书馆学研究，2011 (12)：15-19.

[148] 陆讷. 计算机信息管理系统及其应用 [J]. 信息通信，2011 (6)：110.

[149] 罗贤春，袁冰洁. 基于 RFID 的企业全程信息管理模式研究 [J]. 图书馆理论与实践，2011（2）：37-39，77.

[150] 落常明. 浅谈建设工程信息管理软件的应用 [J]. 建筑设计管理，2011（12）：19-21.

[151] 吕绯，赵佳宁. 快堆工程信息管理系统方案研究 [J]. 核科学与工程，2011，31（1）：48-53.

[152] 吕丽娅. 江苏宝应县高起点规划高标准实施"金人工程"[J]. 人口与计划生育，2011（12）：44.

[153] 马海群. 社科信息服务创新论 [J]. 情报资料工作，2001（1）：17-20.

[154] 马海群. 论支撑技术创新的专利信息管理与服务体系 [J]. 图书情报知识，2001，1（1）：21-24.

[155] 马建峰. 基于知识管理的企业信息搜寻模式研究 [J]. 中国管理信息化，2011（23）：53-56.

[156] 马维娟. 以财务为导向的绩效评价体系在事业单位中的应用[J]. 财经界，2011（14）：140-141.

[157] 马音宁. 图书馆信息管理可视化技术探讨 [J]. 信息通信，2011（6）：117-118.

[158] 马玉梅. 企业档案管理信息化建设之我见 [J]. 广东科技，2011，20（22）：20.

[159] 马正东. 浅析建筑施工项目信息化管理 [J]. 经济技术协作信息，2011（31）：95.

[160] 梅锦萍. 图书馆信息管理方案研究 [J]. 行政事业资产与财务（下），2011，（12）：123.

[161] 苗东利. 基于 GIS 的城市品牌信息管理系统的设计 [J]. 学理论，2011（20）：51-52.

[162] 苗虹，尹隽，李震. 信息管理与信息系统的特色专业建设 [J]. 计算机教育，2011（24）：13-16.

[163] 倪晟. 基于 WEB 实验室教学信息管理系统的设计及实现 [J]. 实验室研究与探索，2011（1）.

[164] 宁玲. 关于企业信息管理的问题和对策研究 [J]. 时代报告（学术版），2011（11X）：302.

[165] 宁效哲. 城市规划信息管理的研究与实践进展 [J]. 中国科技纵横，2011（24）：48.

[166] 潘平. 信息可视化在电子商务中的应用 [J]. 科技风，2011（22）：89.

[167] 彭丽喃. 高校知识与技术创新中的知识产权信息管理系统建设 [J]. 求是，2012，39（4）：65-68.

[168] 彭哨农. 数字环境下对城建档案信息管理与服务的思考 [J]. 城建档案，2011（6）：11-13.

[169] 漆苏. 企业对专利信息的运用研究 [J]. 情报杂志，2009（8）.

[170] 钱进. 信息管理与信息系统特色专业建设的研究与探索 [J]. 中国电力教育（上），2011（4）：57-58.

[171] 秦善勇，卞艺杰，郭吉涛. 技术资本对技术创新的影响实证研究——以信息管理和知识管理为中介变量 [J]. 科技进步与对策，2011，28（8）：133-137.

[172] 秦新生. 广东会展物流信息管理的现状与改善策略研究 [J]. 商品与质量：学术观察，2011（11）：106.

[173] 邱均平，马海群. 再论知识管理与信息管理 [J]. 图书情报工作，2000（10）：5-8.

[174] 邱均平. 信息管理与信息系统专业本科生创新能力培养模式研究——以信息计量学课程为例 [J]. 图书情报知识，2011（3）：4-9.

[175] 邱亮. 浅议国际经济信息管理与国内经济建设的关系 [J]. 黑龙江科技信息，2008（14）：124.

[176] 屈宝强. 国外战略信息管理理论研究综述 [J]. 情报资料工作，2006（5）：40-43.

[177] 任志霞. 信息管理与信息系统专业建设探讨研究 [J]. 商场现代化，2011（35）：93-94.

[178] 邵培基，侯伦. 信息管理与电子商务学科创新人才培养模式研究 [J]. 电子科技大学学报（社科版），2008（2）：1-5.

[179] 石小亚，朱小飞. 浅析美国地质资料信息管理与服务 [J]. 国土资源科技管理，2011，28（6）：112-116.

[180] 史雯. 全球化视阈中的危机信息管理经验与启示 [J]. 情报探索，2011（4）：10-13.

[181] 苏向阳. 金融信息管理与现代计算机技术关系研究 [J]. 信息与电脑（理论版），2011（3）：157-159.

[182] 孙鹤旭，王川，雷兆明. 一种基于电子地图的地热信息管理平台 [J]. 自动化与仪表，2011，26（11）：37-40.

[183] 孙劲松. 试论 EDP 理念在高校信息管理中的应用 [J]. 科技情报开发与经济，2011，21（21）：125-128.

[184] 孙磊. 建筑工程项目控制协调管理 [J]. 商品与质量：建筑与发展，2011（11）：135.

[185] 孙立立. 战略信息管理的产生与相关概念的分析 [J]. 情报资料工作，2005（4）：25-26.

[186] 孙立荣，王鑫，钟敬红. 基于网络环境的财务集团信息管理系统研究 [J]. 情报科学，2011（4）：575-578.

[187] 孙琪华，王婧，顾静等. 实验动物动态信息管理与财务信息管理一体化初探 [J]. 实验动物与比较医学，2011，31（1）：69-72.

[188] 孙茜. Web2.0 的含义、特征与应用研究 [J]. 现代情报，2006（2）.

[189] 孙庆峰，孟宪强. 基于物联网的应急疏散信息平台构建研究 [J]. 情报科学，2011，29（4）：567-570.

[190] 孙锐，赵坤. 知识型企业知识状态系统的熵变研究 [J]. 科学学研究，2008（2）：339-343.

[191] 孙万松，张明玉，邬文兵. 论园区的信息管理创新 [J]. 中国软科学，2004（11）：114-117.

[192] 孙怡心. 进一步完善工程建设监理的设想 [J]. 上海水务，2011（3）：53-55.

[193] 孙裔德，张鑫. 论高校非稳定事件信息的监测与识别 [J]. 中国市场，2011（52）：199-200.

[194] 唐凯，程刚. 企业技术创新的信息过程和交流模型研究 [J]. 情报杂志，2009（6）.

[195] 唐晓青，段桂江，王雪聪等. 集成化质量信息管理技术在中国企业的实践 [J]. 中国质量，2003（9）：14-17.

[196] 唐鋆. 从信息管理到知识管理——如何利用新技术提升期刊采编质量 [J]. 编辑学刊，2011（6）：83-85.

[197] 陶丹，范玉顺，许青松等. 基于多代理系统的动态联盟企业信息管理系统 [J]. 计算机工程与应用，2001，37（4）：90-93.

[198] 田胜，刘瀛溯，季全芝. 在物流配送业中计算机的信息管理是行业发展的重要标志和必然趋势 [J]. 中国科技博览，2011（25）：113.

[199] 田雨虹，赵国君. 从丰田召回事件看企业对劣质成本的信息管理 [J]. 情报科学，2011（4）：571-574.

[200] 万婷婷. 大连市旅游信息系统设计与开发 [J]. 地理空间信息，2011（6）：77-79.

[201] 王斌，廖振鹏，梁永宽. 基于三元交互理论 ERP 实施绩效及作用机理研究 [J]. 软科学，2011，25（6）：49-53.

[202] 王斌. 推广金融业机构信息管理的意义及趋势 [J]. 金融科技时代，2011，19（12）：84-85.

[203] 王丹. 大型项目质量信息管理与分析 [J]. 舰船科学技术，2011，33（8）：134-137.

[204] 王娟娟. 面向知识转移的咨询公司档案信息管理研究 [J]. 图书情报工作，2011，55（12）：10-14.

[205] 王乐鹏，潘华，陆青. 地方高校信息管理专业应用创新人才培养模式探索 [J]. 现代商贸工业，2011，23（23）：154-155.

[206] 王玲玲，陈秀妍，黄斌，勒文娟. 热带水果低碳物流中的信息管理研究 [J]. 农机化研究，2011，33（7）：243-246.

[207] 王梅，赵作鹏，金立. 电子签章技术在煤矿信息管理中的应用 [J]. 煤炭工程，2011（8）：122-123.

[208] 王倩. 基于 RFID 技术信息管理系统的构建——以烟台润滑油公司为例 [J]. 企业经济，2011（12）：45-47.

[209] 王炜. 基于 MVC 框架的教务信息管理系统设计与实现 [J]. 南昌高专学报，2011，26（6）：166-168.

[210] 王新艳，宇仁德，张齐. 交通管理信息系统的构建 [J]. 交通标准化，2011（11）：188-192.

[211] 王学宁. 浅谈会计信息化 [J]. 经济技术协作信息，2011（29）：37.

[212] 王诣鹏. 基于 ERP 的企业信息管理概述 [J]. 甘肃科技，2011，27（18）：129-132.

[213] 王英玮，窦红. 关于信息管理原理问题的新思考——人们为什么需要信息和信息管理 [J]. 北京档案，2010（4）：10-12.

[214] 王永强. 本质安全信息管理系统的研究 [J]. 工矿自动化，2011（6）：120-122.

[215] 王振荣，吴鹏飞，孟海东. 神东煤矿地质测量信息管理系统的设计 [J]. 工矿自动化，2011（10）：115-118.

[216] 王知津，肖蔷. 个人信息管理行为研究 [J]. 情报科学，2009（1）：5-6.

[217] 王知强，陈本士，安慧姝. 基于区域信息化建设的信息主体素质知识模型研究 [J]. 黑龙江高教研究，2011（8）：38-41.

[218] 王知强. 基于区域信息化建设的信息主体素质研究 [J]. 现代情报，2011，31（8）：88-90.

[219] 魏江，朱海燕. 知识密集型服务业功能论：集群创新过程视角 [J]. 科学学研究，2006（3）：455-459.

[220] 文庭孝. "信息人" 假设及其现实意义 [J]. 情报理论与实践，2011，34（10）：1-4.

[221] 闻波. 个人信息管理理论研究述评 [J]. 现代情报，2011，31（4）：174-177.

[222] 吴根平. 微博谣言信息传播规律及其治理对策 [J]. 中共银川市委党校学报，2011（6）：78-80.

[223] 吴广庆. 信息化与企业文化关系辨析 [J]. 经济研究导刊，2011（36）：33-34.

[224] 吴婧. 基于 VC++ 的测绘档案管理系统的设计与实现 [J]. 甘肃科技纵横，2011，40（6）：30-31.

[225] 夏葆莉. 信息管理在招投标工作中的应用探讨 [J]. 中国招标，2011（23）：19-20.

[226] 夏学君. 国企财务信息管理的探讨 [J]. 现代商业，2011（30）：213.

[227] 夏义堃. 档案馆政府信息管理功能的内涵与实践 [J]. 档案学研究，2011（6）：26-30.

[228] 肖海蓉. 信息管理与信息系统专业数据库类课程群体系研究 [J]. 计算机教育，2011（18）：65-69.

[229] 谢力. 从信息处理角度看应对危机 [J]. 技术经济与管理研究，2004（6）.

[230] 谢小东. 专利信息管理及在企业技术创新中的应用 [J]. 电力机车与城轨车辆，2013，36（3）：77–79，94.

[231] 谢笑，谢阳群，占南. 面向个人信息管理的个人记忆失误及其应对 [J]. 图书馆情报工作，2011（24）：27–31.

[232] 谢笑. 个人信息管理研究探析 [J]. 图书情报工作，2011（24）：21–26.

[233] 谢阳群. 关于信息管理 [J]. 图书情报工作，2011，55（4）：5–10.

[234] 谢阳群. PIM——信息管理的新热点 [J]. 图书情报工作，2011，55（24）：5.

[235] 邢帆. 欣和：云端上的人力资源 [J]. 中国信息化，2011（23）：38–39.

[236] 胥静. 物联网环境下体育信息管理的研究 [J]. 中小企业管理与科技，2011（24）：276–277.

[237] 徐靖. 船舶综合信息管理平台标准化技术研究 [J]. 上海造船，2011（4）：50–52.

[238] 徐静. 浅析公司财务会计信息管理 [J]. 财经世界，2011（12）：179.

[239] 徐力. 论网络贸易与国际贸易信息管理 [J]. 市场周刊（理论研究），2006（10）：287–289.

[240] 徐琳. 基于互联网的移动 GIS 及其在测量标志信息管理中的应用 [J]. 现代测绘，2011，34（4）：46–48.

[241] 徐晓艺. "EPDL"——基于邮箱系统的个人数字图书馆 [J]. 科技情报开发与经济，2011，21（14）：1–4.

[242] 许占庆. 浅谈计算机信息管理技术的应用 [J]. 中国科技纵横，2011（16）：119.

[243] 许志胜. 商业银行财务信息质量与信息管理内涵提升机制研究 [J]. 金融会计，2010（6）：54–60.

[244] 闫慧. 我国信息管理理论研究趋势探析 [J]. 情报科学，2005（6）：937–939，949.

[245] 闫肃. 香港特区政府的信息公开管理 [J]. 中国行政管理，2011（6）：123–127.

[246] 杨恺. 实现区域 ADR 信息共享及服务新模式 [J]. 广东科技，2011，20（13）：75.

[247] 杨倩晨. XML 技术在高校信息管理中的应用 [J]. 中小企业管理与科技，2011（22）：292–293.

[248] 杨瑞雨. 浅析利用 Excel+SQL Server 实现企业信息管理 [J]. 数字技术与应用，2011（11）：145.

[249] 杨善凯. 项目中的经验教训管理 [J]. 中国高新技术企业，2011（12）：104–105.

[250] 杨淑杰. 浅谈信息管理在工程建设中的作用 [J]. 价值工程，2011，30（13）：92.

[251] 杨树彬. 基于模糊 AHP 的信息管理系统绩效评估 [J]. 商业时代，2011（21）：90–92.

[252] 杨勇，李培荣. 农业土地资源信息管理平台的建设 [J]. 浙江农业学报，2011，23（1）：150–153.

[253] 杨志国，姜亢，邹湘凯等. 基于 Arcgis Server 与 ASP.Net Ajax 的北京市应急避

难场所信息管理平台设计与实现 [J]. 中国安全生产科学技术，2011，7（7）：52-56.

[254] 姚梅芳，杨修，杨涵等. 电子商务环境下信息管理模式研究 [J]. 图书情报工作，2013，57（5）：46-49.

[255] 叶蓓蕾. 银行贷款管理信息系统分析与设计 [D]. 云南大学硕士学位论文，2012.

[256] 易珏. 欧朋兵法 [J]. 中国经济信息，2011（24）：66-67.

[257] 殷花. 新形势下加强企业财务信息管理的几点思考 [J]. 沿海企业与科技，2011（6）：56-58.

[258] 尹平. 对服务业统计方法制度的研究和探索 [J]. 统计与管理，2011（6）：23-25.

[259] 于波. 浅析电力载波技术在电力信息管理方面的应用 [J]. 神州，2011（12）：27.

[260] 袁野，杨光，李爱华，周述学. 安徽省人工影响天气信息管理与作业指挥系统设计与开发 [J]. 气象，2011，37（11）：1459-1465.

[261] 云玉芹. 高校资料室信息管理与资源共享新模式的构建 [J]. 情报探索，2011（10）：118-120.

[262] 翟丹妮. 基于用户视角的信管专业实践教学体系改革 [J]. 现代情报，2011，31（10）：139-141.

[263] 占南，谢笑，谢阳群. 个人信息空间管理研究初探 [J]. 情报科学，2011，29（8）：1140-1146.

[264] 占南，谢阳群，汪传雷. 从国际个人信息管理专题研讨会（ISPIM）看当前个人信息管理研究的热点 [J]. 图书馆情报工作，2011（24）：6-14.

[265] 李东旭，雷相波. 基于模糊综合评判的学生信息管理评估系统设计与实现 [J]. 电脑编程技巧与维护，2011（14）：76.

[266] 张斌. 角色变迁：从信息管理者到知识管理者 [J]. 档案学通讯，2011（3）.

[267] 张超. 浅谈网络信息时代的高校档案管理工作 [J]. 山东档案，2011（6）：37.

[268] 张冬亚. 大中企业信息网络安全管理 [J]. 中国科技纵横，2011（23）：175.

[269] 张方华. 资源获取与技术创新绩效关系的实证研究 [J]. 科学学研究，2006（4）.

[270] 张戈，刘位龙，张新. 信息管理与信息系统专业实践教学体系研究——基于CISC2010研究成果 [J]. 中国管理信息化，2011（17）：151-153.

[271] 张红卫. HSE 综合信息管理系统的研究 [J]. 价值工程，2011，30（8）：169.

[272] 张继霞. 电子化档案信息的问题研究 [J]. 活力，2011（14）：47.

[273] 张建宇. 对企业危机信息管理的思考 [J]. 现代企业，2003（11）.

[274] 张洁. 小型超市资源管理信息系统研究 [J]. 渭南师范学院学报（综合版），2011（6）：66-69.

[275] 张开选. 面向用户的网络知识信息管理与服务系统研究 [J]. 图书馆理论与实践，2011（12）：42-44.

[276] 张立岩，高长元. 基于网络环境的高新技术产品及企业管理信息系统设计 [J].

哈尔滨理工大学学报，2004，9（4）：40-43.

[277] 张丽. 浅析电子商务与物流信息管理 [J]. 决策与信息（下旬），2011（12）：265.

[278] 张嵩，黄立平. 战略信息技术能力的内涵剖析 [J]. 情报杂志，2003，22（4）：33-35.

[279] 张同键. 知识转化研究述评 [J]. 兰州石化职业技术学院学报，2009（3）：38-43.

[280] 张伟. 企业档案信息利用趋势 [J]. 兰台内外，2011（6）：41.

[281] 张燕舞，兰小筠. 企业战略与竞争分析方法之一——专利分析法 [J]. 情报科学，2003（8）.

[282] 张玉峰. 现代信息技术在企业质量管理中的应用 [J]. 情报科学，2001（1）：26-27.

[283] 张震，马安青，李福建. 基于 ArcEngine 的我国海岸带地震灾害信息管理系统的设计与研究 [J]. 遥感技术与应用，2011（5）.

[284] 张子刚，周永红，刘开军等. 企业技术创新过程中知识管理的能动效应 [J]. 科技进步与对策，2004，21（10）：89-91.

[285] 章钢，谢阳群. 论企业危机信息管理体制 [J]. 情报理论与实践，2007（2）：278-283.

[286] 赵继明. 浅谈林业生态工程监理信息管理 [J]. 甘肃科技，2011，27（22）：128-130.

[287] 赵文杰. ERP 系统在企业信息管理中的应用 [J]. 科技致富向导，2011（32）：317.

[288] 郑丰. 环境应急信息管理平台 [J]. 污染防治技术，2011，24（4）：71-75.

[289] 郑立奎. 试论信息管理系统 [J]. 计算机光盘软件与应用，2011（24）：198-199.

[290] 郑丽华. 自来水信息管理系统建设的探索 [J]. 科技致富向导，2011（30）：276.

[291] 郑敏. 知识产权价值实现与高新技术企业成长关系研究 [D]. 安徽财经大学硕士学位论文，2011.

[292] 仲峰，苗涛，刘侃. 混装乳化炸药车装药控制系统关键问题的研究 [J]. 爆破，2011，28（4）：90-92.

[293] 周继娥. 高校档案信息化建设的思考 [J]. 飞天，2011（12）：106-107.

[294] 周九常. 霍顿信息管理思想简论 [J]. 情报科学，2006，24(8)：1137-1140，1168.

[295] 周利宏. 数据交换整合技术在区域医疗信息管理平台的实践与体会 [J]. 医学信息（上旬刊），2011，24（17）：5615-5616.

[296] 周玲. 基于信息管理的高校公共危机预警研究 [J]. 继续教育研究，2011（12）：14-16.

[297] 周树华，张正洋，张艺华. 构建连锁超市生鲜农产品供应链的信息管理体系探

讨 [J]. 管理世界，2011（3）：1-6.

[298] 周新杰. 基于 IT 治理的战略信息管理风险控制 [J]. 情报科学，2011，29（8）：1167-1171.

[299] 周毅. 信息管理专业教育中信息系统类课程的教学改革研究——基于理性用户培养的目标定位 [J]. 情报理论与实践，2011（3）.

[300] 朱从研. 浅析电力通信信息化系统建设 [J]. 中国科技博览，2011（30）：314.

[301] 朱蕾. 土地信息管理数据库及系统建设探讨 [J]. 现代商业，2011（23）：14-15.

[302] 朱娜. 办公室信息管理研究 [J]. 中国管理信息化，2011（23）：112.

[303] 朱伟刚. 浅析建筑企业的信息化管理 [J]. 民营科技，2011（9）：248.

[304] 诸根保. 怎样做好工程建设施工阶段的项目管理工作 [J]. 建设监理，2011（10）：17-19.

[305] 祝国辉. BI 建设助力企业决策 [J]. 中国制造业信息化（应用版），2011（12）：36.

[306] 祝海. 基于 SaaS 模式下企业信息管理平台的需求分析 [J]. 基础教育论坛，2011，9（4）：74-75.

[307] 宗占红，吴玮琳，温勇等. 海南省出生实名登记信息管理系统应用效果研究 [J]. 南京人口管理干部学院学报，2011，27（2）：50-54.

后　记

　　一部著作的完成需要许多人的默默贡献，闪耀着的是集体的智慧，其中铭刻着许多艰辛的付出，凝结着许多辛勤的劳动和汗水。

　　本书在编写过程中，借鉴和参考了大量的文献和作品，从中得到了不少启悟，也汲取了其中的智慧菁华，谨向各位专家、学者表示崇高的敬意——因为有了大家的努力，才有了本书的诞生。凡被本书选用的材料，我们都将按相关规定向原作者支付稿费，但因为有的作者通信地址不详或者变更，尚未取得联系。敬请您见到本书后及时函告您的详细信息，我们会尽快办理相关事宜。

　　由于编写时间仓促以及编者水平有限，书中不足之处在所难免，诚请广大读者指正，特驰惠意。